経済発展と農工間関係

山下景秋 著

大学教育出版

はしがき

　途上国の経済が発展するときに，農業部門と工業部門の間で，どのようなルートにおいて，どれだけの数値の，モノ，カネ，ヒトがどのように動くのか，またそれらはなぜ動くのか，そのメカニズムを明らかにすることは極めて重要である。このメカニズムが明らかになれば，どのような開発政策・計画によって，どれだけのモノ，カネ，ヒトをどう動かせば，経済発展がスムースに進むかが明確になるからである。本書は，これら3つのうち，モノとカネの動きを中心に扱う私の研究の成果をまとめたものである。

　途上国の経済発展に関する研究では，モノとカネの動きは農工間資本移動の問題として，またヒトの動きは労働移動の問題として，非常に多くの研究がなされてきた。しかし，農工間資本移動の概念は統一されておらず，したがってその推計値の大きさにも諸研究の間で大きな差があるのが現状である。

　そこで，本書はまず，農工間資本移動の概念を基本から考察し，諸研究における諸概念を統一する独自の概念を提出した（第1章）。そしてこれにより，最もデータの得られやすい戦前日本を対象に，農工間資本移動の推計を試みた。その結果，従来の諸研究とは異なった結論に達した（第2章）。

　本書は次に，農工間資本移動の金額とルートを意図的に変え，経済発展のスピードを上げるための政策として農産物価格政策に着目し，どのような農産物価格政策が好ましいかを分析した。その結果，アフリカや台湾で実施されてきた農産物低価格政策は好ましくない政策であるとの結論を得た（第4，5，6章）。

　最後に，[補論2]では，そもそも農産物価格政策は，どのような理由で必要とされるのか，またこれが消費者や生産者にどのような影響を与えるのかを原理的に分析した。また[補論3]では，さらに遡って，そもそも消費者の利益や損失とは何かを基本から原理的に考察して，経済学における従来の考え方の問題点を明らかにし，筆者独自の新しい考え方を提出した。

以下において，各章の内容を要約してみよう。

〔本書は，過去に私が発表した論文を集めまとめたものであるが，（ ）内の「 」に記された論文名は，本書の各章の論文名とは異なる場合，過去に研究誌に発表したときの論文名である。〕

「第1章，農工間資本移動の基礎概念」（「二部門間資本移動の基礎概念と既往概念の問題点」，『農業経済研究』第62巻・第4号，平成3年）

経済発展期の農工間資本移動の推計を，何人かの研究者が各自の勘定式に基づいて行っているが，各推計値の間には大きな隔たりがあるのが現状である。私は，その原因が各研究者の間の農工間資本移動概念の相違にあると考え，まず資本移動概念に関する既往の研究をサーベイした。そして次に，そもそも農工間資本移動とは何かを基本から論じ，これに基づいて，農業部門を中心とした筆者独自の統一的な視角に基づく資本移動概念とその勘定式を提出した。そしてさらに，この筆者の資本移動概念に基づいて，既往の主要な諸概念を整理し評価することを試みた。

「第2章，日本の経済発展と農工間資本移動」（「戦前日本の農工間資本移動とその推計」，『産能短期大学紀要』第23号，平成2年。「日本の経済発展と農工間資本移動（Ｉ）―財政・金融の側面―」，『政経論叢』（国士舘大学政経学会）第82号，平成4年）

経済発展の良い例である戦前日本を対象に，多くの研究者が農工間資本移動の問題を論じてきたが，その結論は決して一様ではなかった。そこで，筆者独自の農工間資本移動概念に基づいて，戦前日本の農工間資本移動の大きさを推計した。著者の推計は従来の推計とは異なって，農業部門からの資本の純流出は存在せず，逆に純流入が生じる事実を示した。そしてさらに，農工間移動資本値と戦前日本の経済発展との関係について考察した。

「第3章，台湾の経済発展と農工間資本移動」（「経済発展と農工間資本移動―台湾の経験―」，『国際開発研究』第3巻・第1号，平成6年）

戦後における台湾政府の米糖管理による介入は，農工間の好循環を阻害するものであり，またその介入が工業部門の低賃金を可能にしたかどうかも疑わしい。それゆえ，戦後台湾の経済発展は，政府のこのような介入によって阻害さ

れたが，農業部門自身の発展と米国からの援助によって促進されたのである。

「第4章，途上国の経済発展戦略としての農産物高価格政策と農工間資本移動」(「途上国の発展戦略における農産物高価格政策と農工間資本移動」，『開発学研究』第11巻・第1号，平成12年)

途上国の経済発展戦略としての農産物高価格政策が，農工間資本移動のどのルートにどのような経済的影響を与えるかを，数式と図により解明した。

「第5章，農工間資本移動における農産物高価格政策と低価格政策の比較」(「途上国の発展戦略における農産物高価格政策と低価格政策の比較」，『倉敷芸術科学大学紀要』第5号，平成12年)

農産物高価格政策と低価格政策が，途上国の農業・工業・政府の3部門に与える経済的影響の違いを考察し，経済発展戦略としてどのような効果を及ぼすかを解明した。

「第6章，農工間資本移動と農産物価格政策の関係についての図形的考察」(「途上国の発展戦略と農産物価格政策―農工間資本移動との関連―」，『国際開発研究』第2巻・第2号，平成5年)

基本的に農業経済社会である途上国においては，政府が農業部門から資金を吸収する介入政策をとることが多い。その1つが農産物低価格政策であるが，これは農業部門の利潤を低下させるばかりか，工業部門への需要減を通じて工業部門の利潤を減少させる。また，この政策は，税収減によって財政上の，貯蓄減によって金融上の，農業部門からの資本流出を減少させる。それゆえ，途上国の経済発展にとっては，このような農産物低価格政策は好ましくない政策であると言える。

「第7章，日本の経済発展における米価の推移と農工間資本移動」(「日本の経済発展と農工間資本移動（II）―米価の推移を中心に―」，『政経論叢』第86号，平成5年)

農工二部門間の租税を通じる財政上の資本移動や，金融機関の貸借を通じる金融上の資本移動は，農産物価格の推移によって規定される。本章は，この農産物価格（ここでは米価を中心に扱う）の推移が，需要要因と供給要因のどちらに規定されるのか，そしてまた部門内条件と部門外条件のどちらに規定され

るのかを明らかにした。そして，戦前日本を対象に，米価の推移と農工間資本移動および経済発展の間の関係についての実証分析を行った。結局，1910年代頃までは農業発展を基礎とした，農工間の好ましい相互作用があったが，それ以降それは失われたことが明らかとなった。

「第8章，経済発展過程における農工間関係―その理論と韓国・ブラジルの実証分析―」(「韓国とブラジルの経済発展における農業と工業」，『政経論叢』第93号，平成7年)

まず，経済発展過程における農工間の相互影響関係を考察し，次に韓国とブラジルの経済発展と農工間関係を分析した。この実証分析においては，農業部門から労働力を吸収する産業としての繊維産業と，労働移動を規定する要因である農工間の賃金格差に着目し，これらを比較することによって，両国の経済発展における農工間関係を分析考察した。

「第9章，一次産品輸出型経済発展と農工間関係―その理論とブラジルの実証分析―」(『倉敷芸術科学大学紀要』第3号，平成10年)

輸出向け農・鉱産物の輸出に比重を置き，国内向け農産物を一部輸入する型の経済発展をしつつある国では，そうでない国に比べて国内の農工間関係の程度が小さくなるので，農工間循環関係の中でネットの工業製品需要を生み出してさらなる工業発展を図るためには，輸出向け農・鉱産物の比重を引き下げ，かつ国内向け農産物の輸入をできるだけ減らして，国内での効率的な農業生産に代替しなくてはならないことを，モデル分析とブラジルを対象とした実証分析により明らかにした。

［補論1］「第10章，寺西推計の方法とその問題点」(筆者修士論文「経済発展の初期段階における農家部門からの資本移動」の一部)

農工間資本移動の推計を行なう際，金融上の資本移動に関しては，寺西重郎氏の推計が優れている。金融面に関する資本移動の推計に関しては，本書もその数値を利用しているが，この推計に問題がないかどうかを，原資料に基づいて寺西氏がどのような方法で推計しているかまで遡って仔細に検討した。

［補論2］「第11章，農業生産変動の経済的影響と価格介入」(『政経論叢』第79号，平成4年)

農業生産は自然条件によって変動し，その結果農産物価格も絶えず変化し続けるものとなる。この農業生産の変動が生産者と消費者にどのような経済的影響を与えるのか，また両者に及ぼす影響はどのように違うかを分析した。これを踏まえ，どのような時にどのような価格介入をすればよいのか，またなぜそれが必要なのかを明らかにした。本章は，余剰分析以外の，著者独自の図形的考察を中心に分析を展開した。

　［補論3］「第12章，経済学における消費者利益と損失の評価」(『政経論叢』第78号，平成3年)

　経済学の原理的な問題や経済政策の評価を考える分析において，しばしば消費者余剰概念が使用されてきた。しかし，この概念には原理上の問題が存在する。本章は価値論的な観点からこの問題を考察し，次にこれに代わる著者独自の新しい，消費者利益と損失の評価方法を提出した。これは，価格と消費の変化による消費者の利益・損失を，図形における変化前の始点と変化後の終点の2点から構成される台形の大きさで計測するというものである。

謝　辞

　第1章，第2章，第10章は，東大大学院における筆者の修士論文をまとめたものです。

　この修士論文を書くために，大学院の学生研究室にあった，でこぼこのベッドの上で寝袋にもぐりこんで泊まりこみ，ほとんど毎日徹夜に近い状態を続けながら，毎夜ニンニクをかじりつつ，ストーブの前で思索に没頭し，数多くの著書や論文を読みまくったことが懐かしく思い出されます。

　当時助手だった原洋之介東京大学教授には，手書きで読みづらい筆者の草稿を隅々まで熱心に読んで頂き，多くの有益なコメントと励ましを頂いたことを今でも感謝しております。今やアジア経済・社会研究の第一人者としてご活躍されている先生のますますのご発展を祈っております。

　また，日本農業経済学会で，筆者が本書の内容に関わる研究発表をした際など，有益なコメントをして頂きご指導頂いた，筑波大学教授の黒田誼先生と，神戸大学教授の山口三十四先生に感謝致します。おかげさまでいくつかの問題点を改善することができました。両先生の，学問に対する厳しい姿勢にいつも教えられております。

　東京大学名誉教授の山田三郎先生からは，大学院時代の指導教官として，またそれ以降の筆者の人生において，さまざまな面でご指導頂きましたことを厚くお礼申し上げます。学部の時に先生の授業に出席して，それまで漠然としていた筆者の進路を「途上国の経済・農業発展」に定められたこと，また現在に至るまで決してまっすぐ進んでこなかった筆者を温かく見守って励まして頂いたことを嬉しく思っております。アジアにおける農業経済研究の第一人者として国際的に大きな仕事をされてこられた先生のますますのご活躍とご健康を祈っております。

　また，椙山女学園大学教授の横田澄司先生からは，いつも筆者のような人間を元気にさせる有り難いお言葉をかけて頂き，またいろいろお世話を頂いてお

り，有り難く思っております。

　最後に，何の文句も言わず自由に，筆者が「普通ではない人生」をおくることを許した寛大な両親，山下年行・信子に感謝し，その健勝を祈りつつ本書を両親に捧げます。

　2002（平成14）年3月31日　　　桜のにおう春のすがすがしい日に

　　　　　　　　　　　　　　　　　　　　　　　　　　　　山下　景秋

経済発展と農工間関係

目　次

はしがき ……………………………………………………………………………… i

第1章 農工間資本移動の基礎概念 ……………………………………………… 1
    1．はじめに　*1*
    2．既往の農工間資本移動の研究　*2*
    3．資本移動概念と勘定式　*10*
    4．既往資本移動概念の問題点　*19*

第2章 日本の経済発展と農工間資本移動 ……………………………………… 27
    1．はじめに　*27*
    2．財政上の資本移動　*28*
    3．金融上の資本移動　*43*
    4．農工間移動資本の推計　*49*
    5．移動資本と経済発展　*58*

第3章 台湾の経済発展と農工間資本移動 ……………………………………… 71
    1．はじめに　*71*
    2．戦後台湾の発展と農工間資本移動　*72*
    3．結論　*76*

第4章 途上国の経済発展戦略としての
        農産物高価格政策と農工間資本移動 ……………………………… 78
    1．はじめに　*78*
    2．農工間資本移動　*79*
    3．農産物高価格政策の効果　*80*
    4．結論　*88*

第5章 農工間資本移動における農産物高価格政策と低価格政策の比較 … 90
    1．はじめに　*90*
    2．農産物高価格政策と低価格政策　*90*
    3．農産物価格政策と農工間資本移動　*96*
    4．結論　*99*

第6章 農工間資本移動と農産物価格政策の関係についての図形的考察 … 102
    1．はじめに　*102*
    2．方法的準備　*103*

　　　　3．農産物低価格政策　*104*
　　　　4．農産物高価格政策　*108*
　　　　5．農工間資本移動　*111*
　　　　6．結　論　*112*

第7章　日本の経済発展における米価の推移と農工間資本移動 ……………*114*
　　　　1．農産物価格の変動と農工間資本移動　*114*
　　　　2．日本の経済発展における
　　　　　　農工間資本移動の財政・金融的側面と米価の推移　*125*

第8章　経済発展過程における農工間関係
　　　　――その理論と韓国・ブラジルの実証分析―― ………………………*127*
　　　　1．はじめに　*127*
　　　　2．経済発展過程における農工間の相互影響　*128*
　　　　3．韓国とブラジルの経済発展と農工間関係　*133*
　　　　4．おわりに　*143*

第9章　一次産品輸出型経済発展と農工間関係
　　　　――その理論とブラジルの実証分析―― ………………………………*148*
　　　　1．はじめに　*148*
　　　　2．経済発展と農工間関係　*148*
　　　　3．実証分析――ブラジルのケース　*159*

[補論1]
第10章　寺西推計の方法とその問題点 ……………………………………………*165*
　　　　（1）特殊銀行の農業貸出　*165*
　　　　（2）普通・貯蓄銀行の農業貸出　*166*
　　　　（3）信用組合貸出　*167*
　　　　（4）政府低利資金（地方政府経由預金部資金の農業向け貸出）　*167*
　　　　（5）政府低利資金（簡易保険・郵便年金積立金の農業向け貸出）　*168*
　　　　（6）貸金業者等・商業者の農業貸出　*169*
　　　　（7）現　金　*169*
　　　　（8）銀行預金　*170*
　　　　（9）郵便貯金　*170*
　　　　（10）簡易保険および郵便年金　*171*
　　　　（11）有価証券　*171*

[補論2]
第11章 農業生産変動の経済的影響と価格介入 ……………………… *174*
 1．はじめに　*174*
 2．農産物価格の変動経路　*176*
 3．生産者の利益および損失　*179*
 4．消費者の利益および損失　*184*
 5．生産量の変動が生産者と消費者に与える経済的影響　*185*
 6．農業生産の変動と政府の介入　*198*
 7．おわりに　*203*

[補論3]
第12章 経済学における消費者利益と損失の評価 ……………………… *206*
 1．はじめに　*206*
 2．消費者利益および損失の評価における価値の観点　*207*
 3．消費者余剰概念の問題点　*209*
 4．筆者の代替的方法　*215*
 5．結　論　*222*

第1章
農工間資本移動の基礎概念

1. はじめに

　発展途上国の経済発展を始動させるための原資を，どこからどのようにして獲得するかという問題は，経済発展論の重要な研究テーマであり，農業部門と工業部門の2部門間の資本移動に関する多くの研究が，特に経済発展の初期段階にあたる戦前日本を対象になされてきた。その中で，石川滋氏や大川一司氏，寺西重郎氏，そして筆者などが，資本移動の勘定式に基づいて移動資本の具体的な数値を示した研究をしている[1]。ところが困ったことに，これら諸研究の間には何を資本移動と考えるかに関しての統一的な視点はなく，おのおのがさまざまなアプローチによる互いに異なった勘定式に基づいて推計をしており，各推計値の間には大きな数値上の隔たりがあるのが現状である。

　本章が意図するのは次の3点である。まず第1に，既往の農工間資本移動の諸研究をサーベイすることである。そして第2に，農家部門を中心とした，筆者独自の統一的な視角に基づく資本移動概念とその勘定式を提出することである。さらに第3に，筆者の資本移動概念に基づいて既成の諸概念における問題点を剔抉しつつ，それら諸概念を整理し評価していくことである。以下，これらの作業を通じて，何が望ましい資本移動概念であるかを考えていくことにする。

2．既往の農工間資本移動の研究

(1) 農業余剰を原資とする工業化論

　戦前日本の経済発展は，農業における余剰を原資とするものであったというのが，近代経済学，マルクス経済学の双方を通じて多くの論者が主張するところであった。ここでは，近代経済学者の，いわゆる農業余剰を原資とする工業化論の系譜を略述してみる。

　ジョンストンは，文献〔10〕において，農業余剰が戦前日本の経済発展において重要な原動力になったと主張した。農業生産は，肥料の多用と改良品種の普及などによって，1881～90年を100とすれば1911年～20年に177（カロリーターム）に増加し，労働生産性は，1885年から1915年までに2倍になった。ところが，1873年に土地税が改革されて，土地評価価値に一定の税率を課し貨幣で納めるようになってから，これは農業生産や農産物価格の変動にかかわらず一定であったから，小農は借金が増え没落した。農民の生活レベルは，労働生産性の上昇に取り残され，低い消費水準に甘んじなければならなかった。ここにジョンストンは農村における貯蓄を暗示させる。この貯蓄部分は，「政府の意識的な政策」によって農外へ流出していったのである。

　政府は，農業部門に対してこのような重税を課したが，他方，工業部門に対しては，政府工場や船を安価で払い下げ，税制を優遇し，直接補助金を与えることによって優遇した。食糧供給の増大は，工業部門の食糧不足を回避させ貿易赤字を最小限に食い止めるとともに，インフレの対抗要因となり，高い人口圧力とあいまって賃金を低位におくことを可能にした。このようにして，賃金の上昇は生産物価格の上昇に追いつかず，大きな余剰を工業部門に生むことになった。こうして工業化が推進したのであった。

　ジョンストンは，工業化のための資本移動を，政府のルートに加え地主のルートにも着目して述べる。地主は，小農の没落に伴い土地を集積する一方，1873年以降の米価の上昇によって利潤を蓄積していった。彼らは，その余剰の大きな部分を，小規模な織物工場，製粉場，油や醤油の工場などの在村工場に投資したのであった。

ジョンストンは，農業部門からどのようにしてその余剰が工業化に役立ったかを説いてはいる。しかし，逆にどのようにして農業部門に資本が流入し，それはどれ位の大きさであったかを言わなければ，農工間の資本移動の解明にとっては片手落ちであろう。農業部門からの余剰の流出を説明するにも，その余剰がどのルートにおいてどれ位の大きさであったのかを税以外のルートにおいても示す必要があろうかと思う。

　ラニスは，文献〔22〕において，ジョンストンとほぼ同じ主張をしている。ただ彼が新しく付加した点は次のようなものであった。

　低開発地域における消費の抑制を強調し，日本においては地主は投機や贅沢な消費よりも貯蓄を選好したこと，消費税は土地税に次ぐ大きな役割を占めていたこと[2]，所得税（1888年以降。国債・貯蓄債券に対する利子，生活保険プレミアム，株式配当の受け取りの40％を控除）や事業税（1896年以降），資本利子税・事業利潤税（1927年以降）の実施を遅らせたり商工業に何らかの免除を与えて，工業―商人階級を優遇し小農や消費者に重税を課したこと，支出面からも政府は商工業を優先し，農業には小さな補助金しか与えなかったこと，地主―産業資本家は銀行資本の大部分を負担し，大部分の自発貯蓄を提供したこと，低所得階級も高い貯蓄性向を持っていたこと，しかしながら，企業の自己資金による投資と，税から得られた公的資金の使用の方が，農場や家計の投資や金融機関を通じての間接投資より大きかったこと，相対的に大きい貯蓄と投資のギャップを埋めるため，信用創造がインフレをもたらすことによって大きな役割を果たしたこと，などの諸点であった。

　ラニスは，ジョンストンに比べると，税において，土地税でなく所得税などにおいても農業よりも非農業が優遇されたこと，金融面での考察が加わったこと，消費の抑制とインフレに注目が払われたことなどの点で，より進化した議論を行っている。

　大川一司，ロソフスキーらの文献〔16〕は，戦前日本の経済成長の局面を2つに分け，資本移動との対応を考察した。彼らは成長局面を，明治維新から第1次大戦までのⅠ期と，第1次大戦から第2次大戦までのⅡ期とに分けて，その根拠をⅠ期における農業生産高や土地および労働生産性成長率の高さと，Ⅱ

期におけるそれらの相対的低下においている。

　I期においては，農業生産高の成長率が人口成長率を凌駕し，ともかくも農業部門には余剰があったことが暗示されている。そして，I期において，経済成長率3.5％，農業の成長率2.3％に対して，経済の平均資本係数3～4，農業のそれは平均より低位であるとして，これは農業部門において貯蓄が投資より大きかったこと，そこから生じた余剰が非農業セクターへ流出したことを意味すると説明する。I期において農業部門から余剰を非農業部門に移動させたものは，初めは土地税（1913～17年まで。政府収入の最も重要な源泉であった）であり，それから所得税に移行していったこと，農業と非農業の間の税率の差，政府補助金は専ら第2次，第3次産業向けであったこと等の彼らの所論は，前記ジョンストン，ラニスらとほぼ同じである。

　しかし，大川氏らは，I期とII期とではその様相を異にすると説く。II期においては都市部から農村部へと資本のネットの流れがあり，I期とは逆であるというのである。これは多分に推測的であり，したがって後の，大川氏と高松氏共同の，数値データを用いての具体的な論文と比べて初期大川と呼んでもよいと思うのだが，ともかくも戦前日本の成長局面を2期に分け，その後期においては農村部への資本流入があったという主張は彼らの業績である。

　これまでのジョンストン，ラニス，大川，ロソフスキーらは，金融を通じての資本移動を考察するということは極めて薄かった。加藤譲氏は，初めて金融機関，特に農業金融機関を詳細に検討して資本の移動と経済発展について論じた。文献〔12〕，〔13〕，〔14〕が加藤氏の関連論文である。

　加藤氏は，農業部門においては内的および外的信用制限が存する，すなわち，金融機関が収益性動機に従うものである限り，農業および中小企業よりも工業部門の企業や大企業への貸付を選好すること，一方，資金を需要する農民も農業投資の効率の低さと農業技術革新テンポの相対的遅さによって貸付需要量を制限しているというのである。そして，氏は農業金融機関（勧業銀行，農工銀行，北海道拓殖銀行，産業組合）においての預貸率を手がかりにその実証を試みる。例えば，産業組合においては，農業県の方が工業県よりも預貸率が大きいという事実を指摘して，ここから，農村から都市へという資金の流れを読み

取るのである。こうして資金不足になった農村を救うものとして，政府金融が農村に入ってくるというのである。

　加藤氏の主張は，農業金融機関の預貸率が農業県と工業県でどのように違うか，ということを中心の手がかりにしているが，これだけをもって，農工間の資本移動を正確に把握することは困難であると思う。

　ジェームズ・ナカムラは，文献〔11〕で，従来の農業余剰を原資とする工業化論がその前提として持っている高い農業生産の増大と低い資本形成をそれぞれ，過大評価，過小評価しているとして修正を迫り，農業余剰論の前提の崩壊を宣告した。しかし，ナカムラ氏は，非農業部門への貯蓄の流出までは否定せず，その流出の原因は，明治の土地改革に伴う土地所有階級への所得の再分配，したがって高い貯蓄にあるとする。

(2) 農業余剰説の再検討

　農業余剰を原資とする工業化論は，1960年代央までは通説であった。ところが，石川滋氏はこれに疑念を差し挟んだ。文献〔4〕である。以後，藤野正三郎氏，寺西重郎氏，（後期）大川一司氏，高松信清氏らの一橋大経済研究所のグループやLeeなどが，通説にいくばくかの反省を加えるのである。

　藤野氏は文献〔3〕で，加藤氏と同じく金融機関を分析するのだが，全く異なった結論に達している。藤野氏は，国立銀行の資金の供給先別の構成は私立銀行（あるいは銀行類似会社）のそれにほぼ類似しているとして，国立銀行に注意を集中する。彼は1886年の国立銀行のバランスシートを府県別・部門（農・工・商・華士）別に分類分析して，それぞれの貸付ウエイトと預金ウエイトを図で示し，(i) 西日本－勤皇型，(ii) 東北－佐幕型，(iii) 先進農業型，(iv) 大都市－商業型，(v) 開港場型にまとめて，このすべての類型を通じて，国立銀行を媒介とする資金の供給は，非農業部門から農業部門，そして先進農業型あるいは大都市－商業型での工業部門へと集中していると結論する。この資金の流れは繭の生産における革新と，それに支えられた器械製糸業の発展に密接な関係を持っていたと考えられる。このように，同じく金融機関を分析しながら加藤氏と全く異なった結論が出てくるのは，加藤氏が勧業銀行，農工銀

行，拓殖銀行，産業組合等の農業金融機関に分析の重点を置くのに対し，藤野氏は国立銀行の分析に重点を置き，両氏とも得られた結論を一般化しているからであろうと思われる。確かに，農業金融機関は，営利性を追及する限り農業から撤退せざるをえない傾向性を持っているだろう。しかし，その傾向性を，農業県と工業県に分けての資金の流れや預貸率を分析しての結論として指摘するだけでは不十分であろう。全金融機関をカバーする分析，絶対額での考察，資金の流入と流出の対比などが要請される。なお，寺西氏は，戦前期農業はかなりよく発達した金融市場の下にあって，それは目立った不完全性を示すものではなかったので，金融の農家貯蓄純流出入に果たした役割は中立的であった（信用制限は存在しなかった）という結論を提出して加藤氏と対立している。

以上の分析は，対象が限定されていたり，包括的であっても具体的数字に乏しいなどの欠点があった。ところが，石川氏（文献〔4〕，〔5〕，〔6〕，〔7〕，〔8〕，〔9〕），大川・高松氏（文献〔18〕，〔19〕），寺西氏（文献〔24〕，〔25〕）らは勘定式を用いるアプローチによって，それなりに体系だった議論を展開した。

まず，農業部門といわれるところの農業について彼らは明確にする。石川氏は，家族経営農家の全経済活動を含むものとして農業部門を定義し，これを農家部門と呼ぶ。大川・高松両氏も，agricultural sector ではなく farm sector を考察の対象としている。それが非農業セクターの生産活動からの所得を考慮に入れ得るからであり，farm households において，その所得が所得・消費・投資・貯蓄と密接に関連しているからである。また，寺西氏は，農業の概念を本来の農業生産活動とともに，林業，水産業および農業に関連する農外事業を含むものとして定義し，農家をこうして定義された農業生産活動に労働を投入する家計単位であると規定する。三様とも農業概念ではなく農家概念である。しかし，石川，大川・高松氏らは，林業，水産業などは含んでいないようである。

農業余剰を考察するための勘定体系を見てみよう。それは図1-1のようになる。

商品貿易勘定と資金収支勘定は一致する[3]。ある部門へのネットの財の動きをまかなうに等しい資金の同じ方向への動きがあるはずである。したがって，資金の移動を見るためには，ネットの財の動きを見ればよいことになるわけで

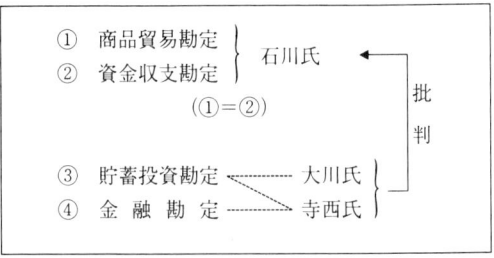

図1-1 4つの勘定式

ある。この両勘定を用いたのが石川氏[4]である。彼は資源の概念を投資財・中間財および消費財などいっさいの財に対する請求権とし，貯蓄および資本の流出入に要素サービスと経常振替に伴う資金移転を含む広い概念であるとする。そして，資源純流出（入）額を他部門との実質商品輸出入差額で測る。

$$\frac{1}{P_m}M - \frac{1}{P_e}E = \frac{1}{P_m}R + \frac{1}{P_e}E\left(\frac{P_e}{P_m} - 1\right)$$

ただし，$R = M - E$

（実質純流入のとき。M，E，Rは，それぞれ当年価格の輸入額，輸出額および入超額。P_m，P_eは，それぞれ輸入品，輸出品の総合価格指数。右辺の第1項は実質資金移転によるもの，第2項は交易条件変化によるもの。）

また，$V + K = R$

（Vは，要素サービスおよび経常振替の収支残，Kは資本振替・貸付の収支残。）

この場合は輸入超過であるから，それ（＝R）に等しい（V＋K）だけの資金が，その輸入量をまかなう分だけ流入している。第1式は次のようにして導かれたのだろうと思われる。

$V + K = R = M - E$

これより，$M = R + E$

両辺から，$\frac{P_m}{P_e}E$を減ずると，

$$M - \frac{P_m}{P_e}E = R + E - \frac{P_m}{P_e}E$$

$$= R + \frac{P_m}{P_e}E\left(\frac{P_e}{P_m} - 1\right)$$

両辺をP_mで割ると，

$$\frac{M}{P_m} - \frac{E}{P_e} = \frac{R}{P_m} + \frac{E}{P_e}\left(\frac{P_e}{P_m} - 1\right)$$

石川氏は、商品貿易勘定での農業余剰の計測は困難であるとして、資金収支勘定で戦前日本の計測をしているが、脱漏が多く正確であるとは言えない。

この石川氏の方法に問題がないわけではない。農業に対する政府建設支出をどの範囲まで含むかというのは難しい問題である。氏のように農業、河川投資だけをその中に含めては過少になるのではなかろうか。寺西氏は、石川氏が農家概念と農業概念を混同しているし、いかように考えても商品貿易勘定で資本流出入を考えることはできないと手厳しく批判している[5]。カウニーは、発展を問題にするとき、農家部門よりも農業部門で考えなければいけない、Y_F（非農家部門への、また、非農家部門からの農家の要素所得の支払いと受け取りの収支）を輸出として考えるべきであると批判している（文献〔1〕）。倉林氏の批判は、輸入額Mの中に農家部門における政府の経常、資本支出の量を含んでいる、輸出額Eは、海外への販売、Eから除かれた実物税の支払いを伴うことを明確にせよというものである（文献〔15〕）。また、ラジは、政府の納税、政府の支出、小作料、利子の受払い、農業セクターへの出稼者からの送金収入を含めるべきではないと批判する（文献〔21〕）。

大川氏は、③の貯蓄投資勘定を最善ではないとしながらもベターであるとしてこれを用いる。大川氏は、農業余剰A_sを$T_f + S_f - I_f$とする（T_f; taxes〔net〕税金, S_f; 家計貯蓄, I_f; 農業投資と農業住居建物）。ここで、$S_f = Y_f - T_f - C_f$（Y_f; 農家所得, C_f; 消費）、また、$Y_f = Y_a + Y_{fn}$（Y_a; 農業生産所得, Y_{fn}; 非農業生産活動から受け取る所得）。したがって、$A_s = T_f + S_f - I_f = Y_f - I_f - C_f$と考えることもできよう[6]。これは、非農業生産活動に参加することによって得られた家計の労働所得をプラスの要素、非耕作地主によって受け取られた地代をマイナスの要素とする。

大川氏は、文献〔17〕で、

$$\begin{cases} \overline{G_2} - G_2 = \dfrac{\alpha}{c_2} \cdot \dfrac{1-\omega}{\omega} \text{；農業} \\ G_1 - \overline{G_1} = \dfrac{-\beta}{c_1} \cdot \dfrac{\omega}{1-\omega} \text{；非農業} \end{cases}$$

(ただし，$\overline{G_2}$；農業の自己可能成長率$=\dfrac{S_2}{c_2}$，G_2；現実の成長率，c_2；農業の資本係数，$\omega=\dfrac{Y_2}{Y}$。添字1も同様) としているが，G_1, G_2, $\overline{G_1}$, $\overline{G_2}$, c_1, c_2, ω, $1-\omega$が分かるから，これから $\alpha \cdot (=-\beta)$，つまり資本移動量を求めることもできるのではないだろうか。

④の金融勘定を用いたのが寺西氏である。(ここでの記号は，寺西氏の表し方による)

寺西氏は，まず農家貯蓄の純流出入をもって農業余剰とする。

　　　農家貯蓄の純流出入$=S_f-I_f$

　　　ただし，S_f (農家貯蓄)

　　　　$=(Y_n-T)$ (農家可処分所得。T；租税－補助金)$-C_f$ (農家消費)。

　　　また，Y_n (農家所得)

　　　　$=Y_a$ (農業所得)$+Y_f$ (農外所得)$-R$ (非農家地主への小作料支払い)。

このS_f-I_fは，寺西氏の方法 (氏は必ずしも十分な式の展開をしていないが) に従えば，次のようにして$\Delta A-\Delta D$ (ΔA；農家部門外に対する金融債権増。ΔD；農家部門外からの負債増) に等しくなる。

$$\begin{aligned}I_f+C_f &= I_{11}+I_{12}+C_{11}+C_{12} \\ &= (I_{11}+C_{11})+(I_{12}+C_{12}) \\ &= (I_{11}+C_{11})+M \\ &= (Y_a-E)+M\end{aligned}$$

(ただし，I_f；農家資本形成〔家族造成の固定資本増を含む〕，C_f；農家消費，I_{ij}；i部門のj部門の生産物に対する，投資のための需要，C_{ij}；i部門のj部門の生産物に対する，消費のための需要，添字1は農業，添字2は非農業，E；輸出，M；輸入)

$$\therefore Y_a=I_f+C_f+E-M \quad \cdots\cdots\cdots\cdots\cdots\cdots (1)$$

　　　定義により，

　　　$Y_n=Y_a+Y_f-R$

これに(1)を代入すると，

　　　$Y_n=(I_f+C_f+E-M)+Y_f-R \quad \cdots\cdots\cdots\cdots (2)$

ところで，農家の収支均衡条件から，

$$Y_n + \Delta D = I_f + C_f + T + \Delta A \cdots\cdots\cdots\cdots\cdots (3)$$

(3)に(2)を代入すると,

$$(I_f + C_f + E - M) + Y_f - R + \Delta D$$
$$= I_f + C_f + T + \Delta A$$
$$\therefore E - M = \Delta A - \Delta D - Y_f + R + T \cdots\cdots\cdots\cdots\cdots (4)$$

(1)+(4)より,

$$Y_a + (E - M)$$
$$= I_f + C_f + (E - M) + (\Delta A - \Delta D) - Y_f + R + T,$$
$$\therefore Y_a + Y_f - R (= Y_n)$$
$$= I_f + C_f + (\Delta A - \Delta D) + T,$$

ところで, $S_f = (Y_n - T) - C_f$ だから,

$$S_f - I_f = \{(Y_n - T) - C_f\} - I_f,$$
$$\therefore S_f - I_f = Y_n - T - C_f - I_f$$
$$= \Delta A - \Delta D$$

私は, このような演算をしなくても, (3)を変形すれば, ただちにこの結果を得ることができると思う。

寺西氏のもう1つの農業余剰は, 農家余剰の純流出入 = S_B(農家余剰) $- I_f$ (農家資本形成)である。

$S_B = Y_n - C_f$ であるから,

$$S_B - I_f = (Y_n - C_f) - I_f$$
$$= (S_f + T) - I_f (\because Sの定義より)$$
$$= (S_f - I_f) + T = \Delta A - \Delta D + \underline{T}$$

これは農家貯蓄の純流出入にTを加えたもので, 農家貯蓄の純流出入が金融機関を通じる資本移動を含意するのに対し, これは金融と財政を通じる資本移動を含意するものである。

3. 資本移動概念と勘定式

本節では, 資本移動概念を原理的なレベルから考察し, これを踏まえて筆者

独自の統一的な視角に基づく資本移動概念とその勘定式を提出する。

　工業部門に対する農業部門の貢献を考察するとき，その両部門の間に政府や金融機関が介在していれば，農業部門からそれら機関に流入した余剰資金のうちどれだけが工業部門に移動したかを知ることは難しい。また，それら機関が介在していないとしても，そもそも両部門の間の資本の移動を直接把握することは容易なことではない。そこで，ここでは近似法として，農業部門からの資本の流出と，農業部門への資本の流入をチェックし，その差を考えることにする。

　次に，農業部門というときの農業とは何かが問題とされなければならない。戦前日本を含めて経済発展の初期段階においても，農村工業は無視できない規模であったはずである。ところがこれを農業に入れてしまっては，そもそも農工間の資本移動からずれてしまうことになる。したがって，ここでは農村工業を農業から除外する。また，農村部における農業以外の産業（商業・サービス業など）も，非農業に商業・サービス業を含めて考えているので除外する。林業や水産業は，農業と同じ伝統的産業であるという観点から含める。自ら耕作することなく，農業以外の他産業に従事するなどしている不在地主に関しては，これを農業者としない。

　このように規定された農業の生産活動に労働を投入する家計単位を，ここでは農家と呼ぶ。農家は，本来の農業所得に農外所得を加えた所得をもって，消費し投資する経済主体である。

　このような農家が集合して構成される農家部門と非農家部門が，以下の分析で取り扱われることになる。

　次に，農家部門からの資本の純流出を考えてみたい。

　いま，ある農家において，ある期間にある量だけの生産があったとする。その農家は，生産量の一部を自家消費し，残余を他の農家と農業以外の経済主体に販売して貨幣を得る。この農家は，生産量の一部を自己に対して販売したと想定する自家消費分の帰属計算上の貨幣に，生産量の残余を他の経済主体に販売して得られた貨幣を加えた合計として，農業所得を形成するわけである[7]。そして，この農家は，生産物の販売によって得られた現金収入の中から，その

表1-1　記号一覧

A_s：農業余剰
ΔA：金融債権純増（次期への現金M_{+1}を含む）
C_f：農家消費
C_p：農家購入消費（p＝purchase）
C_s：農家自家消費（s＝self）
$C_T①$：移動資本①（C_T＝capital transfer）
$C_T②$：移動資本②
F^i：（財・サービスの流出を伴わない）貨幣の流入〔大文字アルファベットの右上に添えられた小文字 i は農家部門への貨幣の流入（inflow）を表す〕
F^o：（財・サービスの流入を伴わない）貨幣の流出〔大文字アルファベットの右上に添えられた小文字 o は農家部門からの貨幣の流出（outflow）を表す〕
$F^i Ⓖ$：（財の流出を伴う）貨幣の流入
$F^i Ⓢ$：（サービスの流出を伴う）貨幣の流入
$F^o Ⓖ$：（財の流入を伴う）貨幣の流出
$F^o Ⓢ$：（サービスの流入を伴う）貨幣の流出
I：投資（I_f：農家投資，I_p：農家購入固定資本財，I_s：農家自己供給投資，I_m^i：農家部門への，金融機関を通じない貨幣による投資，I_m^o：非農家部門への，金融機関を通じない貨幣による投資）
I_g：投入財（input goods）（$I_{g\cdot p}$：農家購入経常投入財，$I_{g\cdot s}$：農家自己供給経常投入財）
L^i：非農家部門への労働サービスの販売による貨幣の流入（L＝Labor）
Le^i：非農家部門への信用サービスの販売による貨幣の流入（利子収入）（Le＝Lending）
Le^o：非農家部門からの信用サービスの購入による貨幣の流出（利子支払い）
M_{+1}：次期への現金
M_{-1}：前期からの現金
R^o：非農家部門への地代支払い
S_B：農家余剰（寺西氏の概念）
S_f：農家貯蓄
S_u：補助金
V^i：農家部門に対する政府の財・サービスによる資本支出や経常支出，農家部門に対する非農家・民間部門の財による投資
V^o：非農家・民間部門に対する財による投資
X_a：農産物総計
Y_a：農業所得
Y_f：農家所得

消費需要と実物投資需要を充足させるために，他の農家や農家以外の経済主体から財を購入する。他の農家においても全く同じことが看取できるであろう。

　それでは，農家を集計した農家部門において，財とその対価としての貨幣の流通はどのようなものであろうか。

　農家部門における財の流通（それとは反対の方向へ流れる貨幣の流通）は，

農家部門外への流出(対価としての貨幣の流入)[8]や,農家部門外からの流入(対価としての貨幣の流出)と,農家部門内部における流通(一方から見れば販売であり,他方から見れば購入であるところの,部門内農家相互間の,財とその対価としての貨幣の交換)とから構成される。そして,農家部門の現金収入は,この農家部門外への財の販売(貨幣の流入)と,農家部門内部における財の販売(貨幣の移動)によって構成され,その現金収入の中から,農家部門外からの財の購入(貨幣の流出)と,農家部門内における部門内生産物の購入(前者プラス後者は,農家部門の消費[9]と実物投資[10]を構成することになる)に充てられる。農家部門内部における部門内生産物の販売量と購入量は,また

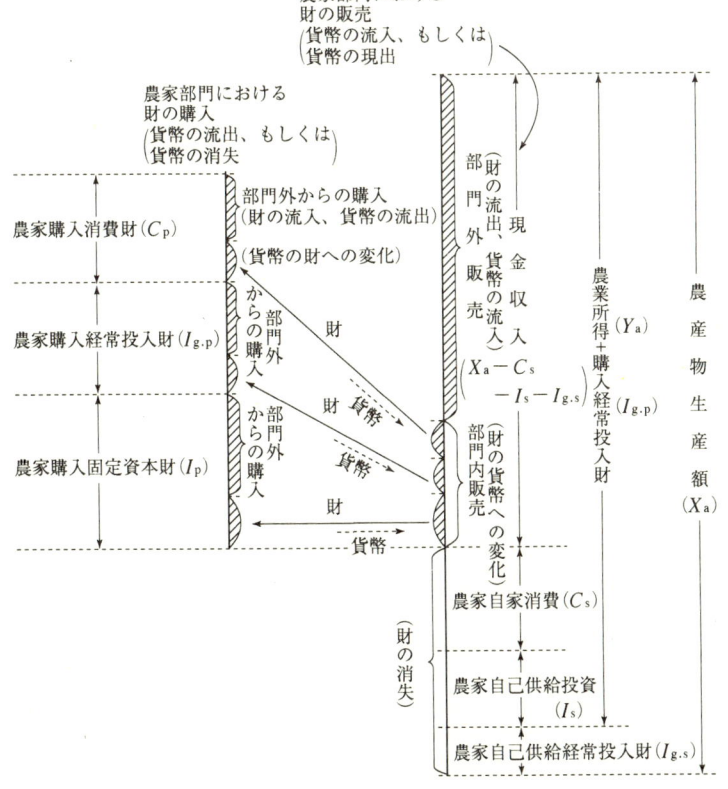

図1-2 農家部門における財の販売と購入
注)農家消費(C_f) = $C_p + C_s$, 農家投資(I_f) = $I_p + I_s$

販売額と購入額は明らかに等しい。以上を図示すると図1-2のようになる。

図1-2の右側は，農家部門において生産された農産物総計（X_a）が，まず各農家において自家消費（C_s）されて消失し，さらに生産の過程で農家自己供給投資（I_s）や農家自己供給経常投入財（$I_{g\cdot s}$）として使用され，残余（$X_a - C_s - I_s - I_{g\cdot s}$）が販売に供され，その対価が現金収入として農家部門に流入・発生したことを示している。なお，この図において農業所得（Y_a）を明示することはできないが，それは，農産物生産額（X_a）から，（部門外から及び部門内において）購入された経常投入財（$I_{g\cdot p}$）と農家の自己供給経常投入財（$I_{g\cdot s}$）を除いたものに等しいので，$Y_a + I_{g\cdot p}$として示すことはできる。以上は，貨幣を伴う財の流れであり，貨幣の動く方向と財のそれとは逆である。

また，農家部門は，サービスを購入し販売する。農家部門内部の他の経済主体や部門外の産業に，労働サービスや土地サービスや信用サービスを提供し，その対価としてそれぞれ，兼業所得や地代や利子を得るのである。これを図示すると図1-3のようになろう。

ここで注意しなければならないことは，兼業所得と利子の稼得の一部は農家部門外からのものであり，地代と利子の支払いの一部は部門外へのものであるということである。ここにおいても，サービスの働く方向とその対価としての

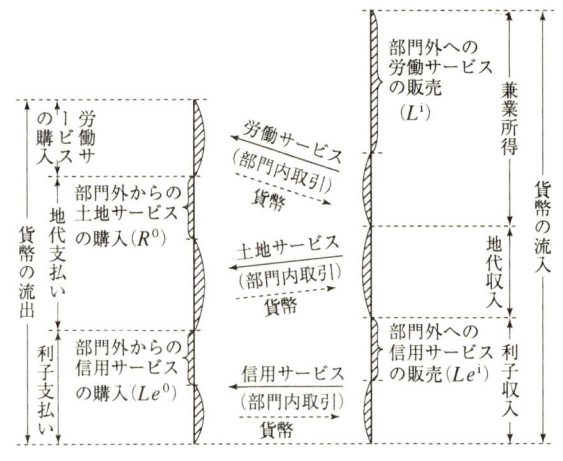

図1-3　農家部門におけるサービスの購入と販売

貨幣の動きとは逆であり，また当然ながら，部門内部における，労働サービス，土地サービス，信用サービスの，それぞれの販売量と購入量，販売額と購入額は等しい。

次に考察されるのは，財やサービスのみの（貨幣を伴わない）一方的な流れである。これは，対価としての貨幣を伴わない以上交換ではあり得ず，財・サービスのいわば移転である。以下においては，後に明らかになるように，部門内部における移転的流れを無視する。したがって，ここでは，農家部門からの，貨幣を伴わない財・サービスの流出と，農家部門への流入だけを押えておけばよい。

最後に，財やサービスの流れを伴わない貨幣だけの動きを問題にせねばならない。農家部門に流入する貨幣は，借入金[11]，返済金，補助金，非農家・民間部門からの（金融機関を通じない）貨幣による投資，送金などの形態をとり，他方，流出する貨幣は，貸出金[11]，借入金の返済，租税公課，非農家・民間部門への貨幣による投資，出資金，送金などの形態をとるであろう。

以上，農家部門を中心とした，財・サービス，貨幣の流れをまとめてみたが，それでは，農家部門からの資本の純流出とは，これらのどの部分に該当するであろうか。

いま，ある期において，農家部門に流入する貨幣[12]と，流出する貨幣[13]とがその量においてバランスしていることに注目しよう。上述したところと関連させてこれを図示すると図1-4のようになる。ここで注意されたいのは，この図においては部門内の財・サービス，貨幣の流れは相殺されるものとして省略されているということである。

図の右側の説明をしよう。まず，財の流出を伴う貨幣の流入部分（$F^i ⓖ$）は，具体的には，農業生産物を部門外に販売して対価としての貨幣を農家部門が得たことを意味している。$F^i ⓢ$は，サービスの流出を伴う貨幣の流入部分であり，具体的には，農外への労働サービスの販売による農外からの所得（L^i）と，農外への信用サービスの販売による農外からの利子収入（Le^i）とから構成されている（図1-2参照）。$F^i ⓖ$と$F^i ⓢ$は，財，サービスの流出を伴う貨幣の流入部分であった。ところが，F^iは，財・サービスの流出を伴わない貨幣

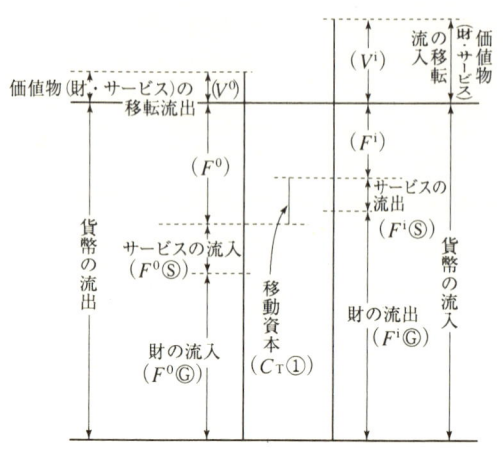

図1-4 農家部門における貨幣の流出入[14]

注1) 添字oは流出を，iは流入を意味する，Ⓢはサービス，Ⓖは財を意味する．
 2) F^oは財やサービスの動きを伴わない貨幣の流出を意味し，この中にM_{+1}(次期への現金)を含んでいる．
   F^oⓈ$= R^o$(非農家地主への支払い地代)$+ Le^o$(部門外流出利子).
 3) F^iは財やサービスの動きを伴わない貨幣の流入を意味し，この中にM_{-1}(前期からの現金)を含んでいる．
   F^iⓈ$= L^i$(非農業源泉所得)$+ Le^i$(部門内流入利子).

の流入部分である．このF^iの中に，前期から今期に繰り込まれた現金部分(M_{-1})があることに注意せねばならない．

　次に，図の左側を見てみよう．F^oⒼ，F^oⓈは，それぞれ，財の流入，サービスの流入を伴う貨幣の流出部分であって，F^oⓈは，部門外への地代支払い(R^o)と利子支払い(Le^o)とから構成されている．対して，F^oは，財・サービスの流入を伴わない貨幣の流出部分であって，今期から次期へ繰り込まれる現金部分(M_{+1})をそこに含んでいる．

　ここで，これら6個の部分(F^iⒼ，F^iⓈ，F^i，F^oⒼ，F^oⓈ，F^o)を2つのグループに分けるのが適当であろう．なぜなら，F^iⒼ，F^iⓈ，F^oⒼ，F^oⓈの4個の部分は，財もしくはサービスと貨幣が等価で交換される部分であるのに対し，F^i，F^oの2個の部分は，貨幣が等価で交換されて相殺されるような対応物を持たない部分であるからである．

　そして，この後者の2個の部分(F^i，F^o)こそが，何ら相殺されない貨幣の移転であるがゆえに，直接的に農家部門から(へ)の価値の移転を意味する部

分であると考えることができる。それゆえ，両部門間の価値移転（＝資本移動）部分は，$F^o - F^i$（$= C_T$①）として示すことができる。

残された4個の部分（F^iⒼ，F^iⓈ，F^oⒼ，F^oⓈ）は，対応する異なった価値形態（財・サービスと貨幣）が相殺されるゆえに，直接的に部門間の価値移転を意味する部分ではない。とは言っても，それらが部門間の資本移動の大きさを決めるのに不要な部分であるというわけではない。なぜなら，図（これは，$F^o > F^i$の場合）から明らかなように，C_T①$= F^o - F^i = (F^i$Ⓖ$+ F^i$Ⓢ$) - (F^o$Ⓖ$+ F^o$Ⓢ$)$だからである。したがって，農家部門からの財・サービスの純流出部分を移動資本部分であるとみなすことも可能である。

それでは，何ら価値の移転を意味しない財・サービスの純流出部分を移動資本（価値）部分であるとみなしてもよいということは，どのようなことなのであろうか。図1-4の場合のように，農家部門から非農家部門への移動資本（C_T①）があるときで考えれば，このとき現象として，農家部門から非農家部門へネットの財・サービスの移動がある。その財・サービスの移動自体は何ら価値の移転を意味しないが，その財・サービスの移動を生じさせるための資金が，図のように非農家部門に同時に流入してこなければ，非農家部門は財・サービスの流入をまかなうことができないであろう。財・サービスと同じ方向に動き，それゆえ相殺されることのないこの資金の流れこそが移動資本であると考えられる。

このように考えれば，資本移動というときの資本とは，一方の面で財・サービスの形態をとりつつ他方の面で貨幣の形態をもとるような二面性を合わせもつものであると言えよう。

ところが，もう少し厳密に考えれば，$F^o - F^i$，もしくは，$(F^i$Ⓖ$+ F^i$Ⓢ$) - (F^o$Ⓖ$+ F^o$Ⓢ$)$で表されるところのC_T①は，正確な資本移動概念とは言えない。なぜなら，まず第1に，F^iに含まれたM_{-1}（前期からの現金）と，F^oに含まれたM_{+1}（次期への現金）は，時間上の移動に関係する部分であって，問題とされているところの資本の空間的移動に何ら関与しないからである。そして第2に，何ら対価としての貨幣によって相殺されない，財・サービスという価値物の，農家部門からの移転流出と農家部門への移転流入を無視するわけには

いかないからである。具体的には、前者(V^o)は、非農家・民間部門への財による投資などであり、後者(V^i)は、農家部門に対する政府の、財・サービスによる資本支出や経常支出（補助金を除く）であり、農家部門に対する非農家・民間部門の財による投資などである。

これら2点を考慮することによって、より正確で包括的な資本移動概念C_T②をここに提出することができる。それは次のように定式化できよう。

$$C_T② = \{V^o+(F^o-M_{+1})\} - \{V^i+(F^i-M_{-1})\}$$
$$= (F^o-F^i)+(V^o-V^i)+(M_{-1}-M_{+1})$$
$$= C_T① +(V^o-V^i)+(M_{-1}-M_{+1})$$

この式から明らかなように、正確な移動資本C_T②を求めるためには、まずC_T①の数値を算出する必要がある。次に、そのC_T①を算出するためのアプローチを明らかにしておこう。

第1は、図1-4の左上からのアプローチ、つまり、財・サービスを伴わない貨幣の流出入のみに注目するアプローチである。これをアプローチⅠと呼ぼう。明らかに、アプローチⅠによる$C_T① = F^o - F^i$。F^oは、租税(T)公課、金融債権純増($=\Delta A$[15]$=t$期の金融債権増$-t$期の被返済金)、非農家部門への（金融機関を通じない）貨幣による投資(I_m^o)、送金などから、またF^iは、補助金(S_u)、金融負債純増($=\Delta D=t$期の金融負債増$-t$期の返済金)、非農家部門からの（金融機関を通じない）貨幣による投資(I_m^i)、前期からの現金(M_{-1})、送金などから構成される。したがって、アプローチⅠによる$C_T① = F^o-F^i = (T+\Delta A+I_m^o+$非農への送金$)-(S_u+\Delta D+I_m^i+M_{-1}+$非農からの送金$)=(T-S_u)+(\Delta A-\Delta D)+(I_m^o-I_m^i)+$純送金流出$-M_{-1}$となる。第1項は財政を通じる純流出であり、第2項は金融を通じる純流出である。

第2と第3のアプローチは、図1-4の右下からのアプローチ、つまり、貨幣の流れを伴う財・サービスに注目する方法である。

第2のアプローチ（アプローチⅡ）。図1-4から、アプローチⅡによる$C_T① = (F^i ⓖ+F^i ⓢ)-(F^o ⓖ+F^o ⓢ) = (F^i ⓖ-F^o ⓖ)+(F^i ⓢ-F^o ⓢ)$。第1項は財のネットの流出（財輸出−財輸入）。第2項はサービスのネットの流出（サービス輸出−サービス輸入）を表しているので、$C_T①$（アプローチⅡ）=

財・サービスの輸出－財・サービスの輸入。

第3のアプローチ(アプローチⅢ)は，アプローチⅡを農業所得(Y_a)に関連させるように変形して得られる。アプローチⅡによるC_T①＝$(F^i ⓖ － F^o ⓖ)$＋$(F^i ⓢ － F^o ⓢ)$。図1-1より，$F^i ⓖ ＝ (X_a － C_s － I_s － I_{g \cdot s})$－部門内販売，$F^o ⓖ ＝ (C_p + I_{g \cdot p} + I_p)$－部門内購入，であるので，$F^i ⓖ － F^o ⓖ ＝ X_a － (C_s + C_p) － (I_p + I_s) － (I_{g \cdot p} + I_{g \cdot s})$＋(部門内購入－部門内販売)＝$Y_a － C_f － I_f$(∵定義より，$X_a － (I_{g \cdot p} + I_{g \cdot s}) = Y_a$, $C_s + C_p = C_f$, $I_p + I_s = I_f$, 部門内購入＝部門内販売)。したがって，アプローチⅡのC_T①＝$(Y_a － C_f － I_f) + (F^i ⓢ － F^o ⓢ) ＝ (Y_a － C_f － I_f) + \{(L^i + Le^i) － (R^o + Le^o)\}$ (図1-3，図1-4より)＝$(Y_a + L^i) － C_f － I_f － R^o － (Le^o － Le^i) ＝ Y_f － C_f － I_f － R^o － (Le^o － Le^i)$＝アプローチⅢによる$C_T$①($Y_f$：農家所得)。

4．既住資本移動概念の問題点

移動資本について勘定式をもとに推計を試みたのは，石川氏(文献[4]，[5]，[6]，[7]，[8]，[9])や，大川氏・高松氏(文献[18])，大川氏・清水氏・高松氏(文献[19])，さらに寺西氏(文献[24]，[25])，筆者(文献[26])などである。ここでは，筆者の資本移動概念に基づいて，これらの資本移動に関する諸概念の違いと問題点を明確にし，最も望ましい資本移動概念とは何かを探っていくことにする。

石川滋氏は，農家部門からの財の販売額マイナス非農家部門からの財の購入額をもって氏の資本移動概念とした。そして，その移動資本額は，要素サービスおよび経常振替の収支残高と，資本振替・貸付の収支残高の和に等しいとした。筆者の表現で言えば，$F^i ⓖ － F^o ⓖ ＝ (F^o ⓢ + F^o + V^o) － (F^i ⓢ + F^i + V^i)$である。

これは，石川氏が，財を伴う貨幣の流れと，それ以外，つまり，サービスを伴う貨幣の流れ，財・サービスを伴わない貨幣の流れ，貨幣を伴わない財・サービスの流れとの両者を区別して考えていることを意味する。筆者は，サービスとその対価としての貨幣は，基本的には等価交換されるゆえに，何らの価値

移転を意味しないと考えて，$F^i$$\text{Ⓢ}$と$F^o$$\text{Ⓢ}$を，$F^i$$\text{Ⓖ}$や$F^o$$\text{Ⓖ}$と同じ側に置いた。ところが，石川氏は，財の流出入を資本移動概念の中心において考え，$F^i$$\text{Ⓢ}$や$F^o$$\text{Ⓢ}$を，$F^i$$\text{Ⓖ}$や$F^o$$\text{Ⓖ}$側に置かず，$F^i$や$F^o$側に置くのである。筆者の資本移動概念からすれば問題とされる点である。

上述の石川氏の式を変形すれば，$V^i + F^i + F^i\text{Ⓢ} + F^i\text{Ⓖ} = V^o + F^o + F^o\text{Ⓢ} + F^o\text{Ⓖ}$ となる。V^iやV^oは財やサービスの形での価値物であり，それ以外の項は全て貨幣を表しているので，石川氏は，価値物と貨幣を総合した価値のバランスを前提して資本移動を考えていることになる。一方，筆者は，貨幣における流入と流出のバランスを前提にしていた。ここに両者の考え方の違いが明瞭に表れている。しかし，筆者は，$V^i + F^i + F^i\text{Ⓢ} + F^i\text{Ⓖ} = V^o + F^o + F^o\text{Ⓢ} + F^o\text{Ⓖ}$ が成立するためには，$F^i + F^i\text{Ⓢ} + F^i\text{Ⓖ} = F^o + F^o\text{Ⓢ} + F^o\text{Ⓖ}$ が成り立っているので$V^i = V^o$でなければならないが，この等式の成立が常に保証されているわけではないので，石川氏のこの考え方を肯んずることはできない。

上記2点の筆者との見解の相違がある以上，筆者C_T②とはもちろん，C_T①と石川移動資本が異なるのは明らかである。このことは図1-4によって容易に確かめることができる。

寺西氏は，石川氏の接近法に対して，「貿易収支は（言うまでもなく）財の販売額と購入額の差であって，その動きを資金移動の問題に結びつけて考察することは，いかに考えても無理である」と述べている[16]。財の貿易収支にサービスの貿易収支を加えれば，資本移動を考えることが可能になる。これが筆者のアプローチⅡである。石川氏の方法は，氏自身が言うように，財，サービス，貨幣にわたるカバレッジの広さの点で確かに包括的と言い得るものであろう。

大川氏らは，農家部門における貯蓄と投資を凝視することによって，農業余剰（A_s）[17] ＝移動資本に迫ろうとした。貯蓄投資勘定に基づく$A_s = (Y_a + L^i) - C_f - I_f = Y_f - C_f - I_f$ 。

先に，筆者のアプローチⅢがアプローチⅡから導かれうることを示したが，このことからも分かるように，大川氏の農業余剰概念は，石川氏のそれと密接な関係を持っている[18]。大川氏によると，石川貿易収支勘定に基づく移動資本は，$\text{Sales} - \text{Purchases} = Y_a - C_f - I_f$ [19] と表される。2つの式を比較すれば分か

るように，両者の違いは，大川氏が石川移動資本にL^iを付け加えたことにある。L^iという，サービスの流出の対価としての貨幣流入部分（F^iⓈの一部）をF^iⒼ側（Y_a）に含めたことは，C_T①により接近したという点で評価される。

大川氏自身も断っているように，資料不足から，不在地主に対する地代支払い（R^o）を含めることができなかったのは残念である。であるとしても，算式の中にはそれを含めるべきであろう。なおそのうえに，農家部門の利子支払いと受け取りを含めれば，C_T①が導かれる[20]であろう。ところが，大川氏らは，間接税や補助金，政府の建設投資に触れることができなかったので，我々の推計は包括的ではないと述べているが[21]，注20)で示されたように，筆者の考え方からすれば，それらを無視してもC_T①を明らかにすることは十分可能なのである。

寺西氏は，農家貯蓄の純流出入（$S_f - I_f$）と，農家余剰の純流出入（$S_B - I_f$）を有用な概念として提出する。ただし，農家貯蓄（S_f）＝農家可処分所得（$Y_f +S_u - T$）－農家消費（C_f），農家余剰（S_B）＝農家所得（Y_f）－農家消費（C_f）。$S_f - I_f = \Delta A - \Delta D$，$S_B - I_f = \Delta A - \Delta D + T - S_u$という式を氏は示す[22]。

前述のC_T②の説明のところで触れたように，図1-4の左上から考えるアプローチⅠが$F^o - F^i$を問題にするとき，F^oが次期への現金M_{+1}を含んでいる以上，F^iは前期からの現金M_{-1}を含んでいなくてはならない。そうでなければ，$F^o + F^o$Ⓢ$+ F^o$Ⓖと，$F^i + F^i$Ⓢ$+ F^i$Ⓖは等しくならないからである。しかるに，寺西氏は，F^oの一部を構成する金融債権純増に現金M_{+1}を含めてはいるが，M_{-1}のほうは式のどこにも考慮されていない。問題とされるべき点である。

それでは，寺西氏が有用な資金移動概念としている3つのアプローチ，①$\Delta A - \Delta D$，②$(\Delta A - \Delta D) + (T - S_u)$，③$(\Delta A - \Delta D) + (T - S_u) + (R^o - L^i)$を比較してみよう。寺西氏がしているような小項目の無視を前提にすれば，移動資本C_T①に等しいのは，寺西②の$(\Delta A - \Delta D) + (T - S_u) = (\Delta A + T) - (\Delta D + S_u)$である。寺西①の$\Delta A - \Delta D$は，$C_T$①に等しい寺西②においてT＝$S_u$が成り立つ特殊な場合であると考えられる。すなわち，T＝S_uという特殊な状況を前提にしない限り，$\Delta A - \Delta D$は移動資本を意味しない。ただ，$\Delta A - \Delta D$はC_T①の一部を構成することは明らかである。$\Delta A - \Delta D$は，金融上の移

動資本を表す，とは言える。寺西③$(\Delta A - \Delta D) + (T - S_u) + (R^o - L^i)$ は，寺西氏自身が指摘しているように，$F^i\text{ⓖ} - F^o\text{ⓖ}$ に等しい。ところが，石川氏の移動資本について述べたところで指摘したように，R^o，L^i というサービスに伴う移動貨幣部分（$F^o\text{ⓢ}$，$F^i\text{ⓢ}$）を，財・サービスの流れを伴わない移動貨幣部分（F^o，F^i）に加えている限り，C_T①をここから導くことは不可能である。

以上，暫定移動資本C_T①に近いかどうかという観点から，既成の各資本移動概念を概念ごとに分けて論じてきた。結局，筆者にとって最も有用と思われる概念は，大川A_sと寺西②であった。さらに以下では，最も正確であると信じる移動資本C_T②との関係も含めて，各資本移動概念の位置付けと評価をしておこう。

大川氏らは，貨幣のみの流れや，財・サービスのみの流れを視野の外に置いて，農家の実際の行動に注意を集中する。農家は，農業所得と農外所得をもって消費し，残余の貯蓄から投資を行って，その差にあたる資金を農家部門外に流出する，と考えるのである。しかし筆者は，貯蓄と投資の差自体は農業における余剰を意味するにすぎず，そのままではそれは移動資本を意味しないと考える。たとえ移動資本を意味するとしても，以下の点を考慮して改善する必要があるのではなかろうか。

（大川）農業余剰（A_s）は，農家部門から非農家地主へ支払われる地代（R^o）と，両部門間のネットの移動利子を考慮していないので，前者による過大へのバイアス，さらにR^oを考慮したとしても，ネットの移動利子の大きさだけの，C_T①からの乖離があるのである。また，大川氏らのような，図1-4の右下からするアプローチにおいても，時間上の現金の流出入に関する調整をし[23]，さらにV^oとV^iに関する調整をしなければならない。農家部門に対するV^i部分はかなり大きいものであったのではないかと想像される。したがって，A_sからさらにV^iを減ずることが必要であり，逆に言えば，その操作をしていないA_sはV^iだけ過大バイアスをもっている。

石川，寺西両氏は，財，サービスの流れの側面だけでなく，貨幣のみの流れをも視野にいれた点で評価される。寺西②は，C_T①に最も接近することがで

きた。とは言っても，それは，小項目，例えば，（無視できない大きさであると思われる）農家地主の非農家・民間部門への（金融機関を通じない）貨幣による投資を漏らしていることには注意しなければならない[24]。寺西②はC_T①に接近したが，C_T②に達することはできない。現金の時間軸上の流入M_{-1}（流出M_{+1}は考慮されている）とV^o，V^iを考慮の外に置いたからである。寺西②は，やはり少なくともV^iだけ過大であると思う。石川氏は，貿易収支と資金収支が裏腹の関係にあるとした点と，V^oおよびV^iを視野にいれた点が評価される。石川氏は，戦前日本における「農工間」[25]の「資源」移転を資金収支勘定から推計しようと試みたが，「賃金・俸給収入」と「副兼業収入」の推計をなしえず，不完全な結果になってしまったのは残念である。図1-4の左上からの接近は，小項目の多さなどから困難性が高いので，大川氏らが試みたように，まず財の貿易収支を求め，これにサービスの貿易収支を加えるアプローチの方が，より簡単であろう。

【注】

1）拙稿（文献〔26〕。本章と第2章に含む）は，上記三氏らを含め諸研究をサーベイし，上記三氏らの推計値を比較検討してその差が何に起因するかを明らかにした。また併せて，筆者の資本移動概念に基づいた推計値を提出した。
2）消費税は概して逆進的であり，低所得階層の多い農民に相対的に大きな負担を強いた（文献〔20〕）。この点からも農から非農への資本の流れが看取できる。
3）厳密には，「商品」の中には財だけではなく，サービスも含める必要がある。
4）Leeは石川氏と同じく商品貿易勘定と資金収支勘定を用いて台湾の事例について分析している。文献〔23〕参照。
5）文献〔24〕のP327。
6）大川氏は，直接に農家消費（C_f）を推計しようとしている。また，大川氏は商品貿易勘定（Sales－Purchases）を用いた推計値を算出している（表2-13）
$S_a - P = (X_a - C_s - I_s - I_{g \cdot s}) - (I_{g \cdot p} + I_p + C_p) = X_a - C_f - I_f -$ 経常投入財の式において，X_a，I_f，経常投入財が分かり，S_a，Pが分かれば，C_fが求まるのではないだろうか。
7）厳密に言えば，現金収入＋自家消費に自己供給投資を加え，その合計から購入経常投入財を除いたものが農業所得になる（図1-2参照）。なお，本書では，在庫投資と資本減耗を考慮しない。したがって，これは農業粗所得である。
8）ここでは，対価を伴わない財だけの流通（単なる移転）は省かれている。それは後

9) ここでは農家自家消費を除いている。
10) ここでは農家自己供給投資を除いている。
11) 有価証券なども含めて金融債権および負債としてもよい。ただ，金融債権中の現金は部門外へ流出しない。
12) 前期から今期への現金の繰り込み（M_{-1}）も流入貨幣とする。
13) 今期から次期への現金の繰り込み（M_{+1}）も流出貨幣とする。
14) ただし，この図における貨幣の流出入のバランスとは，時間上の流入貨幣（M_{-1}）と流出貨幣（M_{+1}）をそのバランスの中に含めた結果としてのものであるので，農家部門における貨幣の空間上のバランスをこのままでは意味するものではない。
15) M_{+1}を含んでいる。
16) 文献〔24〕のP.327。
17) 厳密には，文字どおりの農家部門における余剰であって，移動資本と完全に一致するわけではない。なお，表現上の問題として，「農業余剰」の「農業」は「農家」としなければならない。
18) 大川氏らは，上記2論文において，石川氏の貿易収支勘定による概念に詳細に触れ，その概念を用いた推計値を2論文において明らかにしている。
19) これは次のようにして定式化することができる。図1-1から明らかなように，Sales － Purchases ＝ $(X_a - C_s - I_s - I_{g \cdot s}) - (C_p + I_{g \cdot p} + I_p) = (X_a - I_{g \cdot p} - I_{g \cdot s}) - (C_s + C_p) - (I_s + I_p) = Y_a - C_f - I_f$ （∵定義より，$Y_a = X_a - I_{g \cdot p} - I_{g \cdot s}$, $C_f = C_s + C_p$, $I_f = I_s + I_p$）。
20) 図1-4で示せば，大川$A_s = (F^i ⒢ + F^i ⒮) - F^o ⒮$。これから$F^o ⒮$をさらに減ずれば，$(F^i ⒢ + F^i ⒮) - (F^o ⒢ + F^o ⒮) = C_T ①$となる。大川氏らがたとえ$V^i$と$F^i$にまたがる政府の建設投資に触れえたとしても，図1-4から明らかなように，（現金の時間上の移動を捨象した）$C_T ② = (V^i + F^i) - (V^o + F^o)$になることはない。
21) 文献〔19〕のp.388。なお，在庫投資も触れなかったと断っている。大川S_fの中にこれを含めている（同，p.398）。
22) 両式とも，農家の収支均衡式$Y_f + \Delta D = I_f + C_f + T - S_u + \Delta A$から導かれる。
23) この点に関しては図1-5を見ると明らかである。つまり，（時間上の現金の流出入を考慮したときの）移動資本＝$(F^o - M_{+1}) - (F^i - M_{-1}) = (F^i ⒮ + F^i ⒢ + M_{-1}) - (F^o ⒮ + F^o ⒢ + M_{+1})$。実

図1-5

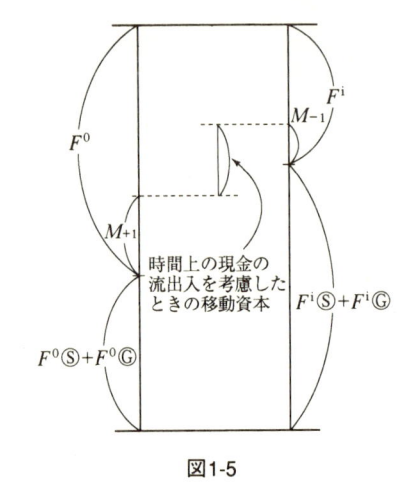

を言えば,非農家部門から農家部門への貨幣の流入＝農家部門から非農家部門への貨幣の流出,という等式は成立しないのである。時間上の貨幣の流出入という調整によって,現実の農家部門の,貨幣におけるバランスが保たれているからである。したがって,空間上の貨幣の移動を問題にするには,F^0からM_{+1}を,またF^1からM_{-1}を減じ,さらに,その両者の差をとるというのでなければならない。そして,その差が上式のM_{-1}やM_{+1}で示されるとすれば,図1-4の右下からのアプローチにおいても,上述のごとき操作が不可欠であろう。

24) ただし,寺西氏の「農業」概念は農家の営む商工業を含んでいる(文献〔24〕のp.325)ので,それに対する投資は漏らしても構わない。

25) 正確には「農工間」ではなく,農家部門からの移転である。さらに言えば,兼業所得を含めていないので,農業部門からの移転である。

〔参考文献〕

〔1〕 Cownie, J.: "ECONOMIC DEVELOPMENT IN ASIAN PERSPECTIVE: A REVIEW ARTICLE", The Developing Economies, Vol.Ⅵ, 1968.

〔2〕 速水祐次郎『日本農業の成長過程』,創文社,1973年,p.199。

〔3〕 藤野正三郎「銀行組織の発展過程」,『日本の景気循環』,勁草書房,1965年。

〔4〕 石川 滋「開発過程の農工バランス——中国のケース・スタディ」,一橋論叢1月号,1965年。

〔5〕 石川 滋「後進国開発の農業問題」,『農業経済研究』10月号,1965年。

〔6〕 石川 滋「開発過程の農工間資源移転」,『経済研究』7月号,1966年。

〔7〕 石川 滋「農工間の資源移転——日本とアジア諸国の比較——」,『日本の経済成長』,日本経済新聞社,1967年。

〔8〕 ISHIKAWA, S.: "AGRICULTURE AND INDUSTRY, ECONOMIC DEVELOPMENT IN ASIAN PERSPECTIVE", Kinokuniya, 1967.

〔9〕 ISHIKAWA, S.: "NET RESOURCE FLOW BETWEEN AGRICULTURE & INDUSTRY—A REPLY TO DR. J. COWNIE", The Developing Economies, Vol.Ⅶ, No.1, 1969.

〔10〕 Johnston, B. F.: "AGRICULTURAL PRODUCTIVITY & ECONOMIC DEVELOPMENT IN JAPAN", Journal of Political Economy, Vol.LIX, No.6, 1951.

〔11〕 ジェームズ・ナカムラ「日本の経済発展における農業」,『日本の経済発展と農業』,東洋経済,1968年。

〔12〕 加藤 譲「部門間資本移動と農家の貯蓄・投資」,『日本農業の成長分析』,大明堂,1963年。

〔13〕 加藤 譲「長期農業金融における政府の役割」,『日本農業と経済成長』,東大出版会,1970年。

〔14〕 加藤 譲『経済発展と農業金融』,東大出版会,1970年。

[15] Kurabayashi, Y.: "NET RESOURCE FLOW BETWEEN AGRICULTURE AND INDUSTRY: A FURTHER COMMENT". The Developing Economies. Vol.VII, 1969.

[16] Ohkawa, K. and Rosovsky, H.: "THE ROLE OF AGRICULTURE IN MODERN JAPANESE ECONOMIC DEVELOPMENT", Economic Development & Cultural Change 9, 1〜2, 1960.

[17] 大川一司「貯蓄・投資と農業の「収穫逓減」」,『農業の経済分析』大明堂, 1967年, p.250。

[18] Ohkawa, K. and Takamatsu, N.: "Rough Notes on the Estimates of Agricultural Surplus; Findings & Implications", presented to the Research Planning Conference of CA project, Tokyo, April 1976.

[19] Ohkawa, K. and Shimizu, Y. and Takamatsu, N.: "AGRICULTURAL SURPLUS IN AN OVERALL PERFORMANCE OF SAVINGS-INVESTMENT", IDCJ working paper, 1978.

[20] 大内 力『日本農業の財政学』東大出版会, 1950年。

[21] ラジ「石川論文へのコメント」,『日本の経済成長』, 日本経済新聞社, 1967年, pp.385〜6。

[22] Ranis, G.: "THE FINANCING OF JAPANESE ECONOMIC DEVELOPMENT", THE ECONOMICS HISTORY REVIEW. Vol.XI, 1958.

[23] Teng-hui Lee: "INTERSECTORAL CAPITAL FLOWS IN THE ECONOMIC DEVELOPMENT OF TAIWAN", 1895-1960, CORNELL UNIVERSITY, 1971.

[24] 寺西重郎「農工間資金移動再考（上）」『経済研究』27巻4号, 1976年, pp.323〜335。

[25] 寺西重郎「農工間資金移動再考（下）」『経済研究』28巻1号, 1977年, pp.43〜61。

[26] 山下景秋「戦前日本の農工間資本移動とその推計」,『産能短期大学紀要』23号, 1990年, pp.73〜89。

第2章
日本の経済発展と農工間資本移動

1. はじめに

　経済発展の原資をどこからどのようにして獲得するのかという問題に関しては，今まで非常に多くの研究がなされてきた。その大多数は，国内に限れば，その原資は農業部門が生み出したというものであった。しかし，その通説に対して，寺西氏（文献〔28〕,〔29〕）らが反論を加え，工業部門の発展の原資は自らの部門が生み出したと主張した。

　筆者は，諸研究の間の不一致が農工間資本移動概念の不明確さと不統一に起因すると考え，独自の観点から統一的な農工間資本移動概念を提出した（第1章）。p.56のC_T②によると，農工間移動資本は，$T-(S_u+$政府$V^i)+(\Delta A-\Delta D)+I_m^o+I_{gN}-I_m^i-I_{gA}+$純送金流出$-M_{+1}$，と表すことができる（Tは農家部門の租税公課。$S_u$は農家部門への補助金。政府$V^i$は農家部門に対する政府の財・サービスによる資本支出や経常支出。ΔAは農家部門の金融債権純増。ΔDは農家部門の金融負債純増。I_m^o, I_m^i, M_{+1}の記号の意味は，表1-1(p.12)参照。I_{gN}, I_{gA}の記号の意味は，p.56参照）。しかし，実際の推計作業においては，忠実にこの資本移動概念に基づいて，完全に正確なその数値を知ることは，資料の制約からかなり難しい（本章の4は小項目を無視して移動資本の数値を推計し

た)。

本章は，この移動資本式から，$T-(S_u+政府V^i)+(\Delta A-\Delta D)$ の部分を取り出して論ずることにする。$T-(S_u+政府V^i)$ は，農業部門（厳密には農家部門）から財政を通じてどれだけの資本が工業部門（厳密には非農家部門）に流出したかを示し，また，$\Delta A-\Delta D$ は，農業部門から金融を通じてどれだけの資本が工業部門に流出したかを示すものである。

本章はまず，経済発展の初期段階にあたる戦前日本において，農業部門を中心にどのような財政・金融を通じる農工間の資本移動があったのかを仔細に検討する。そして次に，筆者の資本移動概念に基づいて，戦前日本の農工間移動資本値を推計する。そしてさらに，経済発展との関係について検討する。

2．財政上の資本移動

(1) 農業および非農業負担直接税の推移

農業が負担する主な直接税は，所得税，地租，家屋税の3つである。

所得税は1888（明治21）年に始まった。農業に関係するのは，第3種（個人）所得税で，実質的には地主のみが負担した。地租の種類には，田租，畑租，郡村宅地租，市街地宅地租，その他がある。このうち，田租と畑租は明らかに農業が負担したものである。

農業負担直接税は，農業負担地租の低下により1890年頃一時的に低下したものの，1895年頃から再び増勢に転じ，1915年頃から急激に増加して1925年頃にピークに達し[1]，以後顕著に減少している（表2-1，図2-1参照）。

一方，農外負担直接税は，1895年頃から急増する。1910〜15年の増加率はやや鈍るが，以後，以前にも増した増加率で増加する。しかし，1920年頃からその勢いをやや弱めている。

農外負担直接税は，農業負担直接税が減少することもあるのに対し，絶えず増加しており，総じて，農外負担直接税の増加率の方が農業負担直接税のそれよりも大である。

このことは，農業および農外負担直接税の推移とよく対応している農業およ

表2-1 租税の農業農外負担比較

年次	農業負担直接税(千円)(A)	農業生産国民所得(百万円)(B)	(A)/(B)(%)	農外負担直接税(千円)(C)	農外生産国民所得(百万円)(D)	(C)/(D)(%)
1878－1882	63,601	376	16.9	6,267	283	2.2
1883－1887	73,552	287	25.6	9,548	313	3.0
1888－1892	58,479	377	15.5	9,779	420	2.3
1893－1897	65,626	531	12.4	13,167	660	2.0
1898－1902	99,050	816	12.1	35,378	1,106	3.2
1903－1907	113,582	1,015	11.2	79,313	1,467	5.4
1908－1912	153,441	1,232	12.5	132,196	2,077	6.4
1913－1917	167,661	1,302	12.9	145,441	3,216	4.5
1918－1922	295,672	3,219	9.2	431,081	7,967	5.4
1923－1927	304,217	2,892	10.5	506,203	9,706	5.2
1928－1932	205,450	2,117	9.7	421,311	9,723	4.3
1933－1937	197,325	2,539	7.8	559,235	13,159	4.2

出所) 恒松,文献〔26〕p.381の第8・9表.
注) 農外生産所得＝生産国民所得－農業生産所得。生産国民所得は文献〔27〕p.32による. また農業生産所得は一橋大学研究室推計のもの.

び農外所得の推移からほとんど説明できる。地租が土地評価額に，家屋税が家屋の現実の賃貸料に依拠していることもあって，農業負担直接税は農業所得の増加，つまり農業発展に依存している。農外負担直接税も農外所得とパラレルに推移しているが，農外負担直接税の主構成要素たる所得税および営業税が農外所得に依存しているので当然のことであろう。

1915年頃に，農外負担直接税が農業負担直接税を凌駕するに至ったが，これは1885年頃の，農業所得に対する農外所得の凌駕に遅れること約30年である。恒松氏はこのことを「直接税の負担に関する限り，農業所得の成長は非農業所得のそれよりはるかに遅れているにもかかわらず，農業所得からの相対的に大きい強制移転部分をもって非農業部門の資本蓄積を培養しなければならないほどに日本経済は未熟な段階にあった」と述べている[2]。

絶対額では農外負担直接税が農業負担直接税を超えることがあっても，図2-2で示されるように負担率から見ると絶えず農業は非農業を凌いでいたのであり，殊に1885年前後の農業負担は「死重的」[3] といってよいものである。

しかし，その「死重的」な農業の税負担も漸次軽減されてきてはいる（図2-3参照）。とはいっても，農業租税の負担率が相対的に高かったという事実は

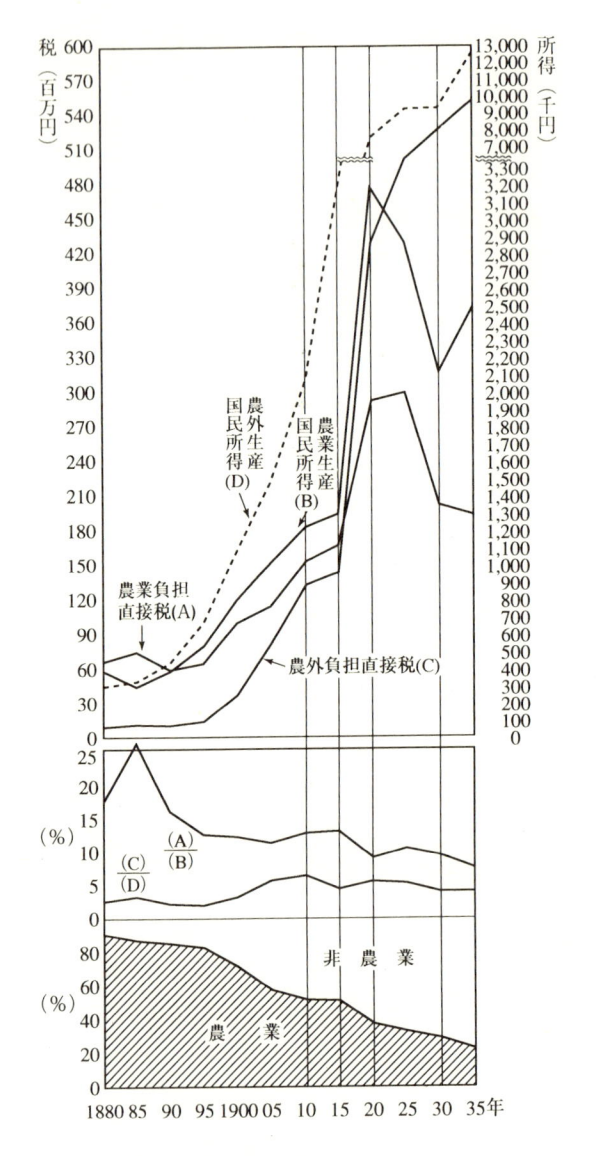

(上) 図2-1 農,非農別直接税絶対額と生産国民所得の推移
(中) 図2-2 農,非農別税負担率の比較
(下) 図2-3 農,非農別税負担割合
注)図2-3は,恒松,文献〔26〕p.379の第8・8表より作成.

曲げようはずもなく,「農業と非農業における経済の成長率をその生産性の差以上に拡大する要因[4]」がここにあったわけである。

　所得税,地租,家屋税のレベルに降りて,より仔細に検討してみると(図2-4参照),1880年頃には農業負担地租は農業負担直接税の大部分を占め,かつ高位にあった。その高水準は1890年前後にやや低下するものの,それを除いて1925年前後まで高まりこそすれ下がることはない。1925年頃にそれはピークに達し,その後低下している。農業負担家屋税は,1920～25年頃に高い水準に達した。この期における農業負担地租および家屋税の高水準が相乗して農業負担直接税のピークを形成したのである。ところが,1930年頃に農業負担地租を初めとして,家屋税,所得税ともに急減して,農業負担直接税の低下をもたらした。地租および家屋税も所得の動向に左右されるので,1930年頃の大恐慌によって農業負担直接税は急減したのである。なお,農業負担地租が,恐慌後においても漸減し続けていることは注目してよいことである。

　農業所得の推移と各種農業負担直接税の推移から,各種農業負担直接税負担率の推移が分かる(表2-2参照)。これを見ると,1900年頃迄の地租負担がいかに大きいものであるかが分かる。農業地租の負担率は,以後漸く減少するものの,1918～22年を除いて,農業所得の5％以上の大きさである。農業家屋税の負担率は,大体2～4％の間で推移しており,農業所得税のそれは若干増加するものの1％を超えることはない。

　次に,主体別(中央政府,地方政府)に税の動向を探ってみよう。具体的には,前者は国税の,後者は地方税の形をとる。

　恒松氏の文献〔26〕p.379によれば,農業負担租税における国税の割合は,「1878～1822年」に64.0％,地方税のそれは36.0％であった。以後,傾向的に国税割合は低下の,地方税割合は増加の一途をたどっている。

　これは,恒松氏によれば[5],経済の成長発展に伴って必然的に生じる都市と農村における経済の不均等発展の所産である。つまり,農業所得の相対的低位によって,国税付加税を主な財源としている地方団体は零細な税源をあさらざるを得ず,農業負担の地方税割合が増すわけである(地方団体は,地方税増徴の限界と嵩む行政費負担から,農業投資を削減せざるを得ず,この面からも農業に

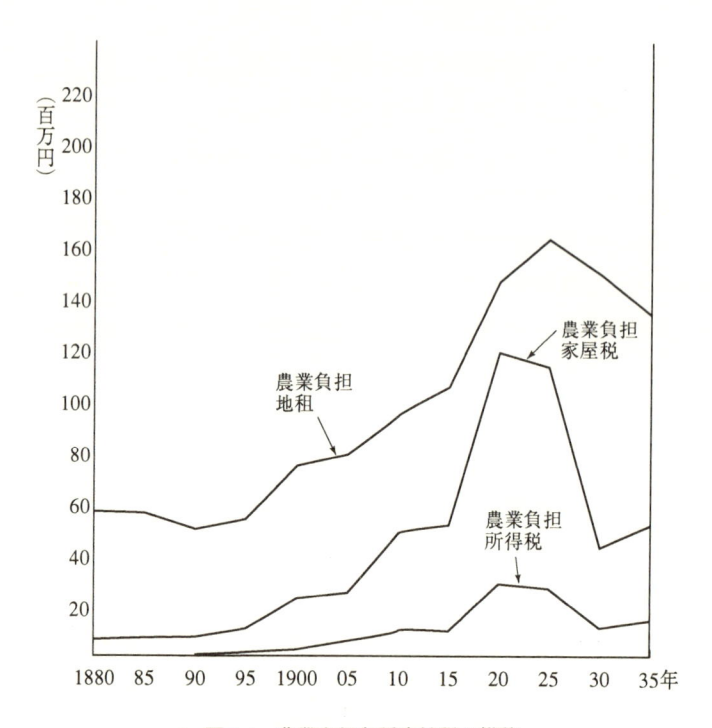

図2-4 農業負担各種直接税の推移

出所) 恒松,文献〔26〕p.374の第8・4表, p.376の第8・6表, p.377の表8・7表から作成.

表2-2 農業負担各種直接税負担率 (%)

年次	農業 所得税	農業 地租	農業 家屋税	非農業 所得税	非農業 地租	非農業 家屋税
1878－1882	－	15.2	1.7	－	0.8	0.5
1883－1887	－	19.6	2.5	－	1.3	0.6
1888－1892	0.2	13.6	2.1	0.1	0.6	0.6
1893－1897	0.2	10.1	2.0	0.1	0.4	0.6
1898－1902	0.3	9.1	2.8	0.4	0.4	0.9
1903－1907	0.6	7.9	2.7	1.1	1.6	0.9
1908－1912	0.8	7.7	3.9	1.4	1.4	1.4
1913－1917	0.8	8.1	4.0	1.5	0.5	1.1
1918－1922	0.9	4.6	3.7	2.3	0.3	1.2
1923－1927	0.9	5.7	3.9	2.2	0.3	1.1
1928－1932	0.5	7.2	2.0	2.1	0.2	0.5
1933－1937	0.5	5.2	2.0	2.3	0.3	0.4

出所) 恒松,文献〔26〕p.383の第8・11表.

注) 例えば農業所得税負担率 (%) $= \dfrac{\text{所得税}}{\text{農業所得}} \times 100$

おける資本蓄積が阻害されてきた)。さらに，恒松氏は，「後進国における国民経済の発展の過程では，農業の過重な税負担の非農業の資本蓄積に対する貢献は，国家財政のメカニズムを通ずるそれから漸次地方財政のメカニズムを通ずる貢献に移行する[7]」と述べて，税の財政機構と経済発展の関係に言及している。

(2) 農業および非農業補助金の推計とその推移

戦前における農業補助金の絶対額(名目)の推計は，伊藤善市，江見康一，今村奈良臣の3氏が行っている(表2-3参照)。

表2-3 農業補助金の推計　　　　　　　　　　　　　　　(千円)

年次	伊藤推計 農林	伊藤推計 国土保全	伊藤推計 計	江見推計 農業補助金(1)	江見推計 農業補助金(2)	今村推計
1880	—	1,348	1,348	—	1,584	
85	2	1,422	1,424	12	1,196	
90	—	1,500	1,500	105	1,719	
95	—	1,976	1,976	44	2,592	
1900	358	4,131	4,489	270	423	
01						296
05	228	3,242	3,470	432	714	
10	328	12,213	12,541	506	506	
11						947
15	2,083	14,215	16,298	1,913	2,189	922
19						2,480
20	551	46,560	47,111	4,843	10,647	
24						8,023
25	6,865	59,048	65,918	13,223	27,466	
27						14,793
29	21,421	75,571	91,992	22,055	37,317	14,778
31						16,829
32	28,267	152,271	180,588	28,631	101,319	
33						56,397
35	37,596	129,469	167,065	57,090	99,618	46,615
37						44,343
38	78,167	110,780	188,947	94,925	113,648	
39						135,268
41	190,690	195,718	386,408	636,761	657,420	352,637

注) ① 伊藤推計…出所は文献〔10〕p.159.
　　　1880〜1925年までは5か年平均，1929年以後は3か年平均．水産業を含まず．
　② 江見推計…出所は文献〔13〕p.46.
　　　1880〜1925年までは表示年を中央年とする5か年平均．1941年は当該年の数字．
　　　農業補助金(2)＝農業補助金(1)＋建設補助金
　③ 今村推計…出所は文献〔11〕p.12.
　　　農業関係のみ(林・水産業を除く)．
　④ 伊藤推計，江見推計とも産業補助金のみ．
　　　(地方財政に対する財政補助金や，民間非営利団体および家計に対する行政補助金を含まない)．

表2-4 補助金の範囲

		中央		地方		計	
		一般	特別	普通	事業	一般政府	政府企業
			非企業	企業		非企業	企業		
政府補助金	経常	(イ)	(ロ)		(ハ)	(ニ)		S	
	資本	(ホ)							
行政補助金	財政								
	家計								
計									X

出所）江見，文献〔13〕p.98の図10-1．
注）S（財政勘定にいう補助金．国民所得概念）＝（イ）＋（ロ）＋（ハ）＋（ニ）．
Xは（全財政）制度上の補助金．江見推計はこのうち，（イ）＋（ホ）のみを対象にしている．

　伊藤推計と江見推計は年次が共通であり，補助金のうちの産業補助金のみを対象にしているため（今村氏は不明）比較が可能である．そこで，伊藤推計「農林」と江見推計「農業補助金(1)」を比べてみよう．1900年，1915年を除いて，江見推計の方がより大きな数値を出している．これは，伊藤推計が「明治大正財政詳覧」，「昭和産業史」第3巻統計編から，農林業（水産業を含まない）産業補助金を抜き出しているのに対し，江見推計が会計検査院の決算統計，「大蔵省年報」，「明治大正財政詳覧」から，農林水産業・産業補助金を抜き出していることの違いが一因であろう．

　今村推計は，伊藤，江見推計と1915, 29, 35, 41年を除いて共通年次を持たず，しかも各年次の金額をそのまま示していて平均値ではないので，今村推計と伊藤，江見推計との比較はほとんど意味がない．しかし，今村推計は，平均値でないゆえの各年の変動を除去すると，大体において他の2氏とパラレルな動きを示している．今村推計は，「農林省予算決算編年誌」から農業関係のみを分類・集計して出したものである（林・水産業は含まない）．伊藤氏は「農林＋国土保全」をもって，また江見氏は「農業＋建設」をもって，広義の農業補助金を推計している．これは，徳川時代からの農業生産力を維持するために，大部分が堤防，道路，橋梁等の維持修繕に充てられた土木費補助によって，農業関連投資が行われたからである．

　両氏の広義の農業補助金を比較してみると，1880, 90, 95, 1941年を除い

表2-5 修正農業補助金

年　次	米穀需給調節総損失金	農業補助金(1)′	農業補助金(2)′
1923～27, 5カ年平均値	8,534	55,895	70,138
1928～30, 3カ年平均値	32,728	120,239	135,501
1931～33, 3カ年平均値	29,564	117,323	190,011

注) ① 農業補助金(1)′=(江見推計)農業補助金(1)+米穀需給調節総損失金.
　　　農業補助金(2)′=(江見推計)農業補助金(2)+米穀需給調節総損失金.
　② 江見, 文献〔13〕p.46の表5-5, p.99の表10-4から作成.

て江見推計の方が低いレベルにある。これは，江見推計の建設補助金の方が伊藤推計の国土保全補助金よりも小さい（殊に1900～15年）からであり，さらに伊藤推計の「国土保全」には政府直轄の公共土木事業がかなり取り入れられているからである[8]。

　ここで注意しなければならないのは，伊藤，江見両推計とも中央政府一般会計のみを摘出したものであって，これは国民所得概念による「財政勘定」を構成する補助金と同一のものではないし，また制度としての補助金についても全財政を包括するものではない（表2-4参照）ということである。今村推計については不明である。

　全財政を包括するには，中央政府特別会計，地方政府普通および事業会計を加える必要がある[9]。農業補助金を考察するときに，この中の「米穀需給調節総損失金」（特別会計）が無視できない大きさであるので，これを加えて（部分的な年次であるが）新たな農業補助金を算出してみよう（表2-5参照）。ただし，この数値は1922～33年の各年のものがあるだけである[10]。

　こうして得られた3氏の狭義および広義の農業補助金，修正農業補助金の長期的推移を見ておこう（表2-3，表2-5参照）。

　狭義の農業補助金は，1915年頃から増加しはじめ，1920年頃から急激な伸びをみせている。実に，1940年頃のそれは1920年頃の約100倍（実質）に膨張した。しかし，1910年以前の農業補助金は取るに足らない小ささである。これは表2-6，図2-5の，農業所得に占める狭義の農業補助金で見ても，表2-7，図2-6の，補助金（産業補助金）全体のうちの農林水産割合で見ても言えることである。

表2-6 所得に占める補助金の比率 (%)

年次	伊藤推計 S_1/Y_1	伊藤推計 S_2/Y_2	恒松推計 S_1/Y_1	恒松推計 S_{na}/Y_{na}	江見推計 $S_1(1)/Y_1$	江見推計 $S_1(2)/Y_1$	江見推計 $S_{na}(1)/Y_{na}$	江見推計 $S_{na}(2)/Y_{na}$	今村推計 S_1/Y_1
1880	0.49	0.11	—	0.24	—	0.37	0.92	1.88	
85	0.53	0.11	—	0.21	0.00	0.37	0.76	1.36	
90	0.36	0.62	—	0.36	0.02	0.40	0.95	1.26	
95	0.35	0.48	—	0.43	0.01	0.42	0.69	1.03	
1900	0.54	0.89	0.05	1.33	0.03	0.05	0.72	1.34	
05	0.33	1.10	0.03	1.21	0.04	0.06	0.84	1.26	
10	0.96	0.47	0.03	1.26	0.04	0.04	0.59	1.08	
15	1.07	0.50	0.20	0.88	0.12	0.13	0.39	0.69	0.1
19									0.1
20	1.32	0.41	0.02	0.78	0.13	0.29	0.22	0.61	
24									0.3
25	2.28	0.15	0.24	0.94	0.37	0.77	0.54	1.15	
27									0.6
29	3.79	0.11	0.78	0.95	0.75	1.27	1.11	1.89	0.5
31									1.1
32	9.41	0.13	1.64	0.75	1.27	4.48	1.04	2.42	
33									2.4
35	6.85	0.11	1.67	0.38	1.94	3.38	1.00	1.45	1.9
37									1.4
38	4.86	0.24	2.53	1.23	2.03	2.43	0.86	1.78	
39									2.7
41	7.67	1.65			11.66	12.04	0.69	1.18	6.5

出所) ① 伊藤(善市)推計…文献[10]p.170より.
② 恒松(制治)推計…文献[26]p.394より.
③ 江見(康一)推計…文献[13]p.46より.
④ 今村(奈良臣)推計…文献[11]p.12より.

注) ① Y…所得, S…補助金. 添字1…農業, 2…第2次産業, na…非農業(第2次+第3次産業)
② 伊藤, 恒松, 江見3氏とも
  1880〜1925年は5か年平均, 1929〜41年は3か年平均.
③ 伊藤推計のS_1=農業+国土保全
  S_2=鉄道+製鉄+造船+その他
  (「第2次産業」)
  恒松推計のS_1=農業のみ
  S_{na}=非農業(第2次+第3次)
  (恒松氏は伊藤氏の数値を利用している)
  江見推計の$S_1(1)$=農業
  $S_1(2)$=農業+建設補助金
  $S_{na}(1)$=産業-農業
  $S_{na}(2)=S_{na}(1)$+行財政
    補助金
  今村推計のS_1=農業のみ(林水産業を除く)
④ 分母について
  伊藤氏…山田推計, 恒松氏…大川推計, 江見氏…大川推計
  今村氏…「一橋推計」

　これに対して, 非農業補助金は, 絶対額ではそれほど大きくはないものの[11], とりわけ江見推計で見られるように, 非農業所得に占める比率で見ると(表2-

表2-7 産業補助金の構成推移 (%)

年次	恒松推計				計	江見推計					
	第1次産業	第2次産業	第3次産業	その他		農林水産	建設	鉱工業	上下水道電気・ガス	運輸通信	その他
1880	—	20.4	12.7	66.9	100	—	71.8	—	—	12.2	16.0
85	0.1	34.0	5.3	60.6	100	0.8	55.8	—	—	30.6	12.8
90	—	58.8	2.3	37.9	100	2.7	43.9	—	—	50.2	3.2
95	—	46.5	22.0	31.5	100	1.4	61.6	—	—	35.9	1.1
1900	1.6	51.9	28.7	17.8	100	4.6	2.0	—	2.7	83.4	7.4
05	1.1	55.2	28.3	15.4	100	4.0	2.3	0.0	0.1	52.3	41.3
10	0.8	38.0	30.9	30.3	100	4.2	—	—	—	92.7	3.1
15	4.7	35.8	27.6	31.9	100	14.3	2.1	2.5	—	80.0	1.1
20	0.6	19.6	32.8	47.1	100	22.2	26.6	15.8	2.2	28.5	4.7
25	4.3	44.4	14.4	36.9	100	22.0	23.6	7.4	3.3	12.6	31.1
29	10.8	40.2	10.9	38.1	100						
30						28.9	36.7	6.0	2.0	17.5	8.9
32	11.2	17.3	10.9	60.5	100						
35	18.2	11.2	10.1	62.7	100	43.8	32.6	4.6	1.3	12.4	5.4
38	20.0	10.8	40.9	28.4	100						
40						58.4	4.9	18.0	3.7	5.3	9.4
41	22.4	39.0	15.6	23.0	100						

注) ① 恒松推計…恒松,文献〔26〕のp.392. これは伊藤善市氏の文献〔10〕のp.159の補助金総括表から作成したものであるが,年次などの転記ミスなどの単純ミスを修正しておいた.「第2次産業」は伊藤氏の総括表中の第二群(鉄道,製鉄,造船等)と第三群(海運通信,貿易等)を加えたものであるが,この第三群は本来第3次産業に含ましめるものと思われるので,これを「第2次産業」に含めるのはどうかと思う.また,「その他」は伊藤氏の第一群中「国土保全」に対応する. なお,1880〜1925年の数値は5カ年平均値を,また1929〜41年の数値は3カ年平均値をパーセント表示したものである.
② 江見(康一)推計…文献〔13〕のp.42. 1880〜1925年の数値は表示年を中央年とする5カ年平均,1930〜40年は3カ年平均.「運輸通信」の中に造船を含む.「その他」は,金融,貿易,移民・拓殖,その他の産業.

6参照),1%に近い大きさであり,さらに図2-6の補助金の構成を見ると,「建設」を入れれば95%以上,入れなければ30〜90%のシェアである.

政府は明治時代において,税の形で農業に過重な負担を強い,それによって得られた財源で第2次産業を保護・育成したのである.これを伊藤,恒松両氏は,産業補助金の「資本再配分」的機能としている.しかし恒松氏は,「農業所得に対する補助金の割合は昭和4年に至るまで非農業のそれより小さい」ことをもって,「非農業所得の成長に対する補助金の役割の大きさ」を説いているが[12],確かに非農業所得の成長に対する補助金の大きな役割があったにしても,$S_1/Y_1 < S_{na}/Y_{na}$をもってそれが言えるのかどうかは疑問である.この不等式は$Y_{na}/Y_1 < S_{na}/S_1$,つまり,非農業所得の農業所得に対する比率は,非農業

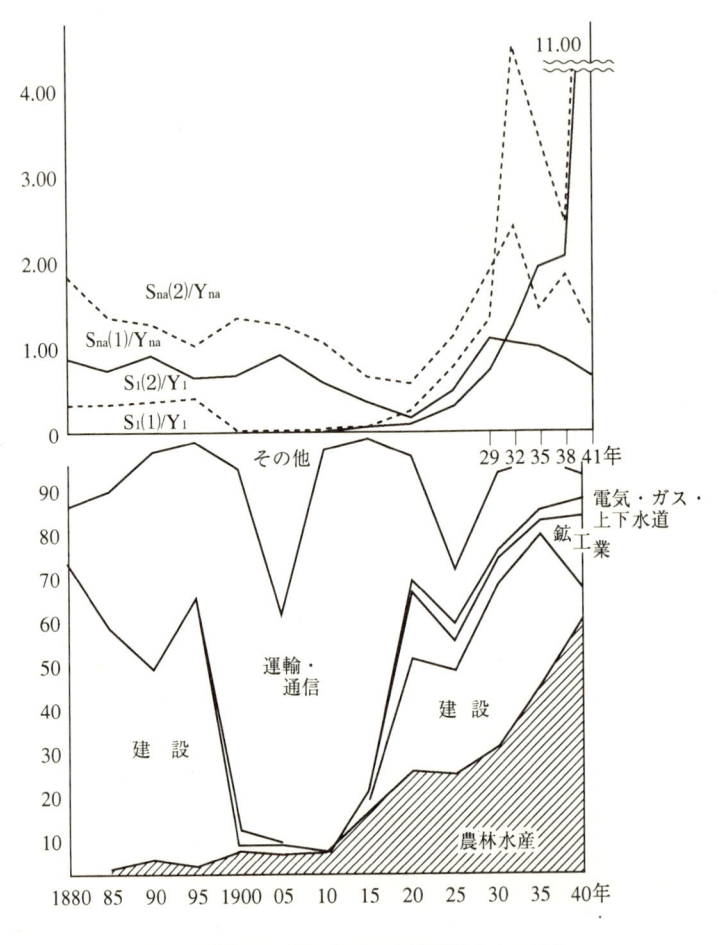

(上) 図2-5　産業別所得に占める産業別補助金の割合
(下) 図2-6　産業補助金の構成推移(グラフ)
注) $S_{na}(1)$ = 産業補助金計 − 農業補助金(1)
$S_{na}(2) = S_{na}(1)$ + 行財政補助金
Y_{na} = 非農業所得

補助金の農業補助金に対する比率よりも小さかったという事実を述べているにすぎず，所得と補助金の間の因果関係を何ら語るものではないからである。あえて，そこに因果関係を探るとすれば，むしろ，非農業補助金は，農業補助金に対してもつ倍率ほどには，非農業所得の農業所得に対する倍率を上げえなかったという意味で，非農業所得の形成に貢献することができなかったと言わざ

表2-8　農林予算中の補助金

年次	農林予算総額 (千円)	補　助　金 (千円)	比率 (%)
1929	57,613	20,326	35.2
31	55,032	22,672	41.2
33	122,074	84,030	68.8
35	103,448	51,204	49.5
37	115,352	72,054	62.5
39	225,134	143,897	63.9
41	540,133	446,145	69.0
43	*1,373,199	553,560	40.5
45	1,722,785	1,019,053	59.0

出所)　大内,文献〔14〕p.111の第27表.
注)　＊は農商省の分.

るを得ないのではなかろうか[13]。

　いずれにしても,明治期において政府が第2次産業の育成に貢献してきたことは否定し得ないであろう。そして,その貢献は日清戦争(1894年),日露戦争(1904年)を通じて増大し,第1次大戦後,飛躍的な勢いで伸びていくのである。

　一方,前述したように,農業補助金は名目絶対額において第1次大戦後増勢に転じ,1930年頃の大恐慌を経て急増するのである。この事実は,農業補助金の農業所得に対する比率でも,産業補助金における農林水産業の割合においても,また実質絶対額においても見られることである。さらに,これを農林予算中の補助金の推移においても看取できることを確認しておこう(表2-8参照)。

　国民の多くが従事し,しかしながら相対的に所得の低下した農業に対する昭和恐慌の影響は深甚で,小農の困窮を政府が座視することはできなかった。農村を救済することは,国内治安のためにも,また国内市場の狭隘化を防ぐためにも必要であった。かくして,1921(大正10)年の米穀需給特別会計法によって米価の安定を意図する補助金を出し,さらに1926(大正15)年の自作農創設維持補助規則,1932(昭和7)年の農村救済事業の開始によって本格的な農業補助金の支出を始めるのである。

　しかし,この期における農業補助金は,農業所得をそれほど伸長させなかった[14]。それは生産に使用されるよりも,むしろ借金の返済などの家計補充的用途に使われたからである[15]。その結果,この期においての農業補助金の性格は,

「所得の再分配[16]」的機能を有したのである。

1930年代前半頃からの農業補助金の急増には目を瞠るものがある。準戦時体制以後の農業補助金の著増は，食糧自給への強い要請と労働力の減少への対応ゆえ[17]であり，これは農業補助金の「資本再配分[18]」機能への還帰と言えよう。

農・非農間の補助金の重点の推移について，江見氏は「観察期間の全体を通じて，単純に補助金の重点が前半では非農業に，後半に至って農業に転換したとは言い切れない」とし，その根拠を「第1次大戦後から昭和10年頃までは，農業，非農業ともに補助金・所得比率は増加しているから」と述べている[19]。しかし，恒松氏の，非農業補助金(「国土保全」＋「農林」を産業補助金計から減じたもの)の非農業所得(＝総生産国民所得—農業所得，農業所得は一橋推計)に対する比率の推計[20]は，1911年(1.26)，1916年(0.88)，1921年(0.78)，1926年(0.94)，1931年(0.95)，1934年(0.75)となっている。このように，恒松推計(伊藤推計に依拠している)の推移は，必ずしも非農業における補助金・所得比率の増加を示してはいないのである。とはいえ，江見推計は最も新しく(伊藤推計—昭和29年，恒松推計—昭和31年，江見推計—昭和41年)，整備されたものと思われる[21]ので，この重点の移動に関してのさらなる検討が必要である。

(3) 政府の農業関連支出の推計とその推移

表2-9に示されている政府農業関連投資は建設投資のみなので，もとより包括的なものではありえない。また，中央政府と地方政府の重複が含まれているので，その分割り引く必要がある。(農業補助金と) それを含まぬ農業関連投資を見るためには，表2-9の数値から農業土木補助金を除く必要がある。例えば1935 (昭和10) 年において，「農業土木」中に占める農業土木補助金の比率が75％にも上るからである。

山田三郎氏は，政府の，農業研究，普及，インフラストラクチュア，農村教育を含めた包括的な農業関連支出を推計している[22] (図2-7参照)。農業発展が単に投入財の増投や土地改良だけでは説明し切れない残差を含む以上，これらを視野に入れた政府の支出を知ることは重要であり，その推計をなし得たこと

表2-9 政府農業関連投資 (千円)

年次	中央政府 農業土木	中央政府 河川	中央政府 計	地方政府 農業土木	地方政府 河川	地方政府 計	農業土木計	河川計
1899-1902	363	2,706	3,069	1,642	7,292	8,934	2,005	9,998
1903-1907	414	1,789	2,203	1,877	9,113	10,990	2,291	10,902
1908-1912	1,443	8,660	10,103	2,949	16,534	19,483	4,392	25,194
1913-1917	3,012	8,449	11,461	3,814	14,817	18,631	6,826	23,266
1918-1922	12,908	27,138	40,046	8,360	30,941	39,301	21,268	58,079
1923-1927	18,843	22,785	41,628	22,208	38,417	60,625	41,051	61,202
1928-1932	33,608	22,643	56,251	23,693	34,490	58,183	57,301	57,133
1933-1937	40,527	32,100	72,627	23,333	49,727	73,060	63,860	81,827

年次	総計
1899-1902	12,003
1903-1907	13,193
1908-1912	29,586
1913-1917	30,092
1918-1922	79,347
1923-1927	102,253
1928-1932	114,434
1933-1937	145,687

注) ① 江見康一,文献〔12〕の表4,表6より作成.
② 建設投資のみ.
   投資 { 建設 { 建物 / 他の構築物 } / 設備 }
③ 中央政府と地方政府の重複部分が含まれている(文献〔12〕p.38).
④ 「農業土木」は農林漁業土木を意味する.主たる構成要素は「造林費」,「森林土木費」,「開墾および土地改良費」,「耕地事業助成費」等(同,pp.51-2).
⑤ 「農業土木」には補助金が含まれている.昭和10年では,農林土木費の75%が補助金である(同,pp.52-3).

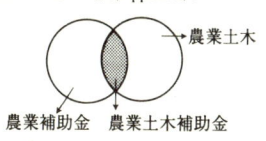

農業土木
農業補助金 農業土木補助金

は評価される.

　それでは,政府の農業関連支出の推移を見ておこう.「農業土木」あるいは「河川」と「インフラストラクチュア」の動きがほぼ類似している.「インフラストラクチュア」には土地改良・洪水対策を含み,「農業土木」もまた土地改良を含んでいるし,「河川」と洪水対策は重なる部分が大きいであろう.しかし,「インフラストラクチュア」の方がずっと大きいので,それらの重なりがどの程度影響しているかは分からない.

　全期間にわたって「農村教育」は圧倒的な大きさである.「農業研究」の一定程度の維持された大きさと相まって,農業発展の残差を説明すると言えるかもしれない.「インフラストラクチュア」が1907年頃から,また「農業土木」が1915年頃から急伸するのは示唆的である.なぜなら,大川氏らの言う農業発展のⅡ期(停滞期)に符合するからである.農業発展のポテンシャリティー

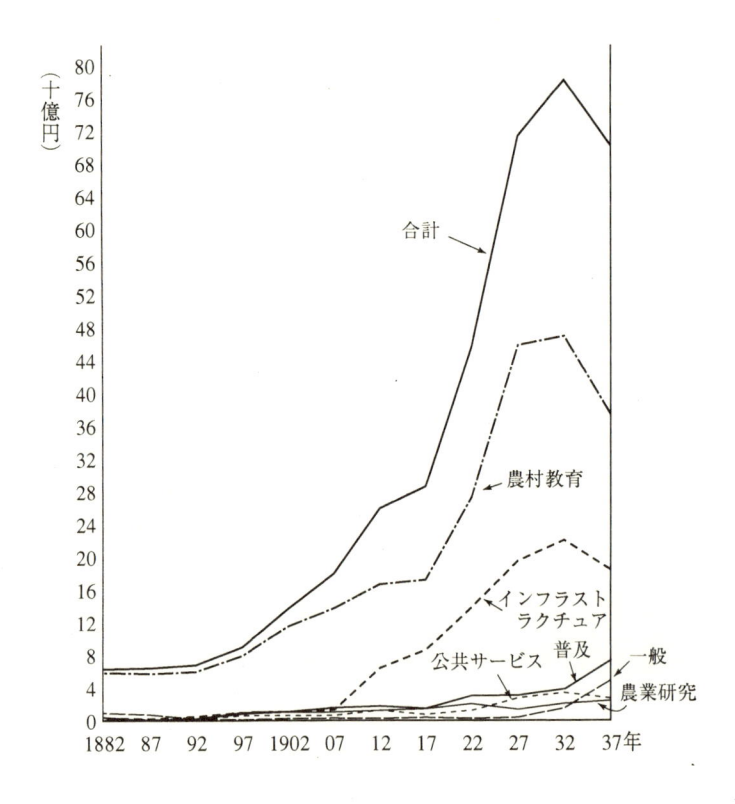

図2-7 政府の農業関連支出
出所）山田，文献〔38〕p.390のTable 8.

の喪失を政府が補おうと前面に出てきたわけである。いずれにしても，前述した農業補助金の推移とよく合致するものであり，政府の戦前日本農業に対する介入の程度をよく物語るものである。

3. 金融上の資本移動

(1) 農家金融資産・負債残高の推計

　農家における金融資産・負債残高の包括的な推計を行ったのは，筆者の視野に入った限りでは，寺西重郎氏ただ1人である（表2-10・表2-11参照）。寺西氏は，注意深い方法と豊富な資料に基づき，信頼性の高い推計値を算出しえたが，若干の問題がないとは言えない。

　寺西推計が，親戚，知人，頼母子講との資金の交流を含めなかったのは残念である。経済発展の初期段階においては，在来金融の占める割合が高く，その中でも親戚・知人への貸出，親戚・知人からの借り入れは無視できない大きさのはずである。このことは，加藤譲氏らが指摘しているところだが，文献〔33〕の「農家負債の変遷」によれば，1912年において，農家負債総額のうち，「個人」からのものは35.9％（他に「貸金業者・質屋」21.5％，「頼母子講」8.4％，「商人」1.7％）にも上っているのである。

　寺西氏の推計値は，比較可能な部分について他の資料の数値と比べると，全体的に大きめである。理由の1つは，他の資料の数値が農家のものであるのに対し，寺西氏は農業に林・水産業を加えることが多いからである。

　筆者は，親戚・知人間の貸借を考慮に入れると，もう少し農家負債残高が大きくなると考える。また，不在地主は農村工業（少なくとも農業以外）に従事することが多いので，これを非農業者と考えたい[24]。そうすると，不在地主分が農業者の金融資産・負債残高から欠落することになる。

　なお，寺西氏の推計方法と，その細部における問題点については，［補論1］第10章を参照されたい。

(2) 農家金融資産残高の推移（表2-10参照）

　次に，寺西氏の推計値を使って農家金融資産残高の推移を見ておこう。

　農家金融資産残高は1916年頃まで緩慢に増加し，それ以降急激に上昇して，24年頃から36年頃まで若干の変動はあるが趨勢的に飛躍的な伸びを示している。

表2-10 農家金融資産残高 (単位：百万円)

年次	銀行預金	郵便貯金 推定値(I)	郵便貯金 推定値(II)	信用組合貯金	信用組合出資金	簡易保険・郵便年金 推定値(I)	簡易保険・郵便年金 推定値(II)	現金	有価証券	合計 推定値(I)	合計 推定値(II)
1898	27	6	5					30	194	257	256
99	31	7	5					31	193	262	260
1900	40	8	5					29	215	292	289
01	49	8	6					27	223	307	305
02	58	9	6					26	233	326	323
03	66	10	7	0	1			29	234	340	337
04	70	13	9	0	1			34	261	379	375
05	71	18	12	0	1			29	310	429	423
06	73	32	18	1	2			32	348	488	474
07	75	35	22	2	2			43	339	496	483
08	84	35	24	3	3			37	343	505	494
09	105	41	28	4	4			36	433	623	610
10	119	46	34	7	6			35	429	642	630
11	131	56	40	13	9			49	474	732	716
12	144	61	42	18	12			51	500	786	767
13	154	61	42	23	15			45	519	817	798
14	172	58	42	25	18			35	523	831	815
15	195	63	48	30	20			36	532	876	861
16	121	85	66	44	23			56	581	910	891
17	75	125	93	74	25			65	709	1,073	1,041
18	31	165	123	119	29			124	997	1,465	1,423
19	33	198	149	182	36	2	1	188	1,180	1,819	1,769
20	194	110	129	215	47	2	2	165	1,532	2,265	2,284
21	325	143	149	269	55	3	4	169	1,694	2,658	2,665
22	456	140	161	314	66	5	6	159	1,872	3,012	3,034
23	501	233	178	378	80	9	9	201	1,823	3,225	3,170
24	572	224	210	471	92	16	15	204	1,888	3,467	3,452
1925	576	230	217	577	104	24	23	214	1,929	3,654	3,640
26	462	241	232	676	111	35	35	157	2,020	3,882	3,873
27	779	275	294	765	126	44	48	148	2,030	4,167	4,190
28	767	323	337	866	143	61	66	149	1,882	4,191	4,210
29	835	369	395	950	154	92	92	146	1,793	4,339	4,365
30	960	444	454	939	162	111	118	97	1,963	4,676	4,693
31	907	495	511	905	166	136	145	95	1,964	4,668	4,693
32	858	491	491	903	172	166	172	108	1,939	4,637	4,643
33	626	549	537	1,002	176	197	201	131	1,889	4,570	4,562
34	679	561	561	1,069	180	224	233	111	1,972	4,796	4,805
35	608	594	592	1,160	184	258	266	151	2,047	5,002	5,008
36	451	642	638	1,273	189	294	303	182	2,066	5,097	5,102
37	852	732	716	1,470	192	341	347	218	2,249	6,054	6,044

出所) 寺西, 文献〔28〕p.333の第1表.

1898年次で見ると，有価証券保有が圧倒的なシェアを占め，次いで現金，銀行預金，郵便貯金となっている。もちろん，有価証券を保有したのは地主である。地主などの上層農は，資本を農業に集約的に投入してもその限界効率が急激に低下するので，投入を一定限度にとどめて余裕金を有価証券や貯金に向けたのである[25]。現金のシェアが高いのは，この期において銀行組織の浸透が十分ではなかったという事情にもよるのであろうが，朝倉氏は，特に有力銀行は官金の比重が甚だしく高く，銀行は貨幣取扱業者的色彩が強かったことをその理由としている[26]。そして，第3番目にやっと「銀行預金」が登場する。1897（明治30）年に営業を開始した勧業銀行や，同年設立された最初の府県農工銀行である静岡銀行が現れるまで，最初に近代的な農業金融を担ったのは，地方的な商人・地主を中心とした地方の小さな普通銀行（地方銀行）であった[27]。地方銀行の取引の対象は地主および自作農上層だったので，小農の零細な資金は郵便貯金として吸収された。

　以後，「有価証券」とともに「銀行預金」が徐々にその額を増やしていく。明治20年代末（1890年頃）から，当時最大の私立銀行であった三井銀行が，次いで一般の銀行が民間預金を急増させる[28]ので，農家の銀行預金もこれを反映して増加していると思われる。また，1897年頃に勧業銀行や農工銀行が設立され，さらに1900年に産業組合法がスタートして，農業金融専門機関による農家の余剰資金の吸収が本格化するのである。

　第1次大戦中に，農家金融資産残高の推移に大きな変化が生じている。まず，銀行預金が顕著に落ちこんだ。そして，それに代替するように，郵便貯金，信用組合貯金，現金，そして何よりも有価証券が急増している。この有価証券著増，銀行預金低落の現象を，寺西氏は，銀行預金を取り崩して有価証券投資に向けるというブーム的な事情によるとしている[29]。このブームは，第1次大戦中増した資金需要によって有価証券利回りが上昇し，また普通銀行が農業から撤退したので，地主は預金より有価証券を増やしたことから生じたのだと考えられる。また，有価証券を購入できない農民は，好況によって蓄積した余剰資金を，確実さと身近さの点から郵便貯金や信用組合貯金に向けたと考えられる。しかし，その郵便貯金や信用組合貯金も，有価証券投資ブームの浸透に押され

て取り崩される。これが1920年頃までの状況であろう。

その後,第1次大戦後の反動不況(1920年頃)によって有価証券投資ブームが去り,銀行預金や信用組合貯金,さらに郵便貯金へ農家余剰資金が戻ってくるのである。有価証券が低迷を続けるのはもちろんであるが,銀行預金の増勢が鈍り始め,ついに,1930年前後の大恐慌期には一挙に下降する。他方,信用組合貯金や郵便貯金は,農業恐慌の影響を一時受けるにせよ,銀行に代って余剰資金を吸収し続けるのである。銀行預金の低落は,農業特殊金融機関の農業からの撤退と無関係ではないであろう[30] し,信用組合貯金や郵便貯金の増加は,前者は,勧業銀行,農工銀行などに代わって農業金融上の地位を高めた産業組合が,時の貯蓄増強運動の成果を一手に引き受けたからであろうし,後者は,恐慌後の銀行に対する取り付けによって銀行不信が高まり,安全な郵便貯金が選好されたからであろう[31]。

(3) 農家金融負債残高の推移(表2-11参照)

大正元年頃までは,貸金業者,質屋,商業者貸出と普通・貯蓄銀行貸出が他よりも大きいシェアを占めているが,それ以後,漸次勧業銀行,農工銀行,北海道拓殖銀行などの特殊銀行や農村信用組合などの農業金融機関が代替して,そのシェアを拡大していった。これは,農業金融が非組織金融から組織金融へ移行していったという周知の事実を示している。普通銀行と貯蓄銀行の撤退は,大正元年以前は農業が国民経済の主たる産業であったのに,それ以後後退していくという事実に対応するものである。

農業負債残高の動きから見て,全期間を1898年〜1915年までのⅠ期,1915年〜1918年までのⅡ期,1918年〜1931年までのⅢ期,1931年〜1937年までのⅣ期に分けることができよう。

Ⅰ期は非組織金融と普通銀行・貯蓄銀行が優勢であり,それぞれの農業貸出は緩やかに増加している。

Ⅱ期は普通銀行と貯蓄銀行,そして特殊銀行の農業貸出が低下しているため,農業総貸出も減少している。普通銀行や貯蓄銀行のこの期の総貸出は減っていない[32] ので,それら銀行の農業者割合が減少したためであると考えられる。

表2-11 農家負債残高 (百万円)

年次	特殊銀行貸出	普通・貯蓄銀行貸出	政府資金（地方政府経由預金部資金）	政府資金（簡保・郵年資金）	農村信用組合貸出	貸金業者質屋商業者貸出	計
1898	5	38				48	91
99	13	42				47	102
1900	20	56				49	125
01	25	65				52	142
02	28	70				58	156
03	33	78			1	70	182
04	36	78			1	89	204
05	38	74			1	121	234
06	41	73			3	131	248
07	42	80			3	131	256
08	58	90			6	157	311
09	67	101			8	175	351
10	95	114	2		12	180	403
11	132	131	4		20	173	460
12	162	147	5		29	181	524
13	187	162	5		38	190	582
14	212	179	5		46	199	641
15	236	185	4		52	201	678
16	246	110	4		56	207	623
17	242	64	5		65	214	590
18	239	26	5		82	224	576
19	257	31	10	0	126	230	654
20	314	185	17	0	179	259	954
21	363	297	24	1	228	312	1,225
22	414	422	27	1	286	369	1,519
23	476	474	39	2	339	444	1,774
24	513	531	47	3	407	459	1,960
25	560	527	55	5	470	503	2,120
26	600	544	62	8	561	504	2,279
27	683	619	91	11	644	506	2,554
28	773	555	116	12	735	518	2,709
29	815	578	130	15	775	526	2,839
30	867	659	147	17	848	530	3,068
31	896	625	235	18	863	496	3,133
32	919	552	234	19	878	474	3,076
33	869	365	365	115	860	474	3,048
34	835	363	507	124	854	462	3,145
35	796	320	652	137	869	436	3,210
36	757	238	714	151	873	414	3,147
37	721	457	768	163	871	396	3,376

出所) 寺西, 文献〔28〕p.334の第2表.

これは，第1次大戦後の好況のために，普通銀行や貯蓄銀行が農業貸出より商工業貸出の方を優先したからだと考えられる。また，特殊銀行の農業貸出も若干減少しているが，その中で勧業銀行の分は落ちていないのに，農工銀行の分が落ちている[33]からである。農工銀行の農業向け預貸率が大正7年以後急激に低下し，大正10，11年以後さらに一段と低下したのは，第1次合併で最も農業色の強い銀行が退場したためである。第3次合併で代表的な工業県の有力農工銀行が合併した結果，その預貸率は再び9年以後上昇している[34]。

Ⅲ期は農業総貸出が顕著な増加を示しているが，それはまず普通銀行・貯蓄銀行が著増したためであり，次いで農村信用組合，特殊銀行，貸金業者等が急激に伸びたためである。この間，1920年の恐慌，25年の回復と不況というような景気の好不況があったが，景気の動きに敏感な普通銀行・貯蓄銀行・貸金業者らを除いては（25年の回復期に減少している）関係ないようである。

Ⅳ期は農業総貸出が減少と増加を繰り返している。普通銀行と貯蓄銀行の農業貸出が極端に低下しているが，これは普通銀行・貯蓄銀行が農業から撤退していったからである。また，特殊銀行貸出も急激な低下を示しているが，この

表2-12　農村に対する低利資金供給額の推移　　（千円）

年次	預金部資金 普通資金	預金部資金 特別資金	預金部資金 計	簡保資金
1920年	10,021	—	10,021	—
21	10,049	—	10,049	—
22	7,079	—	7,079	2,578
23	6,000	5,400	11,400	3,316
24	10,000	13,000	23,000	3,699
25	10,000	500	10,500	5,514
26	14,000	3,150	17,150	9,517
27	33,000	164,230	197,230	13,356
28	78,000	5,850	83,850	13,400
29	25,000	41,488	66,488	15,560
30	25,000	151,000	176,000	17,207
31	30,000	158,521	188,521	17,419
32	18,000	163,070	181,070	18,359
33	13,500	230,722	244,222	15,303
34	13,000	158,213	171,213	15,451

出所）佐伯，文献〔23〕p.178の102表。

中に政府資金の占める割合が大きい[35]ので,本来の特殊銀行農業貸出はもっと低下するであろう。このことは,農村産業組合の貸出にも言えることである。

この期にあって,急激な増加を示しているのが政府資金である。地方政府経由のものや特殊銀行・信用組合農業貸出中の政府資金を合わせると,さらに顕著な政府資金の増勢が見られるであろう(表2-12参照)。これは,加藤氏が指摘するように,特殊銀行といえども営利性を追及する民間機関なので,農業から撤退せざるを得ず,小農を維持・保護する必要が一層大きくなったために,政府が低利の資金を農業に供給しなければならないようになったからである。

4. 農工間移動資本の推計

戦前日本において,農家部門に絶えず余剰が存在し,それが非農家部門,特に工業部門に流入して,工業部門の,ひいては経済全体の発展をもたらしたという通説化していたシェーマに,1950年代央頃から石川滋氏を初めとした論者が否定的な検討を加えるに至った,というのが第1章の2の梗概であった。

果たして本当に農家部門からの資本の移動が絶えず存在したのだろうか。もし,存在したとすれば,それはどれ位の大きさであったのだろうか。ここでは,農家部門からの移動資本に関する既往推計値を比較考量し,さらに,筆者独自

表2-13 (大川)移動資本推計値

年次	Y_f	Y_a	Y_{fn}	C_f	I_p	A_s	S_a-P	S_a/P
1888 — 92	555	400	155	438	32	52	-11.8	73.8
93 — 97	724	553	191	572	46	61	-8.0	82.7
98 — 1902	1,079	819	260	818	64	143	-4.4	91.9
1903 — 07	1,390	1,058	332	1,046	77	202	-2.3	95.0
08 — 12	1,737	1,320	417	1,273	94	300	-0.9	100.1
13 — 17	2,202	1,566	636	1,531	113	480	-4.7	91.5
18 — 22	4,843	3,571	1,272	3,904	253	535	-12.2	109.7
23 — 27	4,526	3,444	1,082	3,820	283	248	-16.6	109.2
28 — 32	3,203	2,404	799	2,799	236	27	-22.8	87.2
33 — 37	3,502	2,782	720	2,816	223	354	-8.6	98.7
38 — 40	5,938	4,715	1,223	4,211	383	1,155	3.5	113.6

1) 単位は百万円. 5か年平均値.
2) 文献〔17〕最終ページのAppendix Table,文献〔18〕p.402のTable 3, p.403のTable 4より.
3) S_a-Pは,総産出高に対する%.

表2-14 (寺西)移動資本推計値

年次		1900	1905	1910	1915	1920	1925	1930	1935
① $\Delta A - \Delta D$	百万円	1	13	3.5	43.5	207.5	24	−11.5	221.5
② $T_f - S_u$		99	114	152	166	291	291	182	143
③ ①+②		100	127	155.5	209.5	498.5	315	170.5	364.5
④ ①/③	%	1.0	10.2	2.3	20.8	41.6	7.6	−6.7	60.8
⑤ ②/③		99.0	89.8	97.7	79.2	58.4	92.4	106.7	39.2

1) ΔA；農家部門の金融債権純増, ΔD；同金融負債純増, T_f；農業直接税, S_u；農業補助金 (産業補助金)。
2) 「1900」は1899〜1902年の4か年平均, 他は表示年を中央年とする5か年平均。
3) ①は寺西 (文献〔28〕) p.333の第1表, p.334の第2表から. ただし, 第1表「農家金融資産残高」合計の推定値 (I) と (II) を平均している.
   ②のT_fは恒松 (文献〔26〕) より. S_uは江見 (文献〔13〕) より.
4) 寺西氏が文献〔29〕p.49の第5表で同じような計算をしているが, 数値上の誤り (税に関する数値が, 恒松氏からとったとしているにもかかわらず, 恒松氏の数値と異なっている) がある.

の移動資本概念に基づいた筆者の移動資本推計値を提出する。

(1) 既往の移動資本推計値

移動資本について, 勘定式を基に推計を試みたのは, 石川滋 (文献〔3〕, 〔4〕, 〔5〕, 〔6〕, 〔7〕, 〔8〕), 大川一司・高松信清・清水豊 (文献〔17〕, 〔18〕), 寺西重郎 (文献〔28〕) らである。ここで俎上に載せられるのは, 資金収支勘定に基づく石川推計値[36] (一部修正), 貯蓄—投資勘定に基づく大川推計値[37] ($S_f - I_f$, A_s), 貿易 (商品) 勘定に基づく大川推計値[38] ($S_a - P$, S_a；Sales, P；Purchases), 金融収支勘定に基づく寺西推計値[39] ($S_f - I_f$, $S_B - I_f$) である。

前述したように, 石川氏の戦前日本の農家部門資金収支勘定においては, 要素サービス・経常振替勘定の受取項目である「賃金・俸給収入」と「副業収入」が, 1923〜27年平均値を除いて脱漏している。また, 同年次間を除いて, 部門外への支払い小作料, 部門外に対する負債純増および金融投資も脱漏しているので, 移動資本推計値を算出することはできないし, したがって評価もできない。ただ, 1923〜27年次間の5か年平均値が, 部門外に対する負債純増と金融投資を除いて, 推計されているので, その欠落部分を寺西氏の金融推計値で埋めて移動資本推計値を算出してみた。石川氏が, 資金収支勘定と裏腹の関係にあると考える貿易収支勘定による戦前日本の推計値を氏が提出しているわけではないが, 大川氏がそれを試みているので, 取り上げておく[40]。

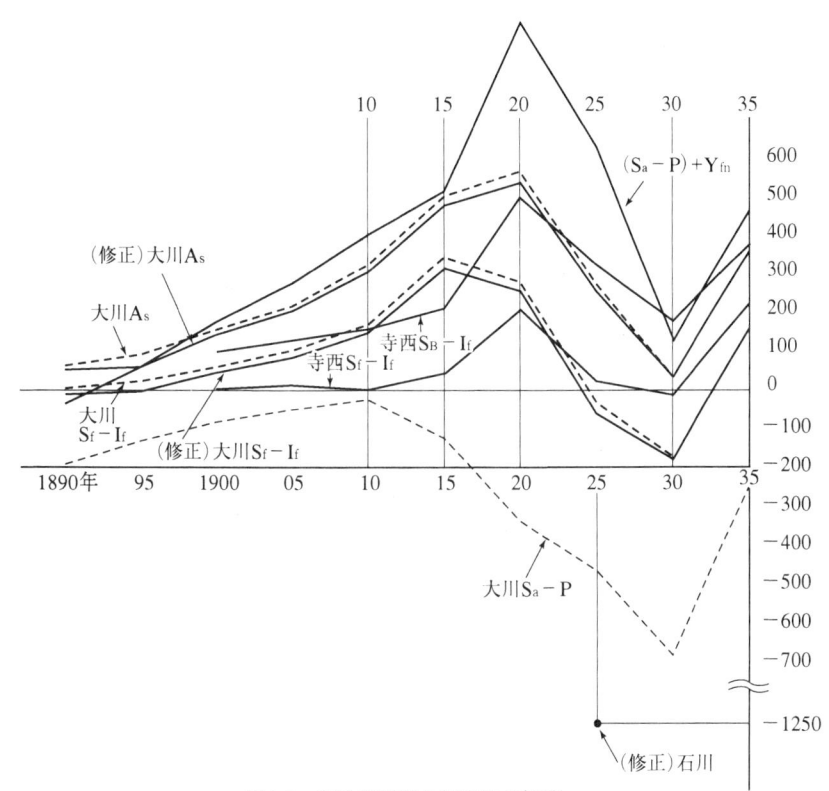

図2-8 既往移動資本推計値の推移

　大川氏らの2論文の内容は殆ど全くといってよいほど同じだが，それぞれの値を取り上げてみる。

　寺西氏の推計値は，恒松氏論文（文献〔26〕）から農業負担租税を転記する際の明らかな単純ミスがあったので，修正しておいた。これら移動資本推計値を表にしたのが，表2-13，表2-14であり，図示したのが図2-8である。

　図2-8を見てみよう。（修正）石川推計値が極端に低い数値を示しているのが目につく。大川$S_a - P$は，全期間にわたって負の値を示している。この2推計値（系列）を除いた他の推計値系列は，1890年頃と1930年頃に負になるものはあるが，殆ど正の値を示している。それら系列は大体において似たような動き——1890年頃から徐々にその値を高めていき，1915〜20年前後にピークに達

して1930年頃一時落ちこむ——を示している。

(修正)石川推計値が極端に低いのは，前述したように，石川資金収支勘定のカバレッジが，資本勘定(K)の受取項目としての政府建設支出(農業，河川)を含んでいるからであり，また，要素サービス・経常振替勘定(V)の「賃金・俸給収入」および「副兼業収入」を相殺されない受取項目とみなしているからである。

大川$S_f - I_f$と大川A_sが，また，寺西$S_f - I_f$と寺西$S_B - I_f$が，それぞれパラレルな動きを示しているのは，前者の差が農業負担(直接)税(T_f)であるからであり[41]，後者の差が$T_f - S_u$(T_f；農業負担直接税，S_u；農業補助金)であるからである[42]。財政を通じる流出(T_f)および財政を通じる(狭義)純流出($T_f - S_u$)は，金融を通じる純流出($\Delta A - \Delta D$)ほどには変動しないということは，図2-9から見てとることができよう。

(狭義)移動資本(C_T①)に最も近い[43]，寺西$S_B - I_f$と大川A_sは，やはり他の系列よりも接近している。しかし，1920年頃より以前は，大川A_sの方が大きく，それ以後，1930年頃ことに大川A_sの落ちこみが激しい。20年以前において，大川A_sの方が大きいのは，大川A_sが，現金などの小項目を無視すればC_T①に等しいと[44]思われる寺西$S_B - I_f$よりも(ネットの利子の動きを無視すれば)

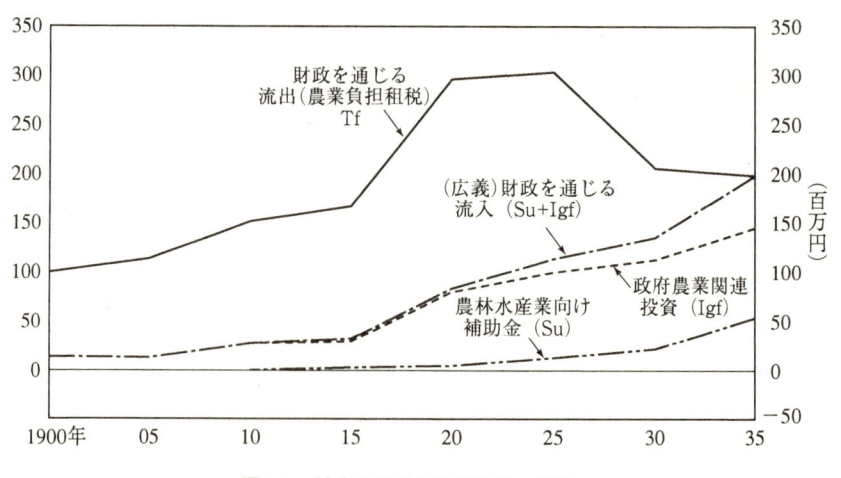

図2-9 財政を通じる移動資本の推移

非農家地主への支払い地代分（R）だけ大きい，ということで説明されよう（図1-4参照）。1930年前後の大川A_sの激しい落ちこみは，表2-13から分かるように，殊にY_fが落ちこんだ（Y_fを構成するY_a，T_{fn}とも落ちこんでいる）からであり，これが地代分の差を埋め，さらに超えてしまったわけである。

大川S_f-I_fは，数値上A_sよりもヨリ真の移動資本に接近するとしても，それが図1-4を右下から見て得られたA_sと左上からのT_fを構成要素とする限り，何ら移動資本を意味することはない。寺西S_f-I_fも，移動資本部分に等しくなることは（小項目を無視し，財政上の純流出＝0とならない限りは）ない[45]。両者とも移動資本に等しくならないにしても，前者はA_sとともに農業における余剰量の推移を見るには有効であるし，後者は農家部門からの金融上の移動資本を見るのには有効である。このことはS_B-I_fにも言えるのであって，これは財政[46]・金融上の移動資本量を意味することの以上でも以下でもない。

筆者は，商品（財のみ）貿易勘定に基づいて得られたS_a(Sales)－P(Purchases)が，全期間にわたってマイナスの値をとっていることに興味を抱かざるをえない。サービス貿易に関する調整をする必要はあるが，C_T①がマイナス，つまり，農家部門への何ら相殺されることのない貨幣の流入を暗示させるからである[47]。

また，S_a-Pに（大川氏の算出した）Y_{fn}を加えた$(S_a-P)+Y_{fn}$は，図1-4からも分かるように，大川A_sと等しくなるはずのものである。ところが，図2-8を参照すれば，$(S_a-P)+Y_{fn}$の方が1895年以前を除いて大きいということを見ることができる。このことは，大川氏の推計の確かさをはからずして示している，ということを意味するのではない。なぜなら，S_aを構成するX_a(農産物生産額)，C_s(農家自家消費合計)，P(Purchases)を構成する$I_{g\cdot p}$(農家購入経常投入財)，I_p(農家購入固定資本財)，C_p(農家購入消費。C_f-C_sとして求めている。C_f；農家消費）のうち，X_a，$I_{g\cdot p}$，I_p，C_fがA_sを推計する際に用いられているので共通の数字であって，残りのC_sがたとえ精度の高くない推計値であっても，$S_a-P=(X_a-C_s)-\{I_{g\cdot p}+I_p+(C_f-C_s)\}=X_a-I_{g\cdot p}-I_p-C_f$で分かるように，推計の過程で消失し結果に影響しないからである[48]。とすれば，逆に，大川A_sと$(S_a-P)+Y_{fn}$は等しいものでは，そもそもないのだということになる。

大川氏は，$S_a = X_a - C_s$ としているが，これは，農家の自己供給投資（I_s）と農家の自己供給経常投入財（$I_{g \cdot s}$）を自己に対する販売として帰属計算しているということを意味するのであって，この広義の販売概念を採用しているところに両者の差があるわけである[49]。

いずれにしても，これら移動資本推計値に立脚して，大川氏らは，戦前日本においては全期間にわたって，かなりの農業余剰があり，殊に経済発展の初期段階において大きいと結論し，寺西氏は，金融を通じる資金移動はそれほど大きくないが，財政を通じるそれが大きいので，両者を合わせた資金移動は一貫して純流出であると結論している[50]。これら一橋グループが，戦前日本における農家部門の余剰，したがってそこからの純流出が，通説ほど大きくはないということを勘定式に基づく数値で示した点で，従来の「農業余剰説」の再検討であると言えるかもしれないが，それを根底的に否定するものではなかった。

彼らの「移動資本」と筆者の「移動資本」の間には大きな懸隔がある。そうである限り筆者は，後期大川氏，寺西氏を含めた論者たちの結論に全面的に与することはできないと考える。

そこで，筆者は，戦前日本において農家部門からのネットの移動資本があったのかどうかを明らかにするために，筆者の移動資本概念に基づく推計を試みてみることにした。

(2) 筆者の移動資本推計値

まず初めに，（狭義）移動資本（C_T①）を大川A_s推計値，寺西②（$S_B - I_f$）推計値に基づいて推計してみよう。

利子のネットの動きを無視すれば，大川A_s推計値から非耕作地主に対する支払い地代（R）を減じたものがC_T①になるはずである。Rの正確な数値をもとめるデータ資料はないようなので，地代の時系列データ[51]に，中山誠記氏が算出した[52]（1935年における），地代総額に対するRの比率0.36を乗じることによって，暫定的なRの推計値としよう。得られた数値は，32.4（1890年），50.4（1895年），68.4（1900年），90.0（1905年），111.6（1910年），126.0（1915年），133.2（1920年），248.4（1925年），〔単位；百万円〕である。

表2-15　近似①〔Ⅱ〕

	1900年	05年	10年	15年	20年	25年	30年	35年
(1) 寺西②	100	127	155.5	209.5	498.5	315	170.5	364.5
(2) M_{-1}	29.3*	26	40	44.6	142.2	187	127	136.6
(3) (1)−(2) =C_T①〔Ⅱ〕	70.7	101	115.5	164.9	356.3	128	43.5	227.9

1) 単位は百万円.
2) ＊は4か年平均値. 他は5か年平均値.

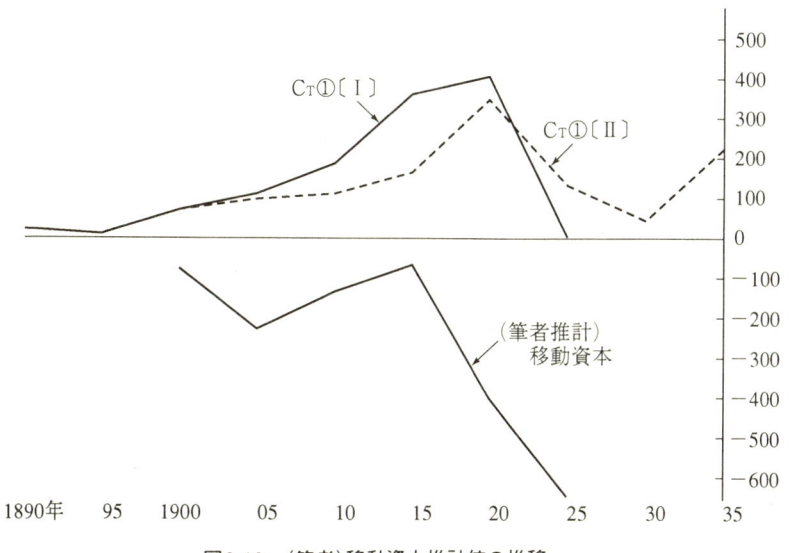

図2-10　(筆者)移動資本推計値の推移

大川氏らのA_s推計値[53]から上のRをそれぞれ減じると, 近似C_T①〔Ⅰ〕が得られる。その数値は, 19.6(1800年), 10.6(1895年), 74.6(1900年), 112(1905年), 188.4(1910年), 354(1915年), 401.8(1920年), −0.4(1925年), 〔単位百万円〕である。

次に, 寺西②$(\Delta A - \Delta D)+(T_f - S_u)$から$M_{-1}$(時間上の流入貨幣)を減じて, 近似$C_T$①〔Ⅱ〕を求めてみよう[54]。ただし, ここでは, I_{MN}(非農部門への, 金融機関を通じない貨幣による投資)＝I_{MA}(非農部門からの, 金融機関を通じない貨幣による投資), 純送金流出＝0と仮定する。M_{-1}は, 寺西氏による前期末現金残高推計値[55]から知ることができる。得られた数値は, 表2-15に示し

た。

　これら(C_T①〔Ⅰ〕，〔Ⅱ〕)を図2-10の中に図示した。C_T①〔Ⅰ〕は大川A、と，また〔Ⅱ〕は寺西②(S_B-I_f)とほとんど同じ形であり，それぞれ前者は当然ながら後者よりも小さな値を示している。したがって，この段階で言えることは，おそらく正確な移動資本は，大川，寺西氏推計値よりも小さいのではなかろうか，ということである。そこで，最も包括的と信ずる筆者の(広義)移動資本C_T②を推計してみよう。第1章で示したように，C_T②$=C_T$①$+(V^o-V^i)+(M_{-1}-M_{+1})$。$C_T$②を求めるのに，まず$C_T$①を算出して，次に$V^o$，$V^i$をそれぞれ推計する[56]という手順は適当なやり方ではないと思う。なぜなら，V^oとV^iは，貨幣の流れを伴わない財およびサービスの移転流出入部分であって，これだけを取り出すというのはかなり困難が伴うと思うからである。

　そこで，C_T①$=(\Delta A-\Delta D)+(T-S_u)+(I_m^o-I_m^i)+$純送金流出$-M_{-1}$

　$V^o=I_{gN}$，$V^i=$政府V^i+I_{gA}，(I_{gN}；非農家部門への価値物(財・サービス)による移転流出部分。I_{gA}；非農家部門からの価値物(財・サービス)による移転流入部分)

この3式をC_T②の算出式に代入すると，

　　C_T②$=(\Delta A-\Delta D)+(T-S_u)+(I_m^o+I_{gN})-(I_m^i+I_{gA})$
　　　　　$-$政府V^i+純送金流出$-M_{+1}$
　　　　$=T-(S_u+$政府$V^i)+(\Delta A-\Delta D)+I_N-I_A+$純送金流出$-M_{+1}$

(ただし，$I_m^o+I_{gN}=I_N$，$I_m^i+I_{gA}=I_A$とする。)

　I_N；非農家部門への〔財・サービス・貨幣——金融機関を通じない——による〕投資，I_A；農家部門への投資)

　この式において，(Tのうち)直接税T_f，S_u，ΔA，ΔD，M_{+1}は既に推計値が存在する。(S_u+政府V^i)は，農家部門に対する全政府支出を意味するので，その数値を知りうるかもしれないが，資料を入手するのは難しい。I_N，I_A，純送金流出も同様である。ここでは，I_N，I_A，純送金流出を一応無視することにして，T_fに農業負担間接税の推計値を加えて農業負担税Tを算出し，次に政府V^iを推計して，大体のC_T②を算出してみよう。

　農業負担間接税は，まず，文献〔13〕から，中央政府および地方政府の間接

税収入合計を求め，そして，その数値に，文献〔14〕のp.408, p.411において得られる，農家の負担租税総額に占める間接税の割合に関する2か年（1926－27年，33年）の平均数値を乗じて知りうるとした。また，政府V^iは，全政府支出[57]から産業補助金計[58]を減じて得られた数値に，農林業有業の全有業人口に対する比率[59]を乗じて知りうるとした。政府による財およびサービスの支出は，全個人に均等に分割されると仮定したわけである。また，推計値の存在

表2-16 （筆者）農業負担間接税推計値

		1900年	05年	10年	15年	20年	25年
(1)	政府の間接税収入（中央）	736.2	1,444.2	1,983.7	2,128	3,764	4,669
(2)	（地方）	354.2	386.5	672.4	675.7	1,750.7	2,725.0
(3)	(1)+(2)	1,090.4	1,830.7	2,656.1	2,803.7	5,514.7	7,394
(4)	$((1)+(2))\times\frac{1}{5}$*	218.1	366.1	531.2	560.7	1,102.9	14,788
(5)	(4)×0.295	64.3	108.0	156.7	165.4	325.4	436.2

表2-17 （筆者）政府V^i推計値

		1900年	05年	10年	15年	20年	25年
(1)	全政府支出	1,701.9	3,549.2	3,535.2	3,596.8	10,307.8	12,445.6
(2)	産業補助金計	38.8	60.4	60.4	66.8	108.9	301.2
(3)	(1)−(2)	1,663.1	3,488.8	3,474.8	3,530.0	10,198.9	12,144.4
(4)	農林業有業人口率	0.645	0.613	0.584	0.558	0.527	0.498
(5)	((1)−(2))×(4)	1,072.7	2,138.6	2,029.3	1,969.7	5,374.8	6,047.9
(6)	(5)×$\frac{1}{5}$*	214.5	427.7	405.9	393.9	1,075.0	1,209.6

表2-18 （筆者）移動資本推計値

		1900年	05年	10年	15年	20年	25年
(1)	$(\Delta A-\Delta D)+(T_f-S_u)$	100	127	155.5	209.5	498.5	315
(2)	農業負担間接税	64.3	108.0	156.7	165.4	325.4	436.2
(3)	(1)+(2)	164.3	235.0	312.2	374.9	823.9	751.2
(4)	政府V^i	214.5	427.7	405.9	393.9	1,075.0	1,209.6
(5)	M_{+1}	28.6	33.4	41.6	47.4	161	184.8
(6)	(4)+(5)	243.1	461.1	447.5	441.3	1,236.0	1,394.4
(7)	(3)−(6)	−78.8	−226.1	−135.3	−66.4	−412.1	−643.2

1）単位は百万円（当年価格）．＊は表示年を中央年とする5か年平均値にするため．

する農業補助金以外の産業補助金は,非農家部門に流入するとして,産業補助金以外の全政府支出を農・非農間の人口比率で割り振った[60]。これらの推計結果を表2-16,表2-17,表2-18に示し,図2-10の中に図示した。

この筆者の推計結果は,戦前日本において,農家部門からの移動資本の純流出が存在しなかったばかりでなく,逆に純流入であったことを示している[61]。

拙稿を含めて資本移動の研究には,資料の制約という困難な問題が付随するが,そうであるとしても,少なくともより正確で包括的な資本移動概念に基づいた推計によって,農工間資本移動研究の再検討をする必要があるのではなかろうか。

(3) 結 論

従来の農工間移動資本の推計値は,さまざまな大きさを示していたが,概ね農業(家)部門から工業部門への資本の純流出が戦前日本において存在したという点では一致していた。しかし,それら推計の基礎にあるべき資本移動の概念や勘定式にいくつかの問題があることが示された(第1章)。筆者は独自の資本移動概念を提出し,本章でその推計を試みた。それによると,従来の推計とは異なって,農業(家)部門からの資本の純流出は存在せず,むしろ純流入が存在したということになった[62]。これは少なくとも,農工間資本移動の概念や,戦前日本におけるその推計が再検討されなければならないことを示している。

5. 移動資本と経済発展

そもそも,農家部門から非農家部門への資本のネットの移動と,その移動資本による工業発展を論じるときは,農家部門からの資本の純流出を示すだけでは不十分である。第1章の3(p.11)で示したように,非農家部門は工業部門以外の小部門を含むからであり,農・非農間に政府や金融機関などのワンクッションが介在する場合には,それらに流入した農家部門からの移動資本が,今度はその介在機関からどれだけ工業部門,もしくは近代部門に流入していったかを押さえる必要があるからである。そこを押さえる余裕のない現在,高々,実

は農家部門への資本の純流入があったのだということを主張すること以外，農家部門からの移動資本による工業発展の問題を論うことはできないだろう。

以上の点に留意しつつ，しかしながら，農・非農間資本移動と両部門の経済発展の関係につき，若干語ることが許されるべきであると考える。寺西氏らの推計値は移動資本総体を意味しはしないが，寺西①(S_f-I_f)は，それの構成要素たる金融上の資金の動きを示し，そして寺西②(S_B-I_f)は財政および金融上の資金の動きを示すからであり，また大川A_sなどは農家部門における余剰を示すからである。このような見地から，移動資本と経済発展の関係について検討を加えてみよう。

まず図2-8を見てみると，大川S_a-Pが1910年頃のピークの後，1930年頃まで低下を続け，1930年前後を境に再び上昇に転じていることを知ることができる。この大川S_a-Pの1910年から1920年頃の動きと，大川S_f-I_fの1915年前後の動きを除くと，全系列が類似の動きを示している。このことは，これらの資本移動概念の間の相互の関連性を暗示させ，また農林水産業の発展と非農林水産業の発展との関連性（図2-11）を暗示させるものである。

図2-8においてこれらの系列は，1920年頃ピークに達し，1930年頃まで低下して，その後上昇に転じている。これらの系列の動きに基づいて，戦前日本を3つの期に分けることができるだろう。すなわち，1920年頃に至る上昇期と，1920年頃から30年頃までの下降期，そしてそれ以後の上昇期である。それぞれをⅠ期，Ⅱ期，Ⅲ期としよう[63]。この移動資本の観点からの時代区分と，戦前日本の経済発展との関係はどのようなものであったのだろうか。

図2-11から，農林水産業(A)の発展と非農林水産業(N)のそれとの相対関係が分かるが，この相対関係が移動資本の観点からの時代区分とよく対応している。すなわち，Ⅰ期においては，(A)と(N)が同時並行的に(1915年から20年にかけて(A)の成長率が加速されるが)発展していることに，また，Ⅱ期においては，(A)が停滞するとともに(N)の成長率も鈍化し始めることに，そしてⅢ期においては，(A)の停滞にもかかわらず(N)が急速に発展していることに，それぞれが関係しているように思える。このことからも分かるように，農家部門からの資本の移動は，農業発展だけから規定されるのではなく，非農業の発

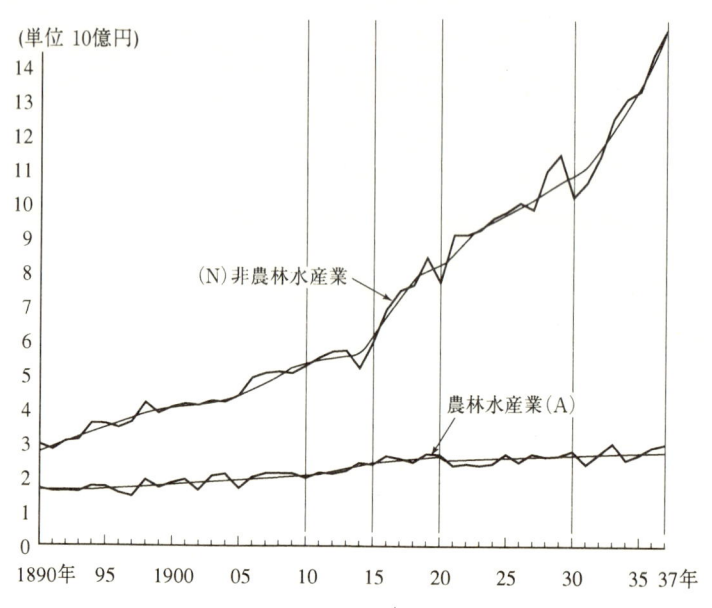

図2-11 産業別(農林水産業, 非農林水産業)純国内生産の推移

出所) ①大川一司他「長期経済統計, 1. 国民所得」(S49) p.226の第24表より作成。
　　 ②各系列の山と山, 谷と谷を結んでできる帯の中心線をフリーハンドで描いた。
注) ①各年次の実質額系列を図示した。
　　②非農林水産業＝純国内生産－農林水産業。
　　　純国内生産＝農林水産業＋鉱工業＋建設業＋運輸・通信・公益事業＋商業サービス業＋帰属家賃。

展や両者の相対関係にも規定されるのである。

　それでは, 次に, 移動資本の観点から見た局面別に検討を加えてみよう。

　Ⅰ期(～1920年頃)は, それを前期と後期に分けてみることができるように思える。その境は1910年頃である[64]が, 後期に至って前期よりも大川As, 大川S_f-I_f, 寺西S_f-I_f, 寺西S_B-I_fの増加率が高まるということもその理由であるが, 何よりも大川S_a-Pがそこにおいて大きな変化を見せることに注目しなければならない。1910年前後のこのS_a-Pの変化は, (X_a-C_s)と$(I_{g\cdot p}+I_p+C_p)$のそれぞれの変化に対応するのは勿論であるが, 表2-19を見れば, それは交易条件(S_a/P)[65]の高まりによってよく説明されよう。1910年以後, 傾向的に(S_a-P)が低下していくが, これは, S_a/Pが上昇を見せることもあるので, 農産物販売量に対して投入財や消費財購入量が増すからである。このことは, 大川氏らが指摘するように[66], 経常投入増加率の加速化を示している[67]。

第2章 日本の経済発展と農工間資本移動　61

表2-19　戦前日本の農業余剰（販売－購入）

年次	販売(S_a) ($X_a - C_s$) (1)	購入 (P) 合計 (2)=(3) +(4)+(5)	$I_{g \cdot p}$ (3)	I_p (4)	C_p (5)	($S_a - P$) (6)= (1)-(2)	交易条件 (S_a/P) (7)
1888－1892	38.4	50.2	12.9	6.8	30.6	－11.8	73.8
1893－1897	42.4	50.2	12.6	6.8	30.9	－8.0	82.7
1898－1902	47.9	52.3	11.4	6.8	34.2	－4.4	91.9
1903－1907	47.0	49.3	11.6	6.2	31.4	－2.3	95.0
1908－1912	52.8	53.7	12.3	6.1	35.3	－0.9	100.1
1913－1917	59.2	63.9	15.9	6.1	41.9	－4.7	91.5
1918－1922	61.3	73.5	13.5	5.8	54.1	－12.2	109.7
1923－1927	67.0	83.6	14.2	7.1	62.4	－16.6	109.2
1928－1932	68.7	91.5	16.0	8.3	67.2	－22.8	87.2
1933－1937	70.4	79.0	15.2	6.7	57.2	－8.6	98.7
1938－1940*	76.2	72.7	15.2	6.8	50.7	3.5	113.6

出所）文献〔17〕の "Notes on Data and Estimating Procedures."
注）① 総生産（Gross Product）に対する%.
　　　5年間の平均（*は3年間の平均）.
　　② X_a；農産物生産額. C_s；農家自家消費.
　　　$I_{g \cdot p}$；農家購入経常投入財. I_p；農家購入固定資本財.
　　　C_p；農家購入消費.

　この点については，表2-19の$I_{g \cdot p}$の動きで確かめることができる。

　いずれにしても，($S_a - P$)の低下はY_aの低下とは無関係ではないだろう。両者の関係は，次の算式で示される。(記号の意味は，表1-1, p.12参照)

$S_a = X_a - C_s$, $P = I_{g \cdot p} + I_p + C_p$, $X_a = Y_a + I_{g \cdot p} + I_{g \cdot s}$であるので，

$S_a - P = (X_a - C_s) - (I_{g \cdot p} + I_p + C_p) = Y_a + I_{g \cdot p} + I_{g \cdot s} - C_s - I_{g \cdot p} - I_p - C_p$
$= Y_a + I_{g \cdot s} - I_p - C_f$ ($\because C_s + C_p = C_f$)

$\therefore Y_a = (S_a - P) + (I_p + C_f) - I_{g \cdot s}$

　この算式において，($I_p + C_f$)と$I_{g \cdot s}$がそれほど変化しないとするなら，($S_a - P$)が低下すれば，Y_aの低下を招くだろう。しかし，そのことが言えるのは，むしろ1920年頃以後であって，それに至るまでは，I_p[68)]とC_f(表2-20)の上昇によって，Y_aは低下せずむしろ上昇さえしているのである。

　1920年頃までの農業の比較的高い成長が，農業において余剰を生み出したとしても不思議ではない。1915年頃からの(N)成長率の加速化と，1920年前後までの農業成長の持続が相乗した結果が，Ⅰ期後期(1915～20年)の，殊に寺西($S_f - I_f$)増加スピードの上昇と，(($S_a - P$)+Y_{fn}と大川($S_a - P$)の間の差で

表2-20 戦前日本における農業余剰の推計

表(A)

年次	農家所得 (Y_f) (1)	農業所得 (Y_a) (2)	(Y_{fn}) (3)	農業負担直接税 (T_f) (4)	可処分所得 (Y_d) (5)=(1)-(4)	農家消費 (C_f) (6)	農家貯蓄 (S_f) (7)=(5)-(6)	農家投資 (I_f) (8)	(I_p) (9)	(S_f-I_f) (10)=(7)-(8)	農業余剰 (A_s) (11)=(4)+(10)
1888-1892	555	400	155	59	496	438	58	65	32	-7	52
1893-1897	724	553	191	65	659	572	87	91	46	-4	61
1898-1902	1,079	819	260	97	982	818	164	118	64	46	143
1903-1907	1,390	1,058	332	114	1,275	1,046	230	142	77	88	202
1908-1912	1,737	1,320	417	154	1,583	1,273	310	164	94	146	300
1913-1917	2,202	1,566	636	167	2,035	1,531	504	191	113	313	480
1918-1922	4,843	3,571	1,272	288	4,555	3,904	651	404	253	247	535
1923-1927	4,526	3,444	1,082	310	4,216	3,820	396	458	283	-62	248
1928-1932	3,203	2,404	799	213	2,990	2,799	191	377	236	-185	27
1933-1937	3,502	2,782	720	198	3,304	2,816	488	332	223	156	354
*1938-1940	5,938	4,715	1,223	194	5,744	4,211	1,533	572	383	961	1,155

表(B)

年次	1人当たり C_f (円) (1)	1人当たり C_n/C_f (2)	S_f/S (%) (3)	S_n/S (%) (4)	S/Y (%) (5)	S_f/Y_f (%) (6)	S_n/Y_n (%) (7)	A_s/Y_f (%) (8)	T_f/Y_f (%) (9)	$(S_f-I_f)/Y_f$ (%) (10)	A_s (百万円) (11)	S_f/Y_f (%) (12)	S_n/Y_n (%) (13)
1888-1892	15	2.5	37.2	62.8	14.7	10.5	19.3	9.4	10.6	-1.3	55	5.0	16.8
1893-1897	19	2.5	33.1	66.9	16.6	12.0	20.4	8.4	8.0	-0.6	88	11.5	24.3
1898-1902	27	2.5	46.5	53.5	14.4	15.2	13.8	13.3	9.0	4.3	143	10.2	16.2
1903-1907	35	2.0	51.7	48.3	13.6	16.5	11.4	14.5	8.2	6.3	223	13.2	17.7
1908-1912	42	2.1	45.5	54.5	16.0	17.8	14.7	17.3	8.9	8.4	299	13.8	5.9
1913-1917	51	2.0	50.8	49.2	16.5	22.9	12.8	21.8	7.6	14.2	459	18.6	14.0
1918-1922	129	1.9	24.9	75.1	17.7	13.4	19.7	11.0	5.9	5.1	608	11.6	18.3
1923-1927	125	2.1	15.2	84.8	16.3	8.7	19.3	5.5	6.8	-1.4	185	4.3	10.1
1928-1932	88	2.7	8.8	91.2	14.6	6.0	16.9	0.8	6.7	-5.8	94	3.1	15.5
1933-1937	87	2.9	16.6	83.4	15.7	13.9	16.2	10.1	5.7	4.5	450	13.8	16.0
*1938-1940	134	2.5	24.7	75.3	19.7	25.8	18.3	19.5	3.3	16.2	1,087	24.0	33.4

出所：表2-19と同じ。
注：① 単位は百万円。
② Y_{fn}；農業部門外への労働サービスの販売による所得。
③ I_p；農家購入固定資本財。
④ Y_f, Y_a は I_s (=I_f-I_p) を含む。
⑤ S_f は棚卸投資を含む。$S_f=(Y_f-T_f)-C_f$.
⑥ $S_f=I_f=A_s-T_f$.
⑦ $A_s=Y_f-C_f-I_f=T_f+S_f-I_f$.
⑧ 表(B)中の各字の右下添字は農業部門(家)、nは非農業の統計的不一致を比例的に調整したものによる。
⑨ 表(B)の、A_s、S_f/Y_f、S_n/Y_nは、部門間の統計的不一致を比例的に調整したものによる。
⑩ 表(B)の比率は各年の比率の平均。そのため、表(A)の数字から計算された比率とは少し異なる可能性がある。

示される)農外所得Y_{fn}の急増である。寺西(S_f-I_f)は，金融を通じての，農家部門からの移動資本を表す。(N)における発展が，農家部門からの金融移動資本を誘引したのであり，農家部門においてそれに応えうる余剰が存在したのである。後者は，大川A_sのこの期における上昇から言えよう。

1920年頃から30年頃までは，(A)が(N)に対して相対的に停滞する時期(Ⅱ期)である。農家部門における余剰が急落する(大川A_s)。また，(N)の成長率もⅠ期に比べると鈍化しているので，金融面での非農からの需要が低下する。その結果が寺西(S_f-I_f)の低下として表れている。

金融における移動資本は，このように，(N)の成長率／(A)の成長率の推移と殆どパラレルな推移を示している。また，極めて良く，農業余剰(A_s)の推移と対応している。それに対して，財政を通じる移動資本は，そのシェアにおいてA_sと逆の推移を示している(図2-12)。このことは，農業からの移動資本は，金融面でのそれが農業および非農の発展・停滞に大きな影響を受け，逆に，それらに影響を与えるのであるが，財政面での移動資本は，金融面での移動資本を補完する役割を担っている，そのような二者から構成されているということを示している。1930年前後の，殊に農業における恐慌を解決するために，政府が農業に強く介入してきたことは，図2-13において見られることである。

Ⅲ期(1930年頃以後)においては，財政面からの農業保護(図2-9，図2-13)と，

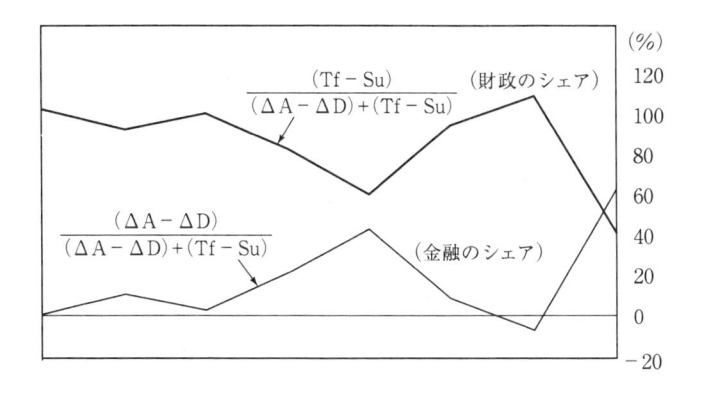

図2-12 (金融・財政ルート別)純流出の(金融＋財政)純流出に対する割合の推移

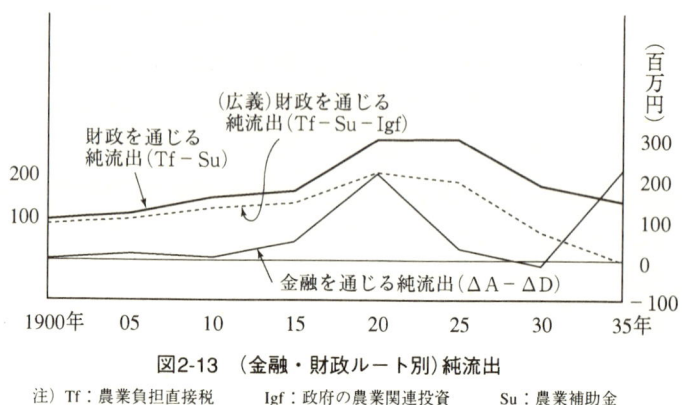

図2-13 (金融・財政ルート別)純流出

注) Tf：農業負担直接税　Igf：政府の農業関連投資　Su：農業補助金

非農の経済発展によって，農業における余剰が金融を通じて非農に流出していったことを物語っている。

以上述べてきた，各移動資本の総体であり，反映である（筆者）移動資本が，少なくとも1900～25年にかけてマイナスであったことが事実であるとすれば，それでは，殊に工業部門における発展の原資はどこからきたのであろうか。この原資の多くは工業部門自身が供給した可能性が高いと考える。このことを表2-21で見ておこう。

表2-21　工業部門における発展の原資

年次	1899～1902	1903～1907	1908～1912	1913～1917	1918～1922	1923～1927	1928～1932	1933～1937
(1) 非農貯蓄	180	310	212	752	1724	858	1498	2637
(2) 非農粗固定資本形成	118	187	299	577	1643	1148	867	1706
(3) (1)−(2)	62	123	−87	175	81	−290	631	931

出所）文献〔29〕のp.48.
注）単位は百万円．当年価格．

この可能性は，表2-20の，殆どの期間における，$S_f/S < S_n/S$ と $S_f/Y_f < S_n/Y_n$ からも示唆されるように思われる。

本章における以上の検討により，従来言われてきた，農業（農家）部門からの資本移動によって，非農部門，殊に工業部門の経済発展がなされてきたというシェーマは，少なくとも再検討を要するように思われる。

【注】

1) 農業負担直接税のこの期前後における急激な増加と減少は，主に農業負担地租の増加と減少によるものであり，さらに地租の動向は農業所得のそれに依存している。
2) 文献〔26〕pp.379～380。
3) この表現を恒松氏と大内力氏が用いている。
4) 文献〔26〕p.381。
5) 文献〔26〕p.380。
6) 恒松氏は，悪化した財政事情に悩む地方団体に財政補助が十分になされなかったと述べている（文献〔26〕p.382）が，大内力氏は文献〔14〕で，中央政府は小農の没落を避けざるをえず，財政補助が増大せざるをえなかったとして見解を異にしている。
7) 文献〔26〕p.380。
8) 文献〔13〕pp.97～98。
9) 江見氏はこれらは僅少であって無視してさしつかえないとしているが，補助金の産業別動向を見るときには特別会計の主要補助金（農業に関しては「米穀需給調節総損失金）を加える必要があるとしている（文献〔13〕p.99）。
10) 文献〔13〕p.99，表10-4。
11) 政府は第2次産業を補助金という直接の形でよりも，官有企業の払い下げや軍事費の支出という間接的な形で支えた（文献〔26〕p.392）。
12) 文献〔26〕p.394。
13) むしろ，S_{na}/Y_{na}が低下してきているという事実が，補助金の増加率よりも所得の増加率の方が大きいことを意味すると，保留つき（他の要因が所得の形成に大きく作用したのかもしれないし，むしろ補助金は第2次産業の拡大につれて大きくならざるを得なかったのかもしれない）で言いうる（非農業補助金が非農業所得の形成に大きく貢献したと）かもしれない。
14) 大川一司氏らは，この期において農業生産のポテンシャルが失われたとしている。
15) 文献〔10〕pp.164～5。文献〔22〕p.395。
16) 文献〔10〕pp.164～5。文献〔22〕p.394。
17) 文献〔22〕p.394。
18) 文献〔22〕p.394。
19) 文献〔13〕p.45。
20) 文献〔26〕p.394。ただし，これは伊藤氏文献〔10〕p.159の第1表「補助金総括表」中の第2群（鉄道，製鉄，造船，その他），第3群（海運通信，貿易，その他），第4群（教育および行政，拓殖）を合して非農業補助金としているようである。そこで，伊藤氏の，第2群補助金／第2群所得の推移を見てみると（文献〔10〕p.170の第7表），1910年(0.47)，1915年(0.50)，1920年(0.41)，1925年(0.15)，1929年(0.11)，1932年(0.13)，1935年(0.11)。

21) 文献〔13〕p.45。
22) 文献〔38〕。
23) 文献〔28〕,〔29〕。
24) 寺西氏は農村工業も「農業」に含めて議論を進めているので,寺西氏には寺西氏なりの一貫性があるわけであるが。
25) 文献〔19〕p.123。
26) 文献〔2〕p.665。
27) 文献〔23〕p.47および〔22〕p.128。地方銀行は1890年代の産業資本確立期に設立された。
28) 明治15年に中央銀行としての日本銀行が設立され,それが国庫金扱いを集中させたので,銀行は公金預金偏重からの脱却を要請されたのであった(文献〔2〕p.665)。
29) 文献〔29〕p45。
30) 昭和3年(1928年)に施行された新銀行法によって,不健全な銀行が整理されたことも無関係ではないだろう(文献〔2〕p.666)。
31) 注30)と同じ。なお,この理由によってもまた,普通銀行預金の減少が説明されうる。
32) 文献〔41〕p.86, p.172によれば,全国普通銀行貸出金と貯蓄銀行貸出金の推移は以下の通りである。(普銀,貯銀の順。単位は百万円) 1913年(1,671。261), 1914年(1,727。293), 1915年(1,729。438), 1916年(2,233。514), 1917年(2,979。670), 1918年(4,147。953), 1919年(5,666。1,467), 1920年(5,903。1,598)
33) 文献〔9〕p.157によれば,農工銀行の農業貸付高は以下の通りである。1915年(102,582), 1916年(109,129), 1917年(108,754), 1918年(108,139), 1919年(117,775), 1920年(153,110)
34) 文献〔9〕注4)。
35) 文献〔9〕p.130によれば,勧業銀行無抵当貸出残高の主なもののうち,預金部普通地方資金の占める割合(1931年)は,産業組合に対する貸出においてはその67.6%,耕地整理組合は58.4%の高さに達する。なお,同文献p.129によれば,勧業銀行の無抵当総貸出中に占める同年の農林漁業貸出の割合は,60.3%である。
36) 文献〔6〕のp.372の表3参照。
37) 文献〔17〕の最終ページAppendix Table.文献〔18〕のp.402, Table 3。
38) 文献〔18〕のp.403, Table 4。
39) 文献〔29〕のp.49, 5表。ただし,数値上の明らかな単純ミスは修正しておいた。
40) ただ,大川氏らの算出した数字は,農業粗産出に対するパーセント表示であるので,文献〔26〕のp.199の表C-2の「農業総産出」を乗じて額に修正しておいた。1934〜36年固定価格評価を用いた。しかし,他の移動資本推計値が当年価格なので,当年価格評価のものを用いるべきであった。当年価格評価は固定価格評価よりも小さいのだが,

第2章　日本の経済発展と農工間資本移動　67

貿易収支差額が負であることには変わりがない。
41) ∵ $S_f - I_f = \{(Y_f - T_f) - C_f\} - I_f = (Y_f - C_f - I_f) - T_f = A_s - T_f$
42) ∵ $S_B - I_f = (\Delta A - \Delta D) + (T_f - S_u) = (S_f - I_f) + (T_f - S_u)$ (定義より)
　　ここでは，$S_B - I_f$，$S_f - I_f$ は単なる記号であると解釈すべきである。
43), 44), 45) 第1章の4参照。
46) 限定された財政であることに注意（補助金以外の政府による支出などが抜けている）。
47) この場合を図示すると次ページの図の如し。もちろん，F^iⓈ と F^oⓈ が，F^iⓈ $+ S_a$ ($= F^i$Ⓖ) $> F^o$Ⓢ $+ P(F^o$Ⓖ) という不等式が成立するような大きさであれば，農家部門への移動資本（狭義）の存在を看取できない。

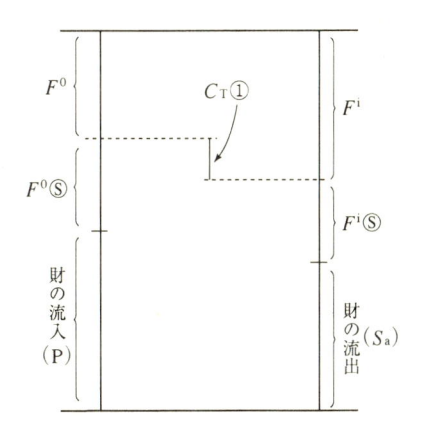

48) ところが，大川氏はわざわざ C_s を推計している。この場合には，これは不必要なことであった。
49) したがって，$X_a - C_s$ から，さらに I_s と $I_{g\cdot s}$ を減ずれば大川 A_s と等しくなろう。逆に大川 $(S_a - P) + Y_{fn}$ と大川 A_s の差が $I_s + I_{g\cdot s}$ を意味するであろう。
50) 石川氏は，殊に初期においては直接税賦課が大きいことは事実だが，河川投資を含めた政府の投資支出や（殊に初期における）負債，賃金・俸給・副兼業収入の大きさからみて，日本の戦前，特に明治における資源流出入が通説のように決定的な純流出であったかどうかは，より全面的かつ詳細な検討を経て初めて判断できる，としている。
51) 文献〔6〕のp.372，表3における推計値（各5年平均）。
52) 文献〔30〕のp.53。
53) 文献〔18〕のp.402のTable 3。
54) C_T① $= (\Delta A - \Delta D) + (T - S_u) + (I^o_m - I^i_m) +$ 純送金流出 $- M_{-1}$ (＿＿は寺西②)
55) 文献〔28〕のp.333，第1表。
56) M_{-1} と M_{+1} は，前掲寺西論文〔28〕の農家現金残高推計値系列から得ることができ

る。M₋₁ は前期末の現金残高に等しく，M₊₁ は今期末の現金残高に等しいからである。
57) 文献〔13〕のpp.172-3, 7表a。
58) 文献〔13〕のpp.180-3, 8表。
59) 文献〔23〕のp.142.
60) つまり，農業補助金以外の産業補助金は，農家部門に全く関与しないものとして一顧だにされていないわけである。
61) この結果に至った主因は，政府の農業関連支出を考慮にいれたからである。流出としての税が全き形で押さえられている以上，政府の農家部門への全支出を押えなければ片手落ちである（ここで，この政府支出が農業発展のために使われたかどうかを問題にしているのではなくて，両部門間の移動資本を問題にしているのである限りは）。
62) 1925年後はともかく，1900年以前を資料の制約上考慮の外においたこと，民間の，金融以外の部門間の投資の流れと利子の流れを無視したことには問題が残るだろう。さらなる改善を他日に期したい。
63) ここでの I 期が大川氏の成長局面（ I ）に，また II・III 期が局面（II）に対応する。移動資本による時代区分によれば，大川氏の成長局面（II）を2つの期に分ける必要があるということは十分に注目されてよいことである。
64) 大川氏が局面（ I ）を1905年を境にして分かつのとは異なっていることに注意．このことは，移動資本の推移が，農業発展だけでなく，非農発展にも規定されることを示すものだろう。実際，図2-11を見れば，1910年前後の非農林水産業の成長率は農林水産業のそれより高い。
65) 各年農産物価格指数／(対応する)購入財価格指数
66) 文献〔15〕のp.15。
67) 購入消費財の増加も見逃せない。
68) I_p（農家購入固定資本財。ここでは農機具）の動きは，以下の通り。単位百万円（1934年～36年価格）1908年，764。1910年，798。1912年，832。1914年，867。1916年，900。1918年，935。1920年，970。1922年，997。

　文献〔34〕の表C-4, p.206より。なお，この表の原資料は『長期経済統計9，農林業』第16表（山田三郎氏推計）。ただし，ここでの数値は，大川・高松氏らの修正値である。

〔参考文献〕
〔1〕朝倉孝吉『明治前期日本金融構造史』，岩波書店，1961年。
〔2〕朝倉孝吉『日本経済の貨幣的分析』，創文社，1974年。
〔3〕石川滋「開発過程の農工バランス——中国のケース・スタディ」，『一橋論叢』1月号，1965年。
〔4〕石川滋「後進国開発の農業問題」，『農業経済研究』10月号，1965年。

〔5〕 石川滋「開発過程の農工間資源移転」,『経済研究』7月号, 1966年。
〔6〕 石川滋「農工間の資源移転——日本とアジア諸国の比較——」,『日本の経済成長』, 日本経済新聞社, 1967年。
〔7〕 ISHIKAWA, S.: "AGRICULTURE AND INDUSTRY, ECONOMIC DEVELOPMENT IN ASIAN PERSPECTIVE", Kinokuniya, 1967.
〔8〕 ISHIKAWA, S,: "NET RESOURCE FLOW BETWEEN AGRICULTURE & INDUSTRY ——A REPLY TO DR. J. COWNIE", The Developing Economies, Vol.VII, No.1, 1969.
〔9〕 伊藤譲『経済発展と農業金融』, 東京大学出版会, 1962年。
〔10〕 伊藤善市「日本経済における補助金の役割」, (中山伊知郎編)『日本経済の構造分析』(下), 東洋経済新報社, 昭和29年。
〔11〕 今村奈良臣『農業補助金の構造』(『日本の農業』第39号), 農政調査委員会, 1965年。
〔12〕 江見康一『長期経済統計4, 資本形成』, 東洋経済新報社, 1971年。
〔13〕 江見康一『長期経済統計7, 財政支出』, 同上, 1966年。
〔14〕 大内力『日本農業の財政学』, 東京大学出版会, 1950年。
〔15〕 大川一司「農業発展の局面と経済成長」,『日本農業と経済成長』, 東大出版会, 1970年。
〔16〕 Ohkawa, K. and H. Rosovsky, "The Role of Agriculture in Modern Japanese Economic Development," Economic Development and Cultural Change (October 1960).
〔17〕 Ohkawa, K. and Takamatsu, N.: "Rough Notes on the Estimates of Agricultural Surplus; Findings & Implications", presented to the Research Planning Conference of CA project, Tokyo, April 1976.
〔18〕 Ohkawa, K. and Shimizu, Y. and Takamatsu, N.: "AGRICULTURAL SURPLUS IN AN OVERALL PERFORMANCE OF SAVINGS-INVESTMENT", IDCJ working paper, 1978.
〔19〕 加藤譲「部門間資金移動と農家の貯蓄・投資」, (大川一司編)『日本農業の成長分析』, 大明堂, 1963年。
〔20〕 加藤譲「長期農業金融における政府の役割」, (川野重任, 加藤譲編)『日本農業と経済成長』, 東京大学出版会, 1970年。
〔21〕 栗原源太『日本農業の社会勘定』, お茶の水書房, 1967年。
〔22〕 斉藤仁『農業金融の構造』, 農業総合研究所, 1971年。
〔23〕 佐伯尚美『日本農業金融史論』, お茶の水書房, 1982年。
〔24〕 鈴木忠和『社会会計とアグリビジネス』, 明文書房, 1966年。
〔25〕 武野秀樹『国民経済計算の基礎』, 東洋経済新報社, 1970年。
〔26〕 恒松制治「農業と財政の作用」, (東畑精一, 大川一司編)『日本の経済と農業』上巻, 岩波書店, 1956年。
〔27〕 都留重人, 大川一司編『日本経済の分析』

〔28〕寺西重郎「農工間資金移動再考（上）」,『経済研究』October 1976, 一橋大学経済研究所。
〔29〕寺西重郎「農工間資金移動再考（下）」,『経済研究』Jan. 1977, 同上。
〔30〕中山誠記「産業構造と農業」,『日本の経済と農業』（下), 岩波書店, 1956年。
〔31〕中山誠記『日本の経済と農業』（上), 岩波書店, 1956年。
〔32〕西川俊作『日本経済の成長史』, 東洋経済新報社, 昭和60年。
〔33〕農林省『1953年　農林金融便覧』。
〔34〕速水祐次郎『日本農業の成長過程』, 創文社, 1973年。
〔35〕南亮進『日本の経済発展』, 東洋経済新報社, 昭和56年。
〔36〕山下景秋「二部門間資本移動の基礎概念と既住既念の問題点」,『農業経済研究』第62巻第4号, 岩波書店, 1991年。
〔37〕山下景秋「戦前日本の農工間資本移動とその推計」,『産能短期大学紀要』第23号, 1990年。
〔38〕Yamada. S, "Changes in Output and in Conventional and Nonconventional Inputs in Japanese Agriculture Since 1880", Food Research Institute Studies, Vol.VII.3, Food Research Institute, Stanford University, California.
〔39〕Ranis, G., "The Financing of Japanese Economic Development", The Economic History Review (April 1959).
〔40〕Johnston, B.F, "Agricultural Productivity & Economic Development in Japan", Journal of Political Economy, Vol.LIX, No.6, 1951.
〔41〕後藤新一『日本の金融統計』, 東洋経済新報社, 昭和45年。

# 第3章
台湾の経済発展と農工間資本移動

1. はじめに

　台湾を対象とした農工間資本移動の本格的な研究で知られる T. H. Lee は，石川滋氏とRuttan の，アジア農業の近代化のためには，非農業部門から農業部門への資本の純流入が必要であるという主張を批判して，台湾の経験はこれを支持しないと述べた[1]。そして彼は，台湾の経済発展過程においてはむしろ農業部門からの資本の実質純流出が存在したことを数値をもって示したのである。資本の実質純流出が存在するとは，農業部門からの農産物の流出額が農業部門への非農業生産物の流入額を上回ることを意味するが，またこれは角度を変えて見れば，農業部門からの資金の流出額が農業部門への資金の流入額を上回っていることをも意味する。

　より具体的には，戦後の1950年代において非農業部門の生産向けや非農業家計への農産物販売額が，非農業部門からの運転資本財や消費財購入額を上回っていたこと，また，非農業部門への地代・利子・税の流出額や金融上の流出額が，非農業部門からの投資額や非農業源泉所得の流入額や財政上の流入額を上回っていたことが，Lee によって示されたのである。

　本稿は，戦後台湾の1950年代および60年代における経済発展過程において，

農業部門からの資本の流出が存在したことを認めるとしても，果たしてそれが台湾の経済発展に対してどのような寄与をしたのか，また資本移動を通じて農工間の関係がどのようなものであったかを検討するものである。

2．戦後台湾の発展と農工間資本移動

(1) 政府の利益

戦後台湾の経済において，しばしば公的部門の果たす役割が非常に大きなものであったと指摘される。確かに，農業との関係で言っても，例えば政府が米の生産高の約30％[2]（1950年代）を農家から徴発し，この政府米を糧食局が管理したし，また台糖公司という公営企業が糖業を独占していたのである。それゆえ，農業部門からの農産物販売額のうち，かなり多くが政府部門に販売されたとみなさなければならない。

こうして政府は農業部門から多くの農産物を手に入れたばかりか，この過程で巨額の利益をも吸収したと言われる。米に関しては，対価を払う必要のない税として徴収したばかりか，市場価格よりも低い公定購入価格で農家から強制的に米を買い上げたり，米肥バーター制の下で政府が農家との間で，政府が管理する相対的に安い肥料と米を交換することによって，政府は農業部門から利益を得たのである。また砂糖に関しても，政府は分糖制の下で，砂糖の契約農から製造費に相当する量以上の砂糖を吸収したのである。

加えて政府は，このようにして手に入れた政府米の約17％を，また砂糖の約85％を輸出することによって，少なからぬ外貨収入を獲得したことも忘れてはならない。

(2) 政府利益の処分

こうして政府が農業部門から獲得した利益を，農工両部門の発展に使用したかというと，極めて否定的にならざるをえない。

Leeの推計によると，1950年代前半における各年の平均で，政府は農業部門から税などの形態で712百万NTドルを吸収したのに対し，農業部門に対し公的

投資・補助金の形態で26百万NTドルを支出しただけである。農業投資・改良関係の支出は，政府支出の4％にすぎないのである。

また，1950年代後半において，国内総資本形成の約半分が国営部門で行われたが，政府による粗国内資本形成のうち政府貯蓄によってまかなわれるのは約10％にすぎない[3]。

政府による経済建設関係の支出は，中央政府よりも省政府が担ったが，それは省政府支出の約30％を占める[4]。ところが，歳出総額のうち省政府は14％を担うにすぎないことから，経済建設に関しても政府は積極的な役割を果たしていない，と言わざるをえない。

1950年代において，政府米のうち53％が軍隊に，17％[5]が公務員・教員に無償で，あるいは安価に提供されたこと，中央政府支出の約80％が国防関係の支出であった[6]ことを合わせて考えると，農業からの政府利益の大部分は，農業に還元されることもなく，また工業発展に供されることもなく，ただ国家防衛のために費消されたということができる。

(3) 農・工両部門の発展

それでは，戦後台湾の農工両部門において，その発展の資金はどこからきたのであろうか。

1950年代における農業部門の主な借り入れ先は，私的な貸手(73％)と農民組織(19％)であるが[7]，その借り入れは専ら消費目的に使われた。投資資金は，借り入れにも，政府や非農業部門にも依存することなく，専ら農業部門自身と米国からの援助に依存していたのである[8]。

農業部門においては平均消費性向が低く，また農地改革によって所得分配が相対的に平準化すると，農業生産の上昇は1950年代の農業部門に高貯蓄をもたらした。しかしこの貯蓄は農業部門からあまり流出することなく，その大部分は農業に投資されたのである。

農業における固定資本の投資資金は，1961年においてその59％が農業部門自身により，また21％がJCRRを通じる米国からの援助によるものであった。政府と農業関連の公営企業によるものは，残りの20％にすぎないのである[9]。

一方，1950年代において国内市場を対象とした輸入代替工業化が進行し，また次の1960年代においては積極的に外資を導入して輸出志向工業化が進展したが，この工業化を支えたのは，公営企業と民間の中小企業であった。

砂糖，肥料，電力などの基幹産業は公営企業が担ったのであるが，これらの公営企業は戦前に日本企業であったものを戦後接収したものである。また，米国は肥料工業に対して重点的に資金を貸し付けるなどの資金援助とともに，技術援助も与えた。さらに，肥料工業の発展を支えた低電価政策を可能ならしめるため，米国は電力開発にも多大の援助をした。

台湾の初期の輸出志向工業化を直接担ったのは，むしろ紡績工業や食品工業を営む民間の中小企業であった。これらの企業に対する政府の保護はほとんどなく，また担保が少ないため政府系の金融機関からの借り入れも困難であった。

もともと台湾の紡績工業は中国大陸の亡命資本によって，また食品工業は土着の地主資本によって始められたものである。そして，外資との系列化を進めつつ，資本と技術を外国から導入して輸出産業に成長していったのである。

1950年代においては制度金融が極めて不備であったため，多くの中小企業は資本の多くを民間の高利貸金融に依存した。1954年からは，米国の援助資金が商業銀行を通じて中小企業に低利で融資された[10]。

中小企業の成長に対する米国の貢献は，資金のみに限らず，紡績工業のための原料綿の援助にもあったことを忘れてはならない。

もちろん，台湾国内の農業部門がパインやアスパラガスなどの農産物を食品工業に供給したことは大変重要である。そして，また農業部門は安価な労働力を供給することによって，輸出志向工業化を支えたのである。

(4) 安価な労働力

労働者の低賃金が輸出志向工業化を支えたのは言うまでもない。しかし，政府米のコントロールによる低米価＝低農産物価格政策が，台湾ではストレートに低賃金労働の基礎条件になったと言い切れるかどうかに関しては，いま少し検討を要すると考える。

1970年代の初めにおいてさえ，紡績工業や食品工業など製造業の55％は農

村地帯に立地したと言われる。台湾の中小企業の多くは，農村や地方小都市に工場を持ったのである。

これらの工場に労働力を供給したのは専ら農村女子で，その農村からの労働力は通勤者の比率が極めて高いのである[11]。このことは大変重要である。なぜなら，農村からの通勤者は米を購入することが少なく，したがって低米価がストレートに低賃金につながるとは思えないからである。むしろ，低賃金は農村に過剰労働力が存在し，また農業所得が低位であることに起因する[12]。

とはいえ，農業所得の低位性の一因が低農産物価格にあることを考えると，低農産物価格が労働者の低賃金を間接的に規定しているといった方がより正確であろう。

(5) 農工間の交易条件

Lee は，農工間の相対価格もまた資本移動に関係するとして，交易条件 T = Pn／Pa（Pnは非農業生産物価格指数，Paは農業生産物価格指数）を計測し，1950年代はこれによる農業部門からの資本流出が存在するとした。さらに Lin は[13]，Leeと同じ資本移動概念を用いて，より期間の長い1952年から1970年までの各年の資本移動値を推計した。

Lin は，Leeの1950年代における交易条件は少し高めに算出されていると主張する。そしてさらに，交易条件はほぼ各年低下し，1964年以降はTが1を下回るとし，これに対応して交易条件による資本流出額も1950年代後半から低下し，1964年以降はむしろ資本流入が見られるという注目すべき事実を指摘している[14]。

これは，1960年代の後半から米の市場価格と政府購入価格が急上昇する[15]一方で，化学肥料の価格は1960年代初め頃から低下した[16]からである。そして，これらによって農業生産が急増し，多くの余剰農産物が非農業部門へ流出した。また，1960年代央からは，消費財や運転資本財の非農業部門からの購入が急増した。このことは，農工間の関係が双方向的になったことを意味する。

3. 結論

戦後台湾の経済発展は，農業部門自身の発展と米国の援助を基礎としたものであった。米国の援助による肥料産業の育成や資金供与によって農業発展が促進し；そしてこれによって，農業部門からの工業原料の供給が増えると，米国からの原料綿の援助と合わせて，食品工業や紡績工業の発展が可能になったからである。ところが，政府の米糖管理による介入は，農工両部門自身の自律的な発展と農工間の好循環を阻害するものであった。政府による農業部門からの米糖の吸収は，農業部門の所得の成長を阻害したし，またこのため需要が伸び悩んで，国内の軽工業の発展が遅らされたうえ，民間の砂糖工業の発展による工業部門のより自律的な発展の可能性を奪ったからである。もし政府がこのような介入をしなければ，軽工業の発展はより速いものとなっただろうし，これによって農産物需要が順調に増えて農産物価格が上昇すると，農業発展はより速いものとなっただろう。そして，これがさらに工業発展を促すという農工間の好循環関係が生まれただろう。戦後台湾において，この好循環関係の成立は政府の介入によって遅らされ，1960年代半ばまで待たざるを得なかったのである。農工間の好循環関係が生まれると，軽工業の発展が促され，その輸出産業化も促進されるのである。

さらに，政府の介入が工業部門の低賃金を可能にしたかという点についても，農村からの通勤労働者が多かったという事実によって，積極的には肯定されない。台湾の低賃金は低農産物価格政策によってよりも，米糖管理による意図せざる農業所得の抑圧の結果であるにすぎない。

このような意味で，政府の存在はむしろ戦後台湾の発展にとって阻害的であった。そしてこれを埋めるのが米国の援助だったのである。

【注】
1）文献〔12〕p.140。
2）文献〔7〕p.72。文献〔14〕p.60。
3）文献〔1〕p.185。
4）文献〔8〕p.191。

5） 文献〔7〕p.75。
6） 文献〔8〕p.189。
7） 文献〔12〕p.123。
8） 文献〔12〕p.112。
9） 文献〔12〕p.116。
10） 文献〔9〕p.44。
11） 文献〔6〕p.72。
12） 文献〔5〕p.720。
13） 文献〔14〕pp.34～37。
14） 文献〔14〕pp.34～37。
15） 文献〔10〕p.60, p.61。
16） 文献〔13〕p.57。

〔参考文献〕
〔1〕石川滋『開発経済学の基本問題』,岩波書店, 1990年。
〔2〕斉藤一夫編『台湾の農業,上』,アジア経済研究所, 1972年。
〔3〕斉藤一夫編『台湾の農業,下』,アジア経済研究所, 1972年。
〔4〕笹本武治,川野重任編『台湾経済総合研究,上』,アジア経済研究所, 1968年。
〔5〕笹本武治,川野重任編『台湾経済総合研究,下』,アジア経済研究所, 1968年。
〔6〕隅谷三喜男「台湾の労働市場と労使関係」,『アジア経済』30巻12号, 1989年。
〔7〕隅谷三喜男,劉進慶,凃照彦『台湾の経済』,東京大学出版会, 1992年。
〔8〕劉進慶『戦後台湾経済分析』,東京大学出版会, 1975年。
〔9〕劉進慶「台湾の中小企業問題と国際分業」,『アジア経済』30巻12号, 1989年。
〔10〕Chen. Hsing-yiu. "Agricultural Marketing in Taiwan". Joint Comission on Rural Reconstruction, 1972.
〔11〕Kao, Charles Hsichung, "The Role of the Agricultural Sector in Taiwan's Economic Development", UNIVERSITY MICROFILMS, 1964.
〔12〕Lee, Teng-hui, "Intersectoral Capital Flows in the Economic Development of Taiwan, 1895-1960", CORNELL UNIVERSITY PRESS, 1968.
〔13〕Lin. Ching-yuan, "Industrialization in Taiwan, 1946-72", Praeger Publishers, 1973.
〔14〕Lin. Wuu-long, "Economic Interactions in Taiwan", University Microfilms International, 1988.

第4章
途上国の経済発展戦略としての農産物高価格政策と農工間資本移動

1. はじめに

途上国で経済発展戦略として農産物価格政策がとられることがある。例えば,戦後の台湾や現在のアフリカ諸国に見られる(た)ように,途上国が発展資金を農業部門から吸収するために,政府が農業に介入して,政府が農家から農産物を市場価格よりも低い価格で購入し,これを市場価格で消費者に売るという,農産物低価格政策がとられることがある。従来この政策は,政府が農家からこの価格差による政府利益を獲得する政策であると考えられてきた。

しかし,一般的に発展戦略としての農産物価格政策を評価する際には,もう少し視野を広げて,農業部門と工業部門と政府部門の3つの部門にわたって,農産物価格政策によってどのような財や資金の流通の変化が生じるかを考慮する必要があるように思われる。ここでは,農業部門を中心とした農工間資本移動の考え方を用いて,農産物価格政策が途上国の(農業を中心とした)マクロ経済にどのような影響を与えるかを考察する。

多くの農工間資本移動の研究はLeeの先駆的研究(文献[1])に依拠するが,このLeeの研究だけでなくこれ以後の研究においても,筆者の知る限り,価格が農工間資本移動に与える影響は一部考慮されてはいるが,しかしそこでの価格

は農工間の交易条件だけであって,価格そのものが資本移動のどのルートにどのような,そしてどれだけの大きさの影響を与えるかを論じたものは存在しない。

そこで筆者は本稿で,農産物高価格政策において,引き上げた価格の程度と,資本移動を初め農工間の貨幣および財の移動の金額の大きさとの関係を明瞭に表し,さらに途上国の経済発展に対する農産物高価格政策の影響を明らかにしようとするものである[1]。

なお,本稿では,農産物価格が消費者に与える影響は考慮しないことにする[2]。

2. 農工間資本移動

そもそも一般に,(狭義の)農工間移動資本(C_T①)は次のようになる。
C_T① $= F^o - F^i = (F^i ⓖ + F^i Ⓢ) - (F^o ⓖ + F^o Ⓢ)$

ただし,F^oは,財やサービスの動きを伴わない農業部門からの貨幣の流出額,つまり財政・金融を通じる貨幣の流出額。具体的には,(農業部門からの)税支払い額+(農業部門の)貯蓄額。F^iは,財やサービスの動きを伴わない農業部門への貨幣の流入額,つまり財政・金融を通じる貨幣の流入額。具体的には,(農業部門への)政府支出額。

F^iⓖは,財の動きを伴う農業部門への貨幣の流入額,つまり非農業部門(政府部門を含む)への財の販売額。F^iⓈは,サービスの動きを伴う農業部門への貨幣の流入額,つまり非農業部門へのサービスの販売額。F^oⓖは,財の動きを伴う非農業部門への貨幣の流出額,つまり非農業部門からの財(投入財および消費財)の購入額。F^oⓈは,サービスの動きを伴う非農業部門への貨幣の流出額,つまり非農業部門からのサービスの購入額。

なお,上式において貯蓄は全量,金融機関に預貯金されるものとする。

また,もし政府が,市場均衡価格よりも人為的に高い(あるいは低い)価格を生産者に対して設定する,農産物高(あるいは低)価格政策を採用するなら,上の式は次のようになる。

農業部門において,(税支払い変化額+貯蓄変化額)-農業部門への政府支出

変化額＝非農業部門（政府部門）への販売変化額－非農業部門からの投入財・消費財購入変化額。

3．農産物高価格政策の効果

農産物高価格政策とは，政府が農家から市場均衡価格よりも高い価格で農産物を購入し，政府がこの農産物を市場均衡価格で消費者に販売する政策を言う。

いま，農産物の市場均衡価格をP^*とし，この市場均衡価格に対応する，農産物の生産量をX^*とする。そして，農産物高価格政策により，政府が農家から$P^*+\Delta P$の価格で農産物を購入するものとしよう。農家は供給曲線に沿って，農産物の生産量を$P^*+\Delta P$に対応する$X^*+\Delta X$まで増加させる。政府は$P^*+\Delta P$の価格で農産物を$X^*+\Delta X$の量を購入し，同量の農産物をP^*の価格で消費者に販売する。ただし，$\Delta P>0$，$\Delta X>0$。このような農産物高価格政策が採用された場合，果たして農業部門において，どれだけの所得や貯蓄が発生し，また政府は農業部門との間でどれだけの政府利益あるいは損失が発生するのだろうか。さらに，この政府利益と貯蓄により，農業部門から（政府部門を含む）非農業部門に向ってどれだけの財政・金融を通じる資本流出が生れるのか，してまた，この農産物高価格政策は，政府と農業部門の双方全体にどれだけの利益，あるいは損失をもたらすのだろうか。

［以下の農産物高価格政策の効果については，図4-1参照。

ただし，$t=1/2$，$(aP^*+b)^2/(2a)>Cf$（固定費用），$P^*(aP^*+b)>A|t+(1-c)(1-t)z|$のケース。なお，$A=(aP^*+b)^2/(2a)-Cf$。また，（高）は「高価格政策の場合」の意味］。

(1) 農業所得

農産物高価格政策の下での農業所得Y^Hは，高価格による農産物販売収入から，このときの総費用を引いて得られる（利潤＝所得とする）。（農業部門全体の）総費用関数を$C(X)$とおくと，

$$Y^H=(P^*+\Delta P)(X^*+\Delta X)-C(X^*+\Delta X)$$

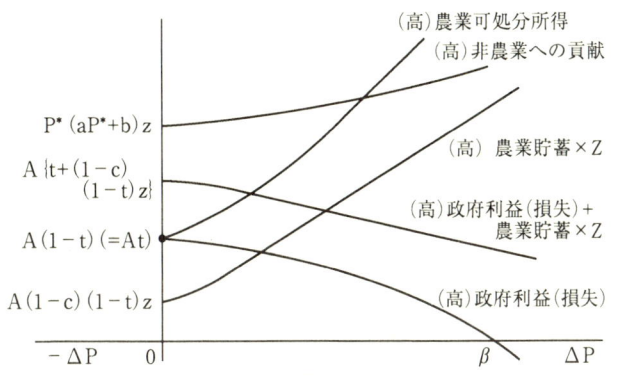

第4章　途上国の経済発展戦略としての農産物高価格政策と農工間資本移動　　81

図4-1　農産物高価格政策の効果

　上式の右辺の変数を△Pだけで表すには，△Xが△Pの関数であることを考慮しなくてはならない。そのために，次のような操作を行う。

　農産物の供給関数を直線で近似するものとして，それをX＝aP＋b（a＞0）と表すことにする。ただし，Xは農産物の生産量，Pは農産物の価格。

　この式より，X*＋△X＝a(P*＋△P)＋b ……………………………①

　また，X＝aP＋bを変形して，P＝(1/a)X－(b/a)。農家が利潤最大化行動をとるものとすると，右辺はdC(X)/dXを表す。

　したがって，C(X)＝(1/2a)X²－(b/a)X＋定数。

　なお，この定数は固定費用を表すから，以下ではこの定数をCfと表すことにする。

　さて，上のC(X)の式のXにX*＋△Xを代入し，さらにこのX*＋△Xの代わりに①の右辺を代入すると，

$$C(X^*+\Delta X) \rightarrow C(a(P^*+\Delta P)+b) = (1/2a)\{a(P^*+\Delta P)+b\}^2 -$$
$$(b/a)\{a(P^*+\Delta P)+b\} + Cf \cdots\cdots\cdots\cdots\cdots②$$

Y^Hの式に①，②を代入して計算すると，

$$Y^H = (a/2)\Delta P^2 + (aP^*+b)\Delta P + \{(a/2)P^{*2}+bP^*+(b^2/2a)-Cf\}$$

(2) 農業可処分所得

　農業部門の所得に対する平均税率をt（0＜t＜1）とすると，農産物高価格政

策の下での農業可処分所得は$Y^H(1-t)$ となる。

$$Y^H(1-t) = (a/2)(1-t)\Delta P^2 + (aP^*+b)(1-t)\Delta P + [\{(aP^*+b)^2/(2a)\}-Cf](1-t) \cdots\cdots\cdots ③$$

この式は、変数ΔPの2次関数であり、$(a/2)(1-t)>0$であるから、この2次関数は下に凸のグラフになる。

また、③をΔPで微分した式を0に等しいとおいて解くと、$\Delta P = -(aP^*+b)/a$となる。$aP^*+b>0$、$a>0$であるから、$-(aP^*+b)/a<0$。

それゆえ、このマイナスの数値で最小値となる農業可処分所得のグラフのうち、ΔP>0に対応する部分が、市場均衡価格を上回る農産物高価格の程度(つまりΔP)と、農業可処分所得の関係を表す。

ΔP=0のときの農業可処分所得＝$[\{(aP^*+b)^2/(2a)\}-Cf](1-t)$。

1−t>0であるから、この農業可処分所得の値が正負のどちらになるかは、[ ]内の正負による。

もし仮に、$Cf<(aP^*+b)^2/(2a)$とすると、ΔP=0に対応する農業可処分所得は正の値をとる。なお、ΔP=0とは、農産物価格政策を採用していないことを意味する。

以上から、農産物高価格政策を採用する場合の農業可処分所得の大きさは③で示され、また、ΔPが大きくなると、つまり高価格の程度が大きくなると農業可処分所得の大きさが大きくなることが分かった。そしてさらに、農業部門のCfがある一定の数値$[(aP^*+b)^2/(2a)]$以下の場合はどのような高価格でも農業可処分所得は正の値をとるが、上回る場合は高価格の程度が小さな範囲で農業可処分所得が負の値をとることがあることも分かった。③の右辺を0と等しいとした、ΔPに関する2次方程式の2つの根をα、β $(\alpha<\beta)$とすると、農業可処分所得が負の値をとるのは、ΔPが$0<\Delta P<\beta$の範囲にあるときである〔ただし、$Cf>(aP^*+b)^2/(2a)$の場合〕。

またさらに、ΔP=0のときの農業可処分所得と、ΔP>0のときのそれをグラフにより比較することによって、農産物高価格政策を採用する場合の方がしない場合に比べて農業可処分所得を大きなものにすることが確認できる。

(3) 農業貯蓄(金融を通じる移動資本)

　農産物高価格政策の下での，農業部門における貯蓄＝農業可処分所得－(農業部門における)消費，である。問題を簡単にするために，非農業部門の所得／国内所得＝z($0<z<1$)とし，農業部門の貯蓄のうち$100z$％の貯蓄の金額が金融機関を通じて非農業部門に貸し出されるとするなら，この農業貯蓄の金額(ただし正の数値)は(農産物高価格政策の下での)金融を通じる農業部門からの資本流出を表す。

　農業部門の消費額は，その限界消費性向をc($0<c<1$)とすると，$c \times$農業可処分所得$=cY^H(1-t)$。

　それゆえ，農業部門の貯蓄$\times z = \{Y^H(1-t) - cY^H(1-t)\}z = Y^H(1-t)(1-c)z = (a/2)(1-t)(1-c)z\Delta P^2 + (aP^*+b)(1-t)(1-c)z\Delta P + [\{(aP^*+b)^2/(2a)\} - Cf](1-t)(1-c)z$ ……………………………………④

　$(a/2)(1-t)(1-c)z>0$であるから，この2次関数は下に凸のグラフになる。また，④をΔPで微分した式を0に等しいとおいて解くと，$\Delta P = -(aP^*+b)/a$ (<0)

　$\Delta P=0$のときの(農業部門の)貯蓄$\times z=[\{(aP^*+b)^2/(2a)\}-Cf](1-t)(1-c)z$。

　$(1-t)(1-c)z>0$であるから，この貯蓄$\times z$の値(金融を通じる移動資本・資本流出)が正負のどちらになるかは，[　]内の正負による。

　以上から，農産物高価格政策を採用する場合の(金融による)資本流出の大きさは④で示され，また，ΔPが大きくなると，つまり高価格の程度が大きくなると資本流出の大きさは大きくなる。そしてさらに，農業部門のCfがある一定の数値$[(aP^*+b)^2/(2a)]$以下の場合はどのような高価格でも資本流出は正の値をとるが，上回る場合は高価格の程度が小さな範囲で資本流出が負の値をとることがある。④の右辺を0と等しいとした，ΔPに関する2次方程式の2つの根をα，β ($\alpha<\beta$)とすると，資本流出が負の値をとるのは，ΔPが$0<\Delta P<\beta$の範囲にあるときである〔ただし，$Cf>(aP^*+b)^2/(2a)$の場合〕。

　またさらに，$\Delta P=0$のときの資本流出と，$\Delta P>0$のときのそれをグラフにより比較することによって，農産物高価格政策を採用する場合の方がしない場

合に比べて資本流出を大きなものにすることが確認できる。

(4) 政府利益(あるいは損失)(財政を通じる移動資本)

　農産物高価格政策を行うことによる政府の利益(あるいは損失)は，(この政府による農業部門からの)税支払い額－(この政策による農業部門への)政府支出額，で求められる。もし，この政府利益(損失)の金額が正の数値になるならば，この金額は農産物高価格政策の下で政府に発生する利益の金額を表し，かつ農業部門からの資本流出の金額を表す。また逆に，負の数値になるならば，この金額は農産物高価格政策の下で政府に発生する損失の金額を表し，かつ農業部門への資本流入をも表す。

　政府利益(損失)＝$Y^H t - \Delta P(X^* + \Delta X) = (a/2)(t-2)\Delta P^2 - (aP^* + b)(1-t)\Delta P + [\{(aP^* + b)^2/(2a)\} - Cf]t$ ……………………………………⑤

　$a/2 > 0$，$t-2 < 0$であるから，ΔP^2の係数は負。したがって，この2次関数は上に凸のグラフになる。

　また，⑤をΔPで微分した式を0に等しいとおいて解くと，$\Delta P = (aP^* + b)(1-t)/|a(t-2)|$。$aP^* + b > 0$，$1-t > 0$，$a > 0$，$t-2 < 0$であるから，この$\Delta P$の値は負となる。

　$\Delta P = 0$のときの政府利益(損失)＝$[\{(aP^* + b)^2/(2a)\} - Cf]t$。

　$t > 0$であるから，この政府利益(損失)の値が正負のどちらになるかは，[　]内の正負による。

　以上から，農産物高価格政策を採用する場合の政府利益(損失)の大きさは⑤で示され，また，ΔPが大きくなると，つまり高価格の程度が大きくなると政府利益の大きさは小さくなる(あるいは政府損失の大きさは大きくなる)。そしてさらに，農業部門のCfがある一定の数値$[(aP^* + b)^2/(2a)]$を下回る場合は高価格の程度が小さな範囲で政府利益が発生し，その一定の数値以上の場合はどのような高価格でも政府損失が発生する。⑤の右辺を0と等しいとした，ΔPに関する2次方程式の2つの根をα，β ($\alpha < \beta$)とすると，政府利益が発生するのは，ΔPが$0 < \Delta P < \beta$の範囲にあるときである〔ただし，$Cf < (aP^* + b)^2/(2a)$の場合〕。

第4章 途上国の経済発展戦略としての農産物高価格政策と農工間資本移動　85

またさらに，$\Delta P=0$のときの政府利益（損失）と，$\Delta P>0$のときのそれをグラフにより比較することによって，農産物高価格政策を採用する場合の方がしない場合に比べて政府利益を小さなものにする（政府損失を大きなものにする）。

(5) 財政・金融を通じる移動資本

農業部門からの財政・金融を通じる移動資本は，政府利益（損失）＋農業貯蓄×Zの金額で示される。もし，この金額が正の数値になるならば，この金額は（農産物高価格政策の下での）財政・金融を通じる農業部門からの資本流出を表し，また逆に負の数値になるならば，農業部門への資本流入を表す。

政府利益（損失）＋農業貯蓄＝$(a/2)\{(t-2)+(1-c)(1-t)z\}\Delta P^2-(aP^*+b)(1-t)\{1-(1-c)z\}\Delta P+[\{(aP^*+b)^2/(2a)\}-Cf]\{t+(1-c)(1-t)z\}$ …⑥

$-2<t-2<-1$，$0<(1-c)(1-t)z<1$であるから，$-2<(t-2)+(1-c)(1-t)z<0$，そして$a/2>0$であるからΔP^2の係数は負。したがって，この2次関数は上に凸のグラフになる。

また，⑥をΔPで微分した式を0に等しいとおいて解くと，$\Delta P=(aP^*+b)(1-t)\{(1-z)+cz\}/[a\{(t-2)+(1-c)(1-t)z\}]$ ………………⑦

$aP^*+b>0$，$1-t>0$，$1-z>0$，$cz>0$より分子>0，また$a>0$と上記より分母<0，それゆえ⑦の右辺<0

$\Delta P=0$のときの，政府利益（損失）＋農業貯蓄×$z=[\{(aP^*+b)^2/(2a)\}-Cf]\{t+(1-c)(1-t)z\}$。

$\{t+(1-c)(1-t)z\}>0$であるから，この値が正負のどちらになるかは，[　]内の正負による。

もし仮に，$Cf<(aP^*+b)^2/(2a)$とすると，$\Delta P=0$に対応する，政府利益（損失）＋農業貯蓄は正の値をとる。

以上から，農産物高価格政策を採用する場合の財政・金融を通じる移動資本の大きさは⑥で示され，また，ΔPが大きくなると，つまり高価格の程度が大きくなると，財政・金融を通じる資本流出の大きさは小さくなる（あるいは資本流入の大きさは大きくなる）。そしてさらに，農業部門のCfがある一定の数

値〔$(aP^*+b)^2/(2a)$〕を下回る場合は高価格の程度が小さな範囲で資本流出が発生し，その一定の数値以上の場合はどのような高価格でも資本流入が発生する。⑥の右辺を0と等しいとした，ΔPに関する2次方程式の2つの根を α, β ($\alpha < \beta$) とすると，資本流出が発生するのは，ΔPが $0 < \Delta P < \beta$の範囲にあるときである〔ただし，$Cf < (aP^*+b)^2/(2a)$の場合〕。

またさらに，$\Delta P = 0$のときの，政府利益（損失）＋農業貯蓄×zと，$\Delta P > 0$のときのそれをグラフにより比較することによって，農産物高価格政策を採用する場合の方がしない場合に比べて資本流出を小さなものにする（資本流入を大きなものにする）。

(6) 非農業部門発展への貢献

農産物高価格政策は非農業部門の発展にどのような経済的貢献をするのだろうか。

まず，もし仮にこの政策の下で政府利益が発生するなら，その利益は非農業部門に（単純化して）政府利益×Zの金額が政府支出として支出される（農業部門には残余の金額が政府支出として支出される）ことを通じて非農業部門の発展に貢献する。逆に，政府損失が発生するなら，その損失のうち非農業部門は政府損失×Zの金額を負担しなくてはならない（同額の金額を徴収される）が，これはその分非農業部門の発展を阻害する。

また，前述のように，この政策の下で発生した農業貯蓄のうち非農業部門に貸し出される農業貯蓄×Zの金額が，非農業部門の発展資金として使用されることを通じて非農業部門の発展に貢献する。

さらに，この政策を農業部門が実行するときの投入財購入金額（＝農業部門の費用金額）のうちの（単純化して）100z％の金額と，農業可処分所得から生まれた消費財購入金額（＝農業部門の消費金額）のうちの（単純化して）100z％の金額が，非農業部門からの投入財と消費財の需要（あるいは販売収入）を増加させることを通じて非農業部門の発展に貢献する。

以上から，この政策の下での農業部門から非農業部門への経済的貢献は，｛政府利益（損失）＋農業貯蓄＋（農業部門の）消費＋（農業部門の）費用｝×zの

金額で表される。農業貯蓄＋(農業部門)の消費＝農業可処分所得であることを利用して計算すると，

　貢献額＝aP*zΔP+P*(aP*+b)z ……………………………………⑧

これは，傾きaP*z(＞0)，縦軸との切片がP*(aP*+b)z(＞0)の右上がりの直線を表す。

以上から，農産物高価格政策の採用は，採用しない場合に比べ農業部門の可処分所得を増加させるだけでなく，非農業部門の発展にもより大きな貢献をすることが明らかとなった。しかも，高価格の程度が大きくなればなるほど，その貢献の程度が大きくなるのである。なお，その貢献額の大きさは，⑧の金額で示される。

(7) 絶対的大きさの比較

以上，農産物高価格政策により，農工間において資本移動を中心とした貨幣および財の流れが増えるか減るか，および農産物高価格政策の経済発展に対する経済効果を考察したが，1から6の項目の増減は分かっても，それらの絶対的な大きさの比較の考察は後回しにされてきた。

それら項目の絶対的な大きさの大小関係は，ΔP＝0のときの数値，つまり縦軸との切片の座標を比較すればおおよそ知ることができる。

財政を通じる移動資本〔「政府利益(損失)」〕，金融を通じる移動資本〔「農業貯蓄×Z」〕，財政・金融を通じる移動資本〔「政府利益(損失)＋農業貯蓄×Z」〕の3つの切片の座標は，それぞれ共通して[｛(aP*+b)²/(2a)｝－Cf]の部分をもつので，t(財政)，(1－c)(1－t)z(金融)，(1－c)(1－t)z＋t(財政・金融)の大小を比較すればよい。

図4-2は，横軸に政策変数tをとって，これらの数値の大小関係を示したものである。この図より，税率tが大きくなるに従って，財政を通じる移動資本額と財政・金融を通じる移動資本額が大きくなること，またその大きさが接近することが分かる。ところが，金融を通じる移動資本額は，税率が0に近いところでは財政・金融を通じる移動資本と接近しているにもかかわらず，税率tが大きくなるに従って，金融を通じる移動資本額の大きさは小さくなっている。

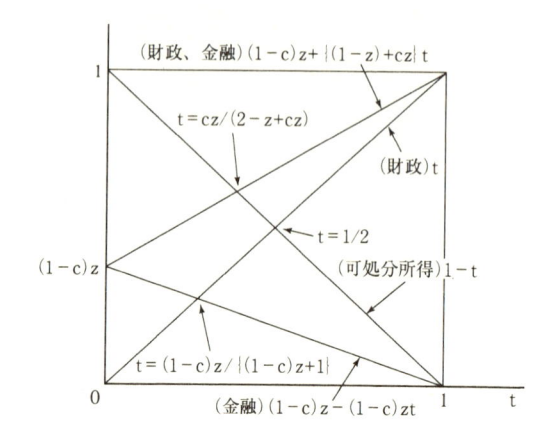

図4-2 絶対的大きさの比較

式と同図より，移動資本額の大きさは，税率tだけでなく限界消費性向c（あるいは限界貯蓄性向$1-c$）や，国内所得に占める非農業部門の所得の割合zにも依存していることが分かる。例えば，貯蓄性向の高い国では$(1-c)z$が大きくなることより，金融を通じる移動資本と財政・金融を通じる移動資本の大きさが大きくなることや，また途上国のように非農業部門の発展程度が低い国では$(1-c)z$が小さくなることより，逆に金融を通じる移動資本と財政・金融を通じる移動資本が小さくなることが分かる。

なお，財政を通じる移動資本の大きさは他の2つの移動資本とは異なって，限界消費性向cや非農業部門の所得割合zの大きさの影響を受けることはない。

4．結論

農産物高価格政策は，高価格の程度が大きくなるにつれ，農業可処分所得を大きくし，したがって非農業部門への金融を通じる資本移動の金額を大きくするが，財政を通じる資本移動の金額を小さくする政策であると言える。

さらにまた，農産物高価格政策は，高価格の程度が大きくなるにつれ，派生需要も考慮に入れた「非農業部門発展への貢献」を大きくする政策であるという点では，途上国の経済発展にとって有用な政策であると言える。

ただしかし，現実問題として，農産物高価格政策が実現可能であるかどうかは，政府によるこの政策の負担がどれだけ大きいかに依存する[3]。

$(aP^*+b)^2/(2a) > Cf$（固定費用）の場合は，ΔPがβまでの大きさなら，この政策により政府に利益が生まれるから問題ないが，$(aP^*+b)^2/(2a) > Cf$でΔPがβを超える場合や，$(aP^*+b)^2/(2a) < Cf$の場合は，高価格の程度が大きくなれば政府の負担が大きくなるので，その分実現可能性が下がってくる。

【注】

1) 文献〔2〕（本書，第1章）は独自の統一的な農工間資本移動概念を提出し，また文献〔5〕（本書，第6章）は農産物高価格政策と低価格政策が途上国の経済発展に与える影響を比較している。
2) 一般に価格が消費者に与える影響は文献〔3〕（本書，第12章）で，また農産物価格が消費者に与える影響は文献〔4〕（本書，第11章）で考察している。
3) 農産物高価格政策が実現可能であるかどうか，また好ましいかどうかは，政府の負担以外に，消費者，特に都市部の貧民に対する悪影響，インフレを助長する危険，農産物を輸出する場合の輸出競争力の低下などの問題をも視野に入れて判断する必要がある。そして，例えば，消費者に対する悪影響を回避するためには，政府が農民に対して高価格政策をとりながら，消費者に対しては低価格で販売する食管制度が必要になる。これらすべてを含む全体の損失と高価格政策が経済発展を促す利益の正確な比較考量（逆に，低価格政策による利益と損失の比較考量も）に関する分析は他の機会に譲りたい。

〔参考文献〕

〔1〕 Teng-hui Lee: "INTERSECTORAL CAPITAL FLOWS IN THE ECONOMIC DEVELOPMENT OF TAIWAN, 1895-1960", CORNELL UNIVERSITY, 1971.
〔2〕 山下景秋「二部門間資本移動の基礎概念と既往概念の問題点」，『農業経済研究』62 (4)，1991年。
〔3〕 山下景秋「経済学における消費者利益と損失の評価」，『政経論叢』（国士舘大学），78，1991年。
〔4〕 山下景秋「農業生産変動の経済的影響と価格介入」，『政経論叢』79，1992年。
〔5〕 山下景秋「途上国の経済発展と農産物価格政策」，『国際開発研究』2 (2)，1993年。

第5章
農工間資本移動における農産物高価格政策と低価格政策の比較

1. はじめに

　本章では，農業部門を中心とした農工間資本移動の考え方を用いて，一般に農産物価格政策が途上国のマクロ経済にどのような影響を与えるかを考察する。

　本章ではまず，農産物高価格政策と低価格政策の経済的効果を論じ，次に，この両価格政策が農工間資本移動の各ルートに対し，どのような影響の違いをもたらすかを詳しく論じて，途上国における望ましい農産物価格政策とは何かを探っていきたい。

2. 農産物高価格政策と低価格政策

(1) 農家の販売利益と政府の利益(損失)

　まず，農産物高価格政策と低価格政策は，政府部門と農業部門の2部門に，どのような利益や損失を与えるかを図によって示そう。

　図5-1は，横軸が農産物の生産量(＝農家の販売量＝政府の購入量) X を，また縦軸が農産物の販売・購入額，費用，利益・損失等を表している。原点から

（農産物生産の）総費用曲線$C(X)$と，その傾きが農産物の市場価格Pを表す直線が延びている。農家が農産物を自由市場に販売するのなら，直線Pと$C(X)$の間の縦方向の長さが，農家における農産物の販売利益を示す。

　もし，政府が農業に介入して，市場価格よりも高い価格$P+\Delta P$で農家から農産物を購入し，その農産物を消費者に市場価格Pで販売するのなら（農産物高価格政策），図中，$P+\Delta P$を表す直線とPを表す直線の間の，縦方向の長さは，この価格政策による政府の損失を示す。また，このとき，農家は政府に$P+\Delta P$の価格で農産物を販売するから，農家の販売利益は，直線$P+\Delta P$と$C(X)$の間の縦方向の長さで示される大きさとなる。

　しかし一方，政府が農家から市場価格よりも低い価格$P-\Delta P$で農産物を購入し，その農産物を市場価格Pで販売するのなら（農産物低価格政策），直線Pと直線$P-\Delta P$の間の縦方向の長さが政府の利益を表し，直線Pと$C(X)$の間の縦方向の長さが農家の販売利益を表す。

(2) 農産物価格政策による社会的利益

　このような農産物価格政策が政府部門と農業部門の双方に与える（損失をも含めたネットの）全体的利益を社会的利益と呼ぶとすれば，高価格政策であれ低価格政策であれ，これらの価格政策による社会的利益は，任意の特定の生産量においては，何ら異なるものではなく，共に価格介入をしない場合の農業部門の販売利益と同じ大きさになる。

　例えば，図5-1の生産量Xにおいて，高価格政策の社会的利益は，農家の販売利益がADの大きさであるのに対し，政府の損失がABの大きさなので，BD（$=AD-AB$）の大きさになる。また一方，低価格政策による社会的利益は，農家の販売利益がCDであり，政府の利益がBCなので，やはりBD（$=BC+CD$）の大きさになる。それゆえ，いずれにしろ，その社会的利益は，価格介入をしない場合の農業部門の販売利益BDと同一になる。

　であるとするなら，これらの価格政策が社会全体としては無意味であるのかというと，そうではない。なぜなら，実際には，農家が価格の高低に対応して生産量を調整するので，政策が異なれば生産量も異なるからである。

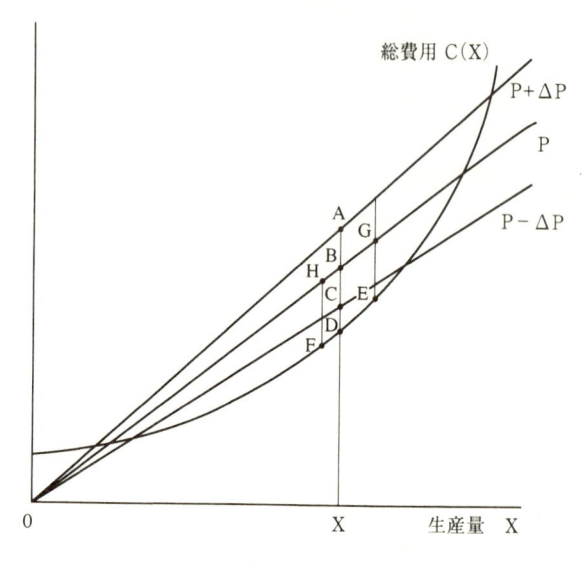

図5-1 農産物価格政策

　もし仮に，農家が利潤（販売利益）最大化の行動をとるとするなら，価格介入をしない場合は，$dC/dX=P$となる生産量（総費用曲線上のD点がそれに対応する点としよう）で，また高価格政策の場合は，$dC/dX=P+\Delta P$となる生産量（E点に対応）で，低価格政策の場合は，$dC/dX=P-\Delta P$となる生産量（F点に対応）で，それぞれ生産が決定される。
　たとえ農家が厳密な利潤最大化行動をとらないとしても，価格が高くなれば生産量を増やすのが普通なので，以下，利潤最大化行動を前提に議論を進めていっても大過はない。
　そうすると，高価格政策の場合の社会的利益はGEとなり，また低価格政策の場合の社会的利益はHFとなって，図より明らかに，GEやHFの大きさはBDよりも小さなものであることが分かる。すなわち，政府が農産物に対して上のような価格介入をすると，価格介入しない場合に比べて，社会的利益が減少するのである。

(3) 価格介入の目的

しかし，たとえそうであるとしても，価格介入の意義と目的は存在する。高価格政策によって農業部門の利潤を増やすことが可能になるし，また低価格政策によって政府部門の利益を増やすことが可能になるからである。

いま，より現実に近づけるために税金を考慮することにし，所得に対する税率を$t(0<t<1)$とすれば，価格介入をしない場合の農業利潤，つまり農業部門の利潤＝$\{PX-C(X)\}(1-t)$であり，また政府利益，つまり（農業部門からの）政府部門の利益＝$\{PX-C(X)\}t$，である。

ところが，高価格政策による農業利潤＝$\{(P+\Delta P)X-C(X)\}(1-t)=\{PX-C(X)\}(1-t)+\Delta P\cdot X\cdot(1-t)$であり，$\Delta P\cdot X\cdot(1-t)>0$（∵$0<t<1$）であることに加え，高価格政策の方が生産量$X$自身も大きくなるので，高価格政策は，価格介入をしない場合に比べ，農業利潤を増加させることが分かる[1]。

また，低価格政策による政府利益＝$\Delta P\cdot X+\{(P-\Delta P)X-C(X)\}t=\{PX-C(X)\}t+\Delta P\cdot X\cdot(1-t)$であり（ただし，$\Delta P\cdot X$は価格差による政府利益を表す），$\Delta P\cdot X\cdot(1-t)>0$なので，低価格政策は，価格介入をしない場合に比べ，同一の生産量においては，政府利益を増加させることが分かる[2]。

(4) 農産物高価格政策と低価格政策

次に，図を用いてもう少し両価格政策が農工間資本移動に与える影響の違いを探っておこう。

図5-2は，農産物高価格政策を図示したものである。

高価格政策による農業利潤＝$\{(P+\Delta P)X-C(X)\}(1-t)$を$X$で微分したものが0に等しいとすれば，$C'(X)=P+\Delta P$。また，高価格政策による政府損失（利益）＝$\{(P+\Delta P)X-C(X)\}t-\Delta P\cdot X$を$X$で微分したものが0に等しいとすれば，$C'(X)=P+\Delta P\cdot(t-1)/t$。さらに，この政府損失（利益）を表す式を2階微分して得られる$-C''(X)t$が，通常$C''(X)>0$であることよりマイナスなので，$C'(X)=P+\Delta P\cdot(t-1)/t$を満たす$X$で，政府損失は最小（政府利益は最大）になる。

そして，$(t-1)/t<0$（$\because 0<t<1$），$\Delta P>0$に注意すると，$P+\Delta P\cdot(t-1)/t<P<P+\Delta P$なので，政府損失が最小になる（政府利益が最大になる）生産量＜社会的利益が最大になる生産量[3]＜農業利潤が最大になる生産量，となる。

一方，図5-3は，農産物低価格政策を図示したものである。

低価格政策による農業利潤＝$\{(P-\Delta P)X-C(X)\}(1-t)$を$X$で微分したものが0に等しいとすれば，$C'(X)=P-\Delta P$。また，低価格政策による政府利益＝$\Delta P\cdot X+\{(P-\Delta P)X-C(X)\}t$を$X$で微分したものが0に等しいとすれば，$C'(X)=\Delta P\cdot(1-t)/t+P$。そして，$\Delta P\cdot(1-t)/t>0$により，$P-\Delta P<P<P+\Delta P\cdot(1-t)/t$。すなわち，農業利潤が最大になる生産量＜社会的利益が最大になる生産量＜政府利益が最大になる生産量，となる。

なお，図5-2・図5-3の双方において，税率tは一定だから，農業利潤が最大になるところで，この農業利潤から得られる税収も最大になる。

また，両図において，利子率と等しくなる農業利潤率の曲線が描かれてある。この意味は次の通りである。

例えば，図5-2の生産量X_0において，農業部門がCDの総費用を投じて，農業利潤がACだけ得られたことを示す。このとき，CDを分母とする分数の値が，利子率と等しくなる農業利潤の大きさをBCとすると，農業利潤率AC/CD＞利子率BC/CD，となる。これは，マクロ的に見れば，生産量X_0においては，金融機関に金融投資をして利子を獲得するよりも，農業生産に投資した方が得であることを意味する。それゆえ，この生産量X_0においては，金融機関を通じて農業部門から流出する資金は非常に小さな金額でしかない。

以上を踏まえたうえで，両価格政策を検討してみよう。

まず，図5-2だけから，例えば次のようなことが分かる。

そもそも農産物高価格政策は，政府が価格差による損失を払って，農業利潤をより拡大する政策であるが，この政策の負担は，生産が農業利潤最大点から政府損失最小点に向かって減ると軽くなる。もちろん，このとき農業利潤も減少する。それゆえ，農業利潤最大点と政府損失最小点は，農業利潤最大化と政府損失最小化の間のトレードオフを表す両端点となる。この両端点の外側の生産領域は，両者が共に悪化する領域なので，生産はこの両端点の内側の領域に

第5章　農工間資本移動における農産物高価格政策と低価格政策の比較　95

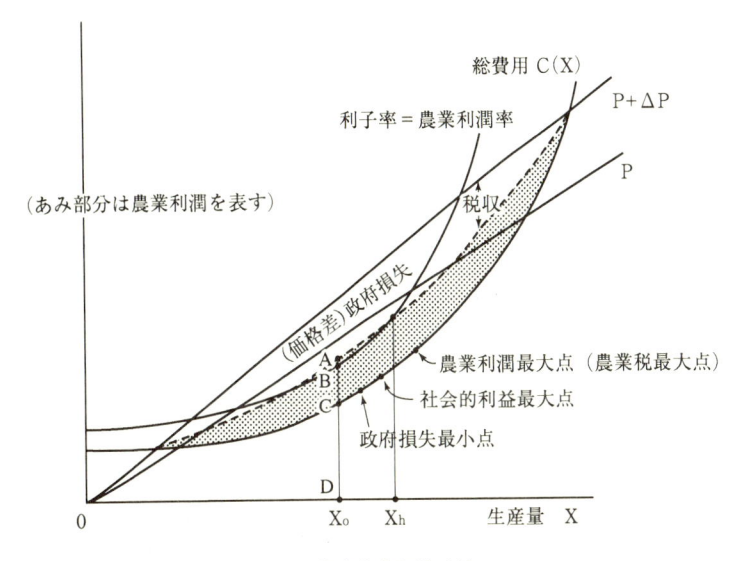

図5-2　農産物高価格政策

あることが好ましく，現に社会的利益の最大点は両端点の間に位置している。

とはいっても，農家の合理的な行動により，生産は農業利潤最大点近くに収束する傾向が大であろう。ところが，天候条件の改善などにより，生産が農業利潤最大点を超えれば，農業，政府両者の利益が減少するし，また天候条件の悪化などにより，生産が農業利潤最大点から政府損失最小点に向かえば，政府の負担は軽くなる。もし政府が，この政策による政府の負担を意図的に少しでも軽くしたいと考えるのなら，政府損失最小点に向けて，少なくとも社会的利益の最大点に向けて生産を減らす政策を同時に付加すればよい。

次に，図5-3だけからは，例えば次のようなことが指摘できる。

農産物低価格政策の目的が，これによる政府利益の増加にあるとするなら，政府利益の最大化を図るべく，肥料価格補助などの生産刺激策を同時に加えて（ただし，政府利益増＞肥料価格補助の負担，の限りにおいて），生産を農業利潤最大点より増やしてやればよい。

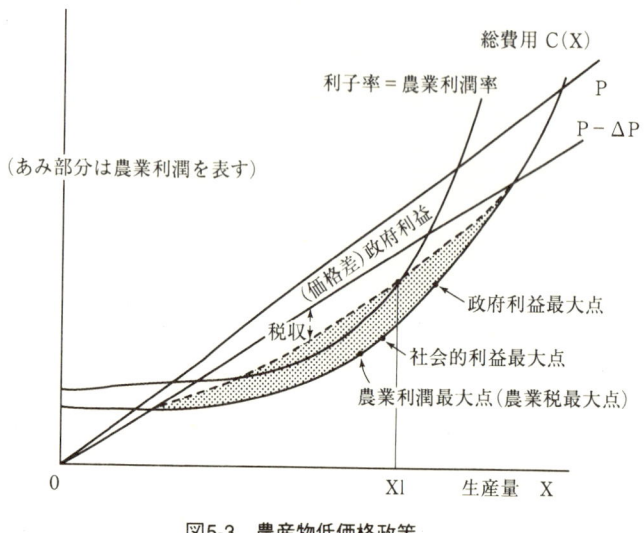

図5-3 農産物低価格政策

3. 農産物価格政策と農工間資本移動

(1) 費用曲線によるアプローチ

2.では供給曲線を使わず,もっぱら総費用$C(X)$を用いて論述してきた。この(1)では,引き続き総費用$C(X)$を用いて,農工間資本移動との関連を述べてみる。

まず,農産物高価格政策の方が低価格政策よりも,より多くの税収が可能になる,と言える。なぜなら,$P+\Delta P > P-\Delta P$より,$\{(P+\Delta P)X-C(X)\}t > \{(P-\Delta P)X-C(X)\}t$が成り立ち,加えて農産物高価格政策の方が生産量$X$自身も大きいからである。

ただ,価格差による政府の利益(損失)と税収の双方を考慮に入れた(ネットの)政府の利益(損失)の大小関係については,ふつう高価格政策の場合は政府の損失が存在すると思われるので,低価格政策による政府の利益の方が大きいと考えられるものの,いつでもこれが言えるわけではない。なぜなら,P,ΔP,X,$C(X)$,tの値のとる範囲によっては,高価格政策の政府利益$\{(P+\Delta P)X-C(X)\}t-\Delta P\cdot X$と,低価格政策の政府利益$\{(P-\Delta P)X-C(X)\}t+\Delta P\cdot$

第5章 農工間資本移動における農産物高価格政策と低価格政策の比較　97

Xの大小関係が変わるからである。

以上のことから，少なくとも農産物高価格政策は，価格差による政府の負担によって，低価格政策よりも大きい税収を可能にする政策であると言えるが，これらの政策によって結局のところ財政を通じて農業部門に資本の流入・流出があるか，この段階で確定的なことは言えないことになる。

次に，金融を通じる農工間資本移動はどうか。

図5-2より，高価格政策のときは，豊作によって生産がXhを超えると，利子率＞農業利潤率となるので，次の期には農業から金融を通じる資本流出が急増する可能性がある。低価格政策のときも，図5-3より生産がXlを超えると同様のことが言える。

なお，Xh＞Xlなので，低価格政策のときは，高価格政策のときより相対的に少ない生産量の範囲で，金融を通じる資本流出が発生する。

(2) 供給曲線によるアプローチ

(1)では総費用$C(X)$を使うのみで供給曲線を用いなかったが，この(2)では総費用$C(X)$に加えて，もっぱら供給曲線を使用することによって，農産物価格政策と農工間資本移動との関連を考察する。なお，以下では農産物低価格政策のみを対象に議論を展開していくが，高価格政策のときも同様に考えればよいので，こちらの詳しい説明は省略する。

さて，そもそも一般に，狭義の農工間資本移動C_T①＝F^o－F^i＝(F^iⒼ＋F^iⓈ)－(F^oⒼ＋F^oⓈ)[4]。

ただし，F^oは，財やサービスの動きを伴わない農業部門からの貨幣の流出額，つまり財政・金融を通じる貨幣の流出額。F^iは，財やサービスの動きを伴わない農業部門への貨幣の流入額，つまり財政・金融を通じる貨幣の流入額。F^iⒼは，財の動きを伴う農業部門への貨幣の流入額，つまり非農業部門への財の販売額。F^iⓈは，サービスの動きを伴う農業部門への貨幣の流入額，つまり非農業部門へのサービスの販売額。F^oⒼは，財の動きを伴う非農業部門への貨幣の流出額，つまり非農業部門からの財の購入額。F^oⓈは，サービスの動きを伴う非農業部門への貨幣の流出額，つまり非農業部門からのサービス

の購入額。

一般に，政府が農産物市場に価格介入をすると，これによって農工間資本移動が影響を受けて変化する。

つまり，$\Delta F^o - \Delta F^i = \Delta F^i ⓖ - \Delta F^o ⓖ$（ただし，$\Delta F^i ⓢ = \Delta F^o ⓢ = 0$とする）。

もし政府が，市場均衡価格よりも人為的に低い価格を生産者に設定する，農産物低価格政策を採用するなら，上の式は具体的には次のようになる。

農業部門において，

（税支払い減少額＋貯蓄減少額）－農業部門への政府支出減少額＝非農業部門（政府部門）への販売減少額－非農業部門からの投入財・消費財購入減少額，となる。

なお，上式において貯蓄は全量，金融機関に預貯金されたものとする。

以上を踏まえたうえで，次に需給両関数に基づけば，農産物低価格政策が農工間資本移動にどのような影響を与えるかを，数式を用いて検討してみよう。

いま，需要関数を$X^d = GP^{-\delta}$，供給関数を$X^s = HP^\gamma$とする（ただし，δ，γは価格弾力性）。

〔このとき，市場均衡価格$P = (G/H)^{\frac{1}{\gamma+\delta}}$，また，市場均衡需給量$X = (G^\gamma/H^{-\delta})^{\frac{1}{\gamma+\delta}}$〕

さて，いまここで問題にしている農産物低価格政策の下では，介入後の価格$P' = P - \Delta P (\Delta P > 0)$であり，介入価格に対応する生産量（＝政府購入量）$X' = H(P - \Delta P)^\gamma$である。

このとき，販売（収入）減少額＝$PX - P'X' = PX - H(P - \Delta P)^{\gamma+1}$

また，総費用関数を$C(X)$とすると，投入財購入減少額＝費用減少額＝$C(X) - C(X') = C(X) - C(H(P - \Delta P)^\gamma)$

それゆえ，利潤＝所得とするなら，所得減少額$\Delta Y (\Delta Y < 0)$＝利潤減少額＝販売減少額－費用減少額＝$PX - H(P - \Delta P)^{\gamma+1} - \{C(X) - C(X')\}$

次に，税率を$t(0 < t < 1)$とすると，税支払い減少額＝$t \cdot \Delta Y$

また，限界消費性向を$c(0 < c < 1)$とすると，消費財購入減少額＝消費減少

額＝c×可処分所得減少額＝$c(\Delta Y - t \cdot \Delta Y) = c(1-t)\Delta Y$

それゆえ，貯蓄減少額＝所得減少額－消費減少額－税支払い減少額＝$(1-c+ct-t)\Delta Y$

さらに，政府支出減少額（＝低価格政策による政府の利益）＝$\Delta P \cdot X' = \Delta P \cdot H(P-\Delta P)^{\gamma}$

以上から，農産物低価格政策の影響を受けて変化する農工間資本移動は次のように表される。

- 財政・金融を通じる移動資本の変化量$(\Delta F^o - \Delta F^i) = (1-c+ct)[PX - H(P-\Delta P)^{\gamma+1} - \{C(X) - C(X')\}] - \Delta P \cdot H(P-\Delta P)^{\gamma}$

 ただし，$X' = H(P-\Delta P)^{\gamma}$

- 財・サービスの移動による移動資本の変化量$(\Delta F^i ⓖ - \Delta F^o ⓖ) = (1-c+ct)[PX - H(P-\Delta P)^{\gamma+1} - \{C(X) - C(X')\}]$

なお，同様に考えれば，農産物高価格政策では次のようになる。

- 財政・金融を通じる移動資本の変化量$(\Delta F^o - \Delta F^i) = (1-c+ct)[H(P+\Delta P)^{\gamma+1} - PX - \{C(X'') - C(X)\}] - \Delta P \cdot H(P+\Delta P)^{\gamma}$

 ただし，$X'' = H(P+\Delta P)^{\gamma}$

- 財・サービスの移動による移動資本の変化量$(\Delta F^i ⓖ - \Delta F^o ⓖ) = (1-c+ct)[H(P+\Delta P)^{\gamma+1} - PX - \{C(X'') - C(X)\}]$

4．結　論

農産物高価格政策および低価格政策の価格介入政策が，価格介入をしない場合に比べ，農業部門と工業部門と政府部門の3者にどのような変化をもたらし，また農工間資本移動のどのルートにどのような影響をもたらすか，その主要なポイントを以下にまとめておく。

① 農産物高価格政策は，介入しない場合に比べ，農業部門の利潤を$H(P+\Delta P)^{\gamma+1} - PX - \{C(X'') - C(X)\}$だけ増加させる〔ただし，$X' = H(P+\Delta P)^{\gamma+1}$〕。

　一方，農産物低価格政策は，農業部門の利潤を$PX - H(P-\Delta P)^{\gamma+1} - \{C$

$(X) - C(X')$｝だけ減少させる〔ただし，$X' = H(P-\Delta P)^{\gamma}$〕。

② 農産物高価格政策は，投入財の購入を$C(X'') - C(X)$だけ増やし，また消費財の購入を$c(1-t)$〔$H(P+\Delta P)^{\gamma+1} - PX - \{C(X'') - C(X)\}$〕だけ増やすことによって，両者の合計額だけ工業部門への需要を増やすので，工業部門の利潤を増加させる可能性が高い。

　一方，農産物低価格政策は，投入財の購入を$C(X) - C(X')$だけ減らし，また消費財の購入を$c(1-t)$〔$PX - H(P-\Delta P)^{\gamma+1} - \{C(X) - C(X')\}$〕だけ減らすことによって，両者の合計額だけ工業部門への需要を減らすので，工業部門の利潤を減少させる可能性が高い。

③ 農産物高価格政策による政府の損失$\Delta P \cdot X''$は，この政策による農業部門からの税収増t〔$H(P+\Delta P)^{\gamma+1} - PX - \{C(X'') - C(X)\}$〕と，②による工業部門からの税収増によって減殺される。

　一方，農産物低価格政策による政府の利益$\Delta P \cdot X'$は，この政策による農業部門からの税収減t〔$PX - H(P-\Delta P)^{\gamma+1} - \{C(X) - C(X')\}$〕と②による工業部門からの税収減によって減殺される。

④ 農産物高価格政策は，財政を通じる移動資本$t \cdot Y$（Yは農業部門所得）を税支払い増加額$t \cdot \Delta Y$（$\Delta Y > 0$）だけ増加させるが，価格差も含めたネットの政府損失が増加する（図5-2において，$X + \Delta X$は[5]，政府損失最小点よりも右にあるから）ので，農業部門への財政を通じる移動資本が増加する。

　一方，農産物低価格政策は，財政を通じる移動資本$t \cdot Y$を税支払い減少額$t \cdot \Delta Y$（$\Delta Y < 0$）だけ減少させるが，価格差も含めたネットでは非農業部門（政府部門）への流出が減る。

⑤ 農産物高価格政策は貯蓄を$(1-c+ct-t)$〔$H(P+\Delta P)^{\gamma+1} - PX - \{C(X'') - C(X)\}$〕だけ増加させることによって，金融を通じる工業部門への移動資本（資金）を増加させる可能性を高める[6]。

　一方，農産物低価格政策は，貯蓄を$(1-c+ct-t)$〔$PX - H(P-\Delta P)^{\gamma+1} - \{C(X) - C(X')\}$〕だけ減少させることによって，金融を通じる工業部門への移動資本（資金）を減少させる可能性を高める[6]。

以上を踏まえると，結局途上国の発展戦略としての農産物価格政策は，低価

格政策より高価格政策の方が好ましいように思われる[7]。なぜなら，農産物高価格政策は，途上国自身の飢えの問題を軽減し，また国民の大多数を占める農民の生活水準を上げることはもちろん，農業利潤の上昇を通じて工業部門の発展を需要面から刺激すると同時に，財政・金融の2つのルートによって工業部門の生産を支える資金供給を増加させるからである。

【注】

1) なお，(同一の生産量においては)高価格政策によって政府利益は減少する(普通は政府損失が発生する)。というのは，高価格政策による政府損失(利益)＝税収－(価格差による)政府損失＝ $\{(P+\Delta P)X-C(X)\}t-\Delta P\cdot X=\{PX-C(X)\}t+\Delta P\cdot X\cdot(t-1)$ であり，$\Delta P\cdot X\cdot(t-1)<0$ だからである。

2) なお，低価格政策によって農業利益は減少する。というのは，低価格政策による農業利益＝ $\{(P-\Delta P)X-C(X)\}(1-t)=\{PX-C(X)\}(1-t)-\Delta P\cdot X\cdot(1-t)$ であり，$\Delta P\cdot X\cdot(1-t)>0$ であることに加え，低価格政策の方が生産量Xの自身も小さくなるからである。

3) (高価格政策による)社会的利益＝農業利潤＋政府損失(利益)＝ $\{(P+\Delta P)X-C(X)\}(1-t)+\{(P+\Delta P)X-C(X)\}t-\Delta P\cdot X=PX-C(X)$。

　よって，社会的利益が最大になる生産量は，$C'(X)=P$ を満たすX。この生産量Xは，価格介入をしない場合の，農業利潤が最大になる生産量とちょうど等しい。

4) 拙稿「二部門間資本移動の基礎概念と既往概念の問題点」(『農業経済研究』〔岩波書店発行〕第62巻第4号。本書，第1章)参照。

5) このXは，図5-2の社会的利益最大点に対応するX。この生産量Xは，価格介入をしない場合の，農業利潤が最大になる生産量。注4)参照。また，ΔX は ΔP により変化する生産量を表す。

6) これが実際に農外への流出の増減につながるかどうかは，農業利潤率と利子率の大小関係にもよる。高(低)価格政策により農業利潤率が上(下)がれば，そのぶん流出増(減)が減殺される。

7) 第4章，注3)参照。

第6章
農工間資本移動と農産物価格政策の関係についての図形的考察

1．はじめに

　基本的に農業経済社会である途上国においては，政府が農業部門から資金を吸収する介入政策をとることが多い。

　その1つに，かつての台湾や社会主義諸国，そして現在のアフリカ諸国で見られるように，政府が農業部門から低価格で農産物を買い取り，それを買い取り価格よりも高い価格で消費者に売るという農産物価格政策がある。この価格政策は，両価格の差を政府の利益とし，これを財源にして工業発展を図ろうとするものである。

　本章は，このいわば農業部門を搾取する農産物低価格政策が，農業発展ばかりか工業発展をも阻害しがちになることを，この価格政策が農工間資本移動に与える影響をも視野に入れながら示し，さらに，食糧不足の途上国では，むしろ食管制度で代表されるような農産物高価格政策の方が有効であることを示そうとするものである。

2．方法的準備

本論に入る前に，ここで使用される筆者独自の分析道具の説明をしておかなくてはならない。

わざわざ以下で述べる分析道具を使う理由は2つある。その1つは，筆者自身は，通常のミクロ理論が前提する，個々の経済主体が価格に対して合理的に行動するという仮定が，現実には成り立っていない，とりわけ途上国ではそうであると考えているからである[1]。そして2つ目は，図形的考察を容易にするためである。

図6-1を見て頂きたい。生産量X_0において，総費用$C(X_0)$をX_0で除した平均費用$C(X_0)/X_0$をその高さとする点をAとする。このとき，点Aと原点0を2つの頂点とする長方形の面積は，総費用$C(X_0)$を表している。

次に，A点を通る反比例の曲線を描くと，反比例曲線の性質により，例えば生産量X_1において，元の総費用$C(X_0)$を，点Bと原点0を2つの頂点とする長方形の面積で表すことができる。

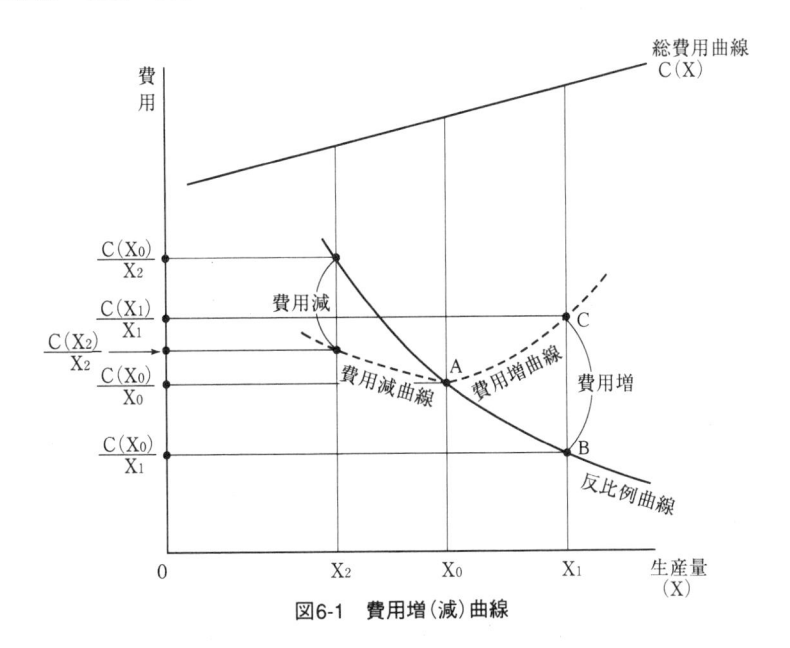

図6-1　費用増（減）曲線

ところで，生産量X_1における平均費用$C(X_1)/X_1$の大きさが，C点の高さで表されているとするなら，X_1における総費用$C(X_1)$は，点Cと原点Oを2つの頂点とする長方形の面積で表される。

それゆえ，2つの長方形の面積の差，つまりBCを縦の長さとする長方形の面積は，生産量がX_0からX_1へ増えるときの総費用の増加を示している。

X_0からさまざまな生産量まで生産が増えたときの総費用の増加を，C点を含むさまざまな点として示すことができる。これら諸点を結ぶ曲線を，ここでは費用増曲線と称しておく。

全く同様にして，X_0から生産が減るときの総費用の減少を費用減曲線として示すことができる。

3. 農産物低価格政策

(1) 農産物市場(農業部門)

途上国政府が農産物市場に介入して，均衡価格P_0より低い生産者価格P_1で農産物を買い取り，これをP_0の価格で消費者に売るとした場合の，農産物低価格政策の効果をここで考えることにする(図6-2参照)。

このとき，P_1の価格に対応する生産量X_1だけ政府が農産物を買い取るなら，この価格政策による政府の利益は，図中，右上りの斜線を施した長方形の面積に相当するものとなる。

一方，この政策による農業部門の利潤減は，図中，あみ部分の長方形の面積に相当するものとなる。これは次のように考えて導かれる。

X_0における平均費用の大きさをA点の高さで示し，A点を通る反比例曲線と費用減曲線を描く。次に，均衡点Eを通る反比例曲線を描き，さらに，反比例曲線1と費用減曲線1の間の縦方向の長さ＝反比例曲線2と費用減曲線2の間の縦方向の長さ，となるように，E点から費用減曲線2を描く。

こうすると，この価格政策による農業部門の収入減は，図中収入減と示された縦の長さを1辺とする長方形の面積に相当し[2)]，また費用減は，図中費用減と示された縦の長さを1辺とする長方形の面積に相当するものとなるので，利

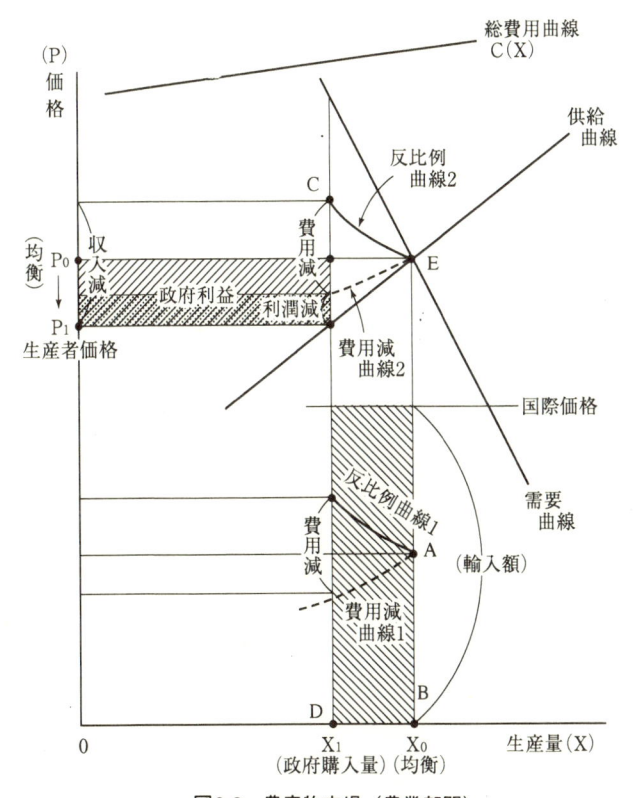

第6章 農工間資本移動と農産物価格政策の関係についての図形的考察　　105

図6-2　農産物市場（農業部門）

潤減は図中あみ部分の長方形の面積に相当するものとなる。

　この図は，費用減曲線2が農産物の供給曲線よりも上にある限り，このような価格政策によって農業部門の利潤が減少することを示している。

　一定の生産者価格P_1のもとでは，費用減の程度が小さくなればなるほど，利潤減の程度は大きくなり，供給曲線が価格に対して非弾力的になればなるほど，利潤減の程度が大きくなる一方，政府利益がより大きなものとなる。

　通常は，この価格政策によって農業部門の利潤は減少するだろうと考えられるが，図から分かるように，もし費用減の程度が大きかったり，供給曲線が価格に対して弾力的であるときは，この価格政策によって利潤増の可能性すらあり，また政府の利益が意外に小さなものでしかない可能性もあることに注意し

なければならない。

(2) 投入財市場，消費財市場

農産物低価格政策は，農業部門における農業生産の費用を減少させ，そして通常，利潤をも減少させる。

価格政策のこのような効果が，農業部門にとどまらず，非農業部門にも波及していくことは言うまでもない。農業部門の費用の減少は，農業生産のための投入財需要の減少を意味し，また農業部門の利潤の減少は，農業部門からの消費財需要の減少を結果するからである。

ここでは，この投入財や消費財の生産はもっぱら非農業部門でなされるものとし，これら両市場を図6-3で表す。

図中E点は，政府が農業物市場に価格介入する以前の，投入財市場の，あるいは消費財市場の均衡点を表し，P_0はそれら市場の均衡価格，X_0は均衡需給量を表す。

また，既述したことと同様に考えて，投入財あるいは消費財の生産量X_0における平均費用の大きさをその高さとする，X_0の垂線上の点から反比例曲線1と，費用増曲線1および費用減曲線1を描く。そしてさらに，E点を通る反比例曲線2を描き，次に，費用増曲線1ないし費用減曲線1と反比例曲線1の間の縦方向の長さ＝費用増曲線2ないし費用減曲線2と反比例曲線2の間の縦方向の長さ，となるように費用増曲線2ないし費用減曲線2を描く。

このとき，需給均衡点がE点から，例えばB点に移るということは，これによって利潤（投入財の場合は報酬。以下略）が減少することを意味する。なぜなら，この場合，費用増が収入増を上回っているからである。

同様に考えれば，E点からA点への移行は利潤増（収入増＞費用増より）を，またE点からC点への移行は利潤減（収入減＞費用減より）を意味する。

つまり，E点を初期の均衡点とするとき，これら市場に利潤増がもたらされるためには，新たなる均衡点が，X_0よりも右では費用増曲線2の上の領域にくるように，またX_0よりも左では費用減曲線2の上の領域にくるように，需要曲線と供給曲線がシフトしなくてはならない。

第 6 章　農工間資本移動と農産物価格政策の関係についての図形的考察　107

図6-3　投入財市場，消費財市場

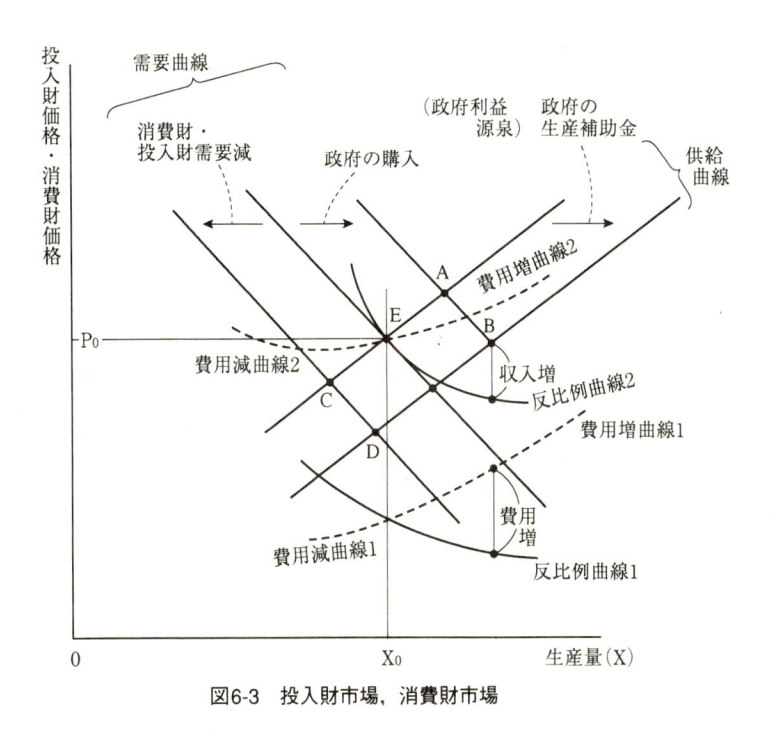

　さて，いまここで問題にしている農産物低価格政策は，農業部門からの投入財および消費財の需要を，通常減少させると考えられるから，需要曲線を左にシフトさせる。

　一方，この価格政策によって発生する政府利益を源泉にして，政府が工業部門に生産補助を与えるなら，ここで問題にしている投入財と消費財の供給曲線が右にシフトすることになり，新たなる均衡点は図中D点で示されるものとなるので，これら両市場に（したがって工業部門に）利潤減がもたらされることになるだろう。

　しかし，もし政府が，投入財と消費財の需要の減少を相殺する以上に，政府利益をこれらの財の購入に充てるなら，これら両市場に利潤増がもたらされる可能性もあるだろう。

(3) 農産物低価格政策の効果

結局，このような農産物低価格政策の効果は，農産物の需要曲線とは何ら関係なく，問題としている農業生産の領域に対応する，農業の総費用曲線と農産物の供給曲線の形状，さらには政府利益の処分の仕方に依存する。

すなわち，農業生産が減少するときの費用減の程度が小さく，かつ農業の供給曲線が価格に対して非弾力的であれば，この価格政策による直接的なネットの利益（＝政府利益－農業の利潤減）の，政府利益に対する割合が小さなものとなり，極端な場合にはネットの利益がマイナスにさえなる。

さらには，農産物の均衡需給量X_0と政府による購入量X_1の差$X_0 - X_1$だけ農産物を輸入するなら，図6-2において右下りの斜線で示した長方形の面積で示される額をネットの利益から減ずる必要がある。

そればかりか，工業部門が生産する投入財や消費財への波及効果を間接効果として考慮に入れると，政府がこの価格政策による政府利益をこれらの財の購入に充てて，これによって工業発展を図るのならまだしも，工業部門への生産補助金として支出するなら，工業部門は一方で補助金を手に入れても，他方で利潤減に見舞われることになる。

もし，こうして農業部門や工業部門において利潤減の事態になれば，これに対応して税収減になることにも注意を払わねばならない。

いずれにしてもこう考えれば，農産物低価格政策による政府の利益は，経済全体に対する効果を考えると，各部門の利潤減や税収減や農産物輸入額の分だけ減殺されるか，あるいはマイナスにさえなる可能性があるのである。

4. 農産物高価格政策

(1) 農産物市場

ここでは逆に，食管制度による二重価格制を例に，農産物高価格政策の効果を検討する。ただし，分析を簡単にするために，農家の自己消費はなく，生産された農産物の全量を政府に販売するものとする。

図6-4の中のE点は，政府が介入する前の需給均衡点を示し，P_0は均衡価格，

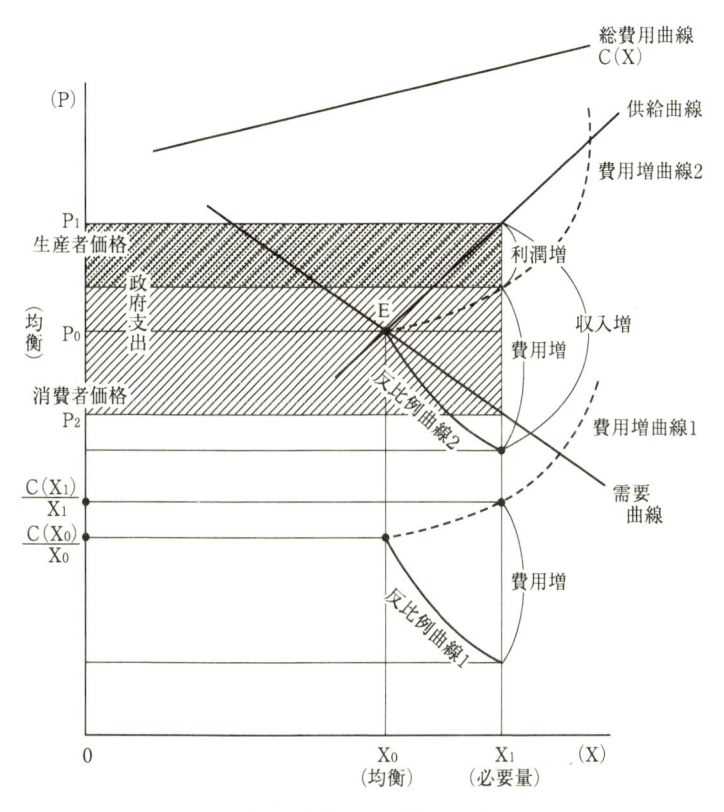

第6章 農工間資本移動と農産物価格政策の関係についての図形的考察　109

図6-4　農産物市場（農業部門）

X_0 は均衡需給量を示している。

　ここで政府が，消費者にとっての農産物必要量 X_1 をちょうど生産する生産者価格 P_1 と，消費者が X_1 をちょうど購入できる消費者価格 P_2 を設定したとする。

　この二重価格制に対する政府支出の大きさは，図中右上りの斜線を施された長方形の面積に相当する。

　一方，この価格政策によって，通常農業部門の利潤は増加するが，これは供給曲線が費用増曲線2よりも上にあることを意味する。

　もし費用増の程度が小さければ，利潤増の程度が大きくなり，また供給曲線が価格に対して非弾力的であれば，それだけ政府支出に対する利潤増の割合が

大きくなることは，図から明らかである。

しかし逆に，費用増の程度が大きく，かつ供給曲線が価格に対して弾力的な場合，この価格政策によって農業部門の利潤が減少する可能性もないではない。

(2) 投入財市場，消費財市場

図6-5の中のE点は初期の均衡点を示している。もし均衡点がE点から，費用増曲線2よりも上の領域のどこかの点にまで移行すれば，これらの財の生産における利潤が増加することになる。

利潤が増加することになるかどうかは，需要・供給両曲線のシフトの程度や，両曲線それぞれが価格に対してどれだけ弾力的か，その程度に依存する。

短期的には農業部門からの投入財の需要が，そしてやや時間が経過した後，消費財の需要が増加する。このとき，供給曲線が非弾力的ならなお一層，両財の生産における利潤増が大きくなる。

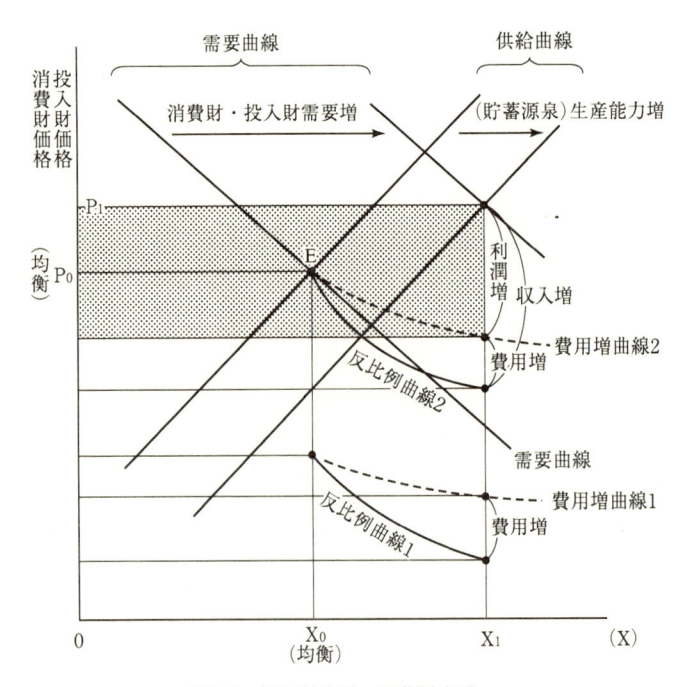

図6-5 投入財市場，消費財市場

しかし長期的には，農業部門で発生した貯蓄を源泉にして，これらの財の生産能力増が図られるなら，需要曲線が非弾力的ならなお一層，両財の生産における利潤増が小さなものとなるか，利潤減の事態に見舞われる。

(3) 農産物高価格政策の効果

農産物高価格政策は，農業部門に通常利潤増をもたらすばかりか，投入財生産における利潤増を発生させ，さらに消費財に関わる利潤増をもたらす可能性が高い。この結果，この価格政策によって農・工両部門から税収が増加すると同時に，農・工両部門に貯蓄増をもたらす。

それゆえ，この価格政策に関わる政府支出の金額は，少なくともこれらの税収増によって減殺される。さらに，これら各部門ないし市場の利潤増と，この価格政策によって農産物の輸入を節約した場合の節約額を社会的利益として考慮に入れると，それだけ政府支出による社会的損失は減殺されることになる。

5．農工間資本移動

(1) 農業部門からの移動資本

農工間の資本移動を農業部門からの資本移動の視点から考えると，その移動資本は次のように表される[3]。

$$\text{移動資本} = F^o - F^i = (F^i\text{Ⓖ} + F^i\text{Ⓢ}) - (F^o\text{Ⓖ} + F^o\text{Ⓢ}) \quad \cdots\cdots\cdots\text{①}$$

ただし，

F^o は，（財やサービスの動きを伴わない農業部門からの）貨幣の流出。

F^i は，（財やサービスの動きを伴わない農業部門への）貨幣の流入。

$F^i\text{Ⓖ}$ は，財の動きを伴う貨幣の流入。

$F^i\text{Ⓢ}$ は，サービスの動きを伴う貨幣の流入。

$F^o\text{Ⓖ}$ は，財の動きを伴う貨幣の流出。

$F^o\text{Ⓢ}$ は，サービスの動きを伴う貨幣の流出。

(2) 農産物価格政策と農工間資本移動

ここで考えている価格政策は，農産物という財の生産に関わるものである。それゆえ，この価格政策が農工間資本移動に与える影響を考える場合においては，サービスの動きへの直接的影響は考える必要がない。

そうすると，この価格政策によって，貨幣のみの流出額，流入額が，それぞれ ΔF^o，ΔF^i だけ変化し，また財の動きを伴う貨幣の流入額，流出額が，それぞれ ΔF^iⓖ，ΔF^oⓖだけ変化することになる。

この価格政策を実施した後も，移動資本に関する等式が成り立つから，
$(F^o + \Delta F^o) - (F^i + \Delta F^i)$
$= \{(F^i$ⓖ$ + \Delta F^i$ⓖ$) + F^i$ⓢ$\} - \{(F^o$ⓖ$ + \Delta F^o$ⓖ$) + F^o$ⓢ$\}$ ………②
②から①を辺々減じると，
$\Delta F^o - \Delta F^i = \Delta F^i$ⓖ$ - \Delta F^o$ⓖ，が成り立つ。

この式は，ここでは具体的には次のことを意味する。
(農業部門の貯蓄変化額＋農業部門の税収変化額) − 農業部門への政府支出変化額＝非農業部門(政府部門)への農産物販売変化額 − (非農業部門からの投入財購入変化額＋非農業部門からの消費財購入変化額)

(3) 農産物低価格政策と高価格政策

農産物低価格政策を実施すると，通常農工間資本移動は次のようになるであろう。
(貯蓄減＋税収減) − 農業部門への政府支出減
＝非農業部門への農産物販売減 − 非農業部門からの投入財・消費財購入減。

一方，農産物高価格政策においては次のようになるであろう。
(貯蓄増＋税収増) − 農業部門への政府支出増
＝非農業部門への農産物販売増 − 非農業部門からの投入財・消費財購入増。

6. 結 論

① 農産物低価格政策は，農業部門の利潤を減少させるばかりか，工業部門

への需要減を通じて工業部門の利潤を減少させる可能性が高い。
② 農産物低価格政策による政府の利益は，各部門からの税収減によって減殺される。
③ 農産物低価格政策は，農業部門の貯蓄を減少させることによって，農業部門から工業部門への金融を通じる資本（資金）移動を減少させる。
④ 農産物低価格政策は，農業部門から工業部門への財政を通じる資本（資金）移動が本来大きいものであるが，この政策による農業部門からの税収減はこれを減殺させる。
⑤ 農産物低価格政策は輸入を余儀なくさせる可能性がある。
⑥ 農産物高価格政策の効果は，概ね農産物低価格政策とは逆である。
⑦ それゆえ，途上国の経済発展にとっては，農産物低価格政策よりも，農産物高価格政策の方が好ましいと考える[4]。

【注】
1) したがって筆者は余剰概念を使用しない。とりわけ消費者余剰概念には問題が多いと考えるからである。拙稿「経済学における消費者利益と損失の評価」（『政経論叢』，国士舘大学政経学会，平成3年第4号。本書，第12章）は，価値の視点からこの問題点を指摘し，これに代わって消費者利益を測るささやかな試みを提出した。
2) E点を通る反比例の曲線は，X_0における総収入（EBとBOを2辺とする長方形の面積）と同じ総収入の大きさを，X_1において示す（CDとDOを2辺とする長方形の面積）ためのものである。
3) 拙稿「二部門間資本移動の基礎概念と既往概念の問題点」（『農業経済研究』，岩波書店，第62巻4号，1991年。本書，第1章）参照。なお，拙稿「戦前日本の農工間資本移動とその推計」（『産能短期大学紀要』第23号，1990年。本書，第2章）と「日本の経済発展と農工間資本移動（Ⅰ）。本書，第2章」（『政経論叢』，平成4年第4号）は，日本の経済発展における農工間資本移動の実証分析をしている。
4) 第4章，注3）参照。

第7章 日本の経済発展における米価の推移と農工間資本移動

1. 農産物価格の変動と農工間資本移動

(1) 農産物価格の変動とその要因

　農工二部門間の租税を通じる財政上の資本移動や，金融機関の貸借を通じる金融上の資本移動の大きさは，各部門の所得の大きさに依存すると考えられる。そして，この各部門の所得の大きさは，当該部門の生産物の売り上げ収入に依存し，またさらには，その売り上げ収入の大きさは，生産物の生産・販売量とその販売価格に依存することは言うまでもない。したがって，生産物の価格の変動は，農工間資本移動の大きさを変動させる重要な要因である。

　ここで問題になることは，この価格変動が需要要因と供給要因の，もっぱらどちらに影響を受けて決まるのかということである。そして，もしもっぱらどちらの要因の方が大きいのかが判明すれば，さらに次に，この需要ないし供給要因が，もっぱら部門内条件によって規定されているのか，あるいは他部門の条件によって規定されているのかを探究することが必要となる。なぜなら，これらすべてのことが明らかになれば，経済発展のメカニズムの一端が明らかになるからである。

　さて，本章は，農工間資本移動を，農業部門からの資本流出・流入によって

第7章 日本の経済発展における米価の推移と農工間資本移動　115

考えようとしている。それゆえ，ここでの農工間資本移動は，農業部門の利潤（所得に等しいとみなす）$PX-C(X)$ や，さらには農産物の販売収入 PX に依存する。ただし，P は農産物価格，X は農産物生産量（販売量に等しいとする），$C(X)$ は農業生産の総費用。このとき，ここで考察しようとしていることは，農産物の販売収入が増えるのは，農産物価格がどのように変化したときなのか，またこの農産物価格の変動は，需要要因と供給要因の，もっぱらどちらの要因によるものなのか，ということである。

図7-1を見て頂きたい。これは，農業部門において，農産物の需要と供給，農産物の価格と生産量がどうなっているかを示したものである。ここでは需要曲線を，簡単に $P=aX+b$ で表すことにし，また，初期の農産物価格と農産物生産量を，それぞれ P_1, X_1 で表すことにする。

いま，もし農産物の生産量が，初期の X_1 から次期の X_2 に変化したとき，次期の農産物価格 P_2 がどの水準になれば，農産物の販売収入が増えるのか，また P_2 の水準がどの範囲に位置するように変化すれば，需要要因と供給要因のどちらの方が大きいと言えるのだろうか。それは，次のように考えればよい。

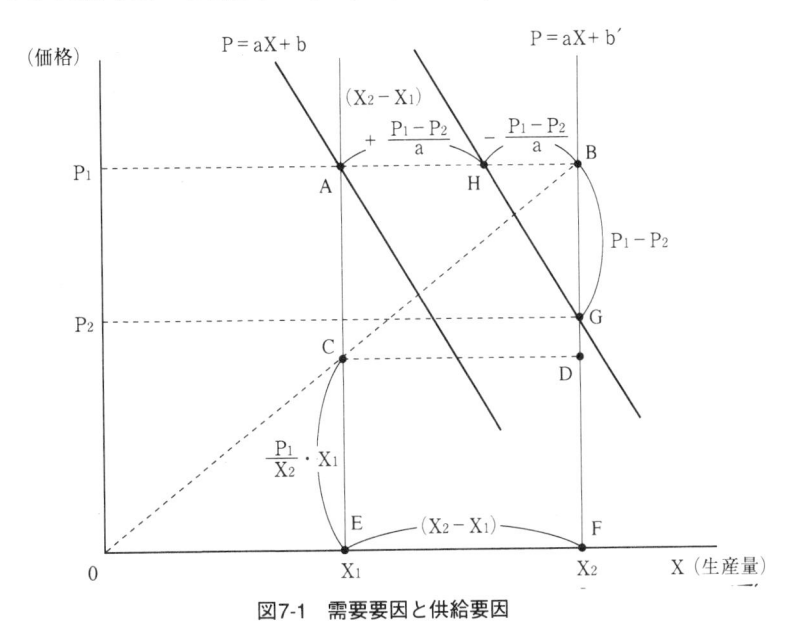

図7-1　需要要因と供給要因

座標(X_2, P_1)を示すB点と原点Oを直線で結び，この直線と，A点(X_1, P_1)を通る垂線との交点をC点とする。次に，C点を通る水平線と，B点を通る垂線とが交わる点をD点とする。このとき，次期の価格P_2が，X_2の垂線上において，D点よりも上に位置するなら，販売収入は増加する。また，その販売収入増は，P_2が線分BD上にあるとき，もっぱら供給要因（つまり生産増）によってもたらされたものであると言えるが，P_2がB点よりも上の垂線上にあるときは，もっぱら需要要因によってもたらされたものであると言える。

その理由は以下の通りである。

まず，座標(X_1, O)をE点とし，座標(X_2, O)をF点とする。このとき，OF=X_2，BF=P_1 であり，OE=X_1であるから，CE=$X_1 \cdot P_1/X_2$（直線BOの傾き=P_1/X_2より）となる。もちろん，CE=DFであるから，D点の座標は，(X_2, $X_1 \cdot P_1/X_2$)であることが分かる。ところでもし，D点にP_2が位置するなら，$P_2 = X_1 \cdot P_1/X_2$。この式を変形すれば，$P_2 \cdot X_2 = P_1 \cdot X_1$。これは，次期の販売収入が，初期の販売収入に等しいことを意味する。それゆえ，P_2が，X_2の垂線上においてD点よりも上に位置するように，価格が変化するなら，農産物の販売収入は増加することになる（$P_2 > X_1 \cdot P_1/X_2$は，$P_2 \cdot X_2 > P_1 \cdot X_1$に他ならないから）。

次に，農産物の供給曲線が，X_1の垂線からX_2の垂線へ，$X_2 - X_1$の大きさだけ右にシフトするとき，農産物の需要曲線が$P = aX + b$から$P = aX + b'$へ右にシフトするとする。そして，この次期の需要曲線$P = aX + b'$が，X_2の垂線と交わる点をGとし，またP_1の水平線と交わる点をHとする。Gは，次期の需給両曲線（ここでは直線）の交点だから，GF=P_2であり，それゆえBG=$P_1 - P_2$。これと，需要曲線の傾き=aより，BH=$-(P_1 - P_2)/a$。それゆえ，AH=$(X_2 - X_1) + (P_1 - P_2)/a$。このAHの大きさは，需要曲線のシフト幅を表す。もちろん，供給曲線のシフト幅=$X_2 - X_1$である。

このとき，もし$P_2 = P_1$なら，$(P_1 - P_2)/a = 0$となるから，需要曲線のシフト幅=供給曲線のシフト幅。

もし$P_2 < P_1$なら，$(P_1 - P_2)/a < 0$となるから，需要曲線のシフト幅<供給曲線のシフト幅。

もし$P_2 > P_1$なら，$(P_1 - P_2)/a > 0$となるから，需要曲線のシフト幅＞供給曲線のシフト幅。

すなわち，農産物価格がP_1からP_2に変わるとき，X_2の垂線上において，P_2がD点よりも下に位置する場合は収入減となるが，D点よりも上に位置する場合は収入増となる。収入増になるとは言っても，その要因は，P_2がBD間に位置する場合は，需要要因よりも供給要因の方が大きいと言える。

いうまでもなく，初期の需給均衡点も次期の需給均衡点も，ともに需要量＝供給量（生産量）だから，初期の均衡から次期の均衡に至るその間の，需要の増加量と供給の増加量は，いつでも等しい。しかし，ここで注意しなければならないことは，需給それぞれの増加量の均等は，結果的にのみ成り立つということである。

例えば，図7-1で示されるケースの場合，需要増の力が供給増の力を下回ったために，価格が下落してその分需要が増え，結果的に需要増と供給増が等しくなったのである。したがって，この場合，次期の均衡点GがB（A）の下方に位置するぐらい，相対的に低い価格に移行したことが，需要増の力が供給増の力を下回っていることを意味し，またそれと対応しているのである。

なお，以上では，需要と生産（供給）の双方が増えた場合のみを対象に述べてきたが，これ以外の場合についても簡単に触れておこう。

需要は増えたが生産が減った場合と，需要は減ったが生産が増えた場合も，既述したことと同様に，次期の均衡点Gが，X_2の垂線上においてDよりも上に位置するなら収入増を，またDよりも下に位置するなら収入減を意味することを確認することができる。いうまでもなく，収入増になるのは，前者の場合は非常に大きな需要増によって，また後者の場合は非常に大きな生産増によってである。ただ，後者の場合，これが言えるのは，需要曲線の弾力性が非常に大きい農産物のみに限られる。

需要も生産もともに減った場合，収入減になるのはいうまでもない。

(2) 戦前日本における米価の推移

経済発展の初期段階にあたる戦前の日本において，農工間資本移動の推移を

考察する場合，農家所得の推移とその源泉を押さえておくことが必要である。農家の現金収入の大部分は，米の販売収入によるものなので，ここでは戦前日本の米価の推移を中心に，この問題を見ておくことにしよう。

表7-1は，戦前日本のこれらの関連数値の推移を示したものである。文献〔3〕(pp.54〜57) によれば，1931年から1940年までの，農家の米の自家消費比率は約40％である。ここから，戦前日本においては，米生産量の60％が販売に供されたものと想定し，米生産量の6割が米販売量であるとした。そして，米販売収入は，米価とこの米販売量を乗じて得た。

次に，毎年の自然条件の変動による米生産量と米価の変動を除去して，これらの長期的な推移を見るために，表7-1の数値から，10年間ごとの米販売量と米価の平均値を算出した。

米販売量と米価の平均値はそれぞれ，(1874年〜79年。6年間) 19,565石，5.5円 (1石当たり)，(1880年〜89年) 21,459石，6.3円，(1890年〜99年) 23,889石，8.9円，(1900年〜09年) 27,667石，13.0円，(1910年〜19年) 32,418石，21.2円，(1920年〜29年) 35,337石，32.2円，(1930年〜40年。11年間) 37,744石，27.7円となる。図7-2は，これらの数値の推移を図示したものである。

図7-2を見ると，1874年頃から1920年代にかけて，米価が上昇し，米販売量 (＝米需給均衡量＝米生産量×0.6) が増え続けていることが分かる。既述したように，米生産量の増加にもかかわらず米価が上昇し続けるということは，それだけ米の需要が大きかったことを意味する。したがって，この期間においては，都市住民からの米需要の急増が米価を上昇させ，米価の上昇がリードして米生産の増産が図られてきたのである。

1920年代に近づくにつれ，米価上昇の程度が大きくなっているので，米需要の急増を生み出す，この間の工業部門のめざましい発展を推察することができる。確かに第2章の図2-1は，この間の農外生産国民所得の急増を示している。そしてまた同図では，農外生産国民所得の急増が1880年代後半から始まるのに対し，農業生産国民所得の急増が1915年頃から始まることが示されているが，この事実も，早くも1880年代後半から始まった工業発展が，米価を介して農業発展を促したことを示唆するのである。

第7章 日本の経済発展における米価の推移と農工間資本移動

表7-1 戦前日本の米価の推移

年次	米生産量(石)	米販売量(石)	米　価(円)	米販売収入(千円)
1874	31,549	18,929	5.5	104
75	31,778	19,067	6.2	118
76	41,582	18,949	4.3	81
77	32,670	19,602	4.5	88
78	32,839	19,703	5.1	100
79	35,236	21,142	7.5	158
80	34,636	20,782	9.5	198
81	33,498	20,099	10.1	203
82	33,546	20,128	8.0	161
83	33,875	20,325	5.6	114
84	32,704	19,622	4.6	90
85	36,616	21,970	5.9	130
86	38,798	23,279	5.0	117
87	41,308	24,785	4.5	112
88	39,474	23,684	4.3	102
89	33,194	19,916	5.4	107
90	43,084	25,850	8.1	210
91	38,181	22,909	6.4	147
92	41,430	24,858	6.6	164
93	37,267	22,360	6.8	152
94	41,859	25,115	8.1	207
95	39,961	23,977	8.2	197
96	36,240	21,744	8.9	193
97	33,039	19,823	11.3	224
98	47,388	28,433	14.1	400
99	39,698	23,819	10.4	248
1900	41,466	24,880	11.4	283
01	46,914	28,148	10.8	303
02	36,932	22,159	12.0	266
03	46,473	27,884	13.7	382
04	51,430	30,858	12.6	389
05	38,173	22,904	12.2	279
06	46,303	27,782	14.0	389
07	49,052	29,431	15.7	462
08	51,933	31,160	15.1	471
09	52,438	31,463	12.1	381
10	18,929	27,980	12.7	356
11	19,067	31,027	17.3	536
12	18,949	30,133	20.8	626
13	19,602	30,155	20.7	725
14	19,703	34,205	13.1	448
15	21,142	33,554	12.4	417

16	58,452	35,071	14.1	495
17	54,568	32,741	20.2	661
18	54,700	32,820	33.3	1,092
19	60,819	36,491	47.5	1,743
20	63,209	37,925	37.2	1,410
21	55,180	33,108	36.6	1,211
22	60,694	36,416	26.7	972
23	55,444	33,266	32.0	1,066
24	57,170	34,302	38.7	1,327
25	59,704	35,822	35.7	1,278
26	55,593	33,356	33.0	1,102
27	62,103	37,262	28.4	1,059
28	60,303	36,182	27.1	981
29	59,558	35,735	26.6	950
30	66,876	40,126	16.7	670
31	55,215	33,129	16.5	546
32	60,390	36,234	20.5	742
33	70,829	42,497	20.2	859
34	51,840	31,104	26.7	830
35	57,457	34,474	28.0	966
36	67,340	40,404	27.7	1,119
37	66,320	39,792	31.2	1,242
38	65,869	39,521	33.0	1,304
39	68,964	41,378	41.7	1,726
40	60,874	36,524	42.0	1,533

出所）文献〔2〕，〔6〕．

　図7-2から看取できる次の事実は，1920年代をピークに，米価が低落し始めたことである。表7-1によれば，この低落は1927年から始まっている。1920年代後半の米価低落は，農業生産の増加による面も無視できないが，後になるにつれ，とりわけ1931年において象徴的に示されるように，農業生産増以外の要因，つまり米需要の低下による部分が大きくなってくる。このことは，第2章の図2-1において，1920年代に入って農外生産国民所得の伸びが鈍化することに対応している。なお，この工業部門における所得上昇率の鈍化は，この頃の不景気によるものである。

　さらに，図7-2から次の事実も指摘できる。それは，1874年頃から1910年代にかけて，米生産の増加には著しいものがあるが，その後1920年代，1930年代になるにつれその勢いが衰えてきている，ということである。

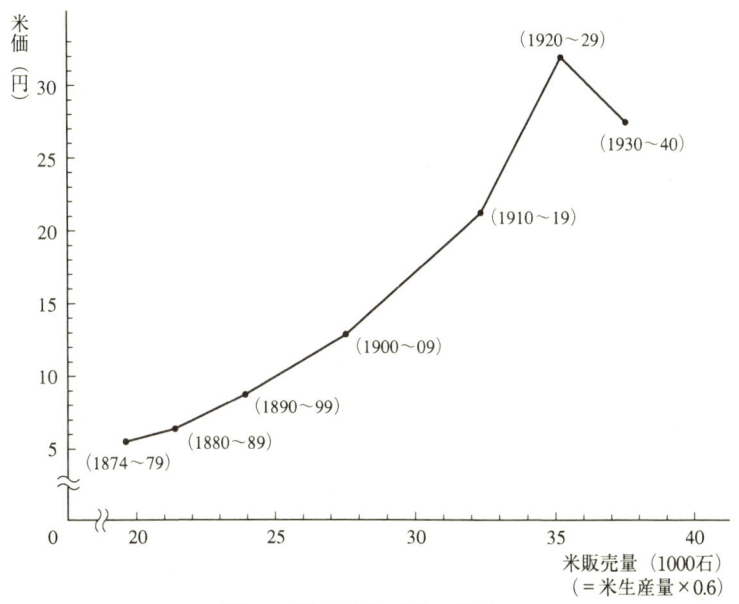

図7-2 米販売量と米価の推移

　これは，1900年代から20年代にかけての米価の上昇にもかかわらず起こっていることから，米価の，ひいては工業部門の需要の動向とは独立に生起しているものであると思われる。また逆に，1900年代から20年代にかけての米生産力の鈍化が，米価の高騰をもたらしたと言えるのだろうか。もしそうだとするなら，1930年代においては，引き続いて看取される米生産力の低下にもかかわらず，なぜ米価が急落したのであろうか。この間の事情を以下に見ておくことにしよう。

(3) 戦前日本農業の成長過程[1]

　図7-2において示される，戦前日本の米生産力の推移から，戦前日本農業の成長過程を，1874年頃から1910年代にかけての米生産力上昇過程と，それ以降の米生産力下降過程の2つの期間に分けることが妥当だろう。
　前期の米生産力上昇過程の後半，とりわけ日露戦争(1904年)から第1次大戦(1914年)にかけては，工業化のスパートが始まった時期である。しかし，

それにもかかわらず，一般物価に対する米価の上昇を妨げることに成功したと言われる。

その理由は，農業の技術進歩による土地生産性の上昇が，労働生産性の向上を通じて，農業生産力を上昇させたからである。

明治時代には既に，徳川時代に開発された農業技術の蓄積があった。そして，この伝統的技術は，もっぱら老農といわれる篤農家の地主によって担われてきた。この地盤があったところに，1880年代頃から近代的農業技術が導入・付加され，めざましい農業の技術進歩が進展するのである。例えば，1880年代の後半から，耕地整理と土地改良が進み，馬耕導入のための乾田化が図られた。これは肥料の増投を可能にした。また，1893年に国立農事試験場が確立し，耐肥性の品種改良が進められた。この技術変化を伴った肥料投入の増加が，農業の生産力を上昇させたのである。

肥料投入増が可能になったのは，肥料価格が低落したからである。この時期において，農業生産財供給産業が発達したために，その供給条件が改善し，また費用の引き下げが可能となって，肥料価格が低落したのである。

なお，速水氏は1880年から1920年までの農業生産力上昇期において[2]，農業産出の75%が総合生産性，つまり技術進歩によるとし，残りの25%が投入増によるとしている。また速水氏は，秋野氏らと共に[3]，農業技術進歩の源泉として，農民の教育水準の向上や農業研究普及活動への政府支出の増大の要因を重視している。

次に，1920年頃から始まる米生産力下降過程を概観しておくことにしよう。

1910年代頃から，伝統的技術ポテンシャルが消尽したと言われている。この頃より，品種改良技術進歩が鈍化している。1935年に至るまでは，要素投入の成長率は低下していないのに，総合生産性成長率が1920年頃から低下した（技術進歩の鈍化）ため，米作を初め農業産出の成長率が低下した[4]。

このように農業内部の供給力が低下し始めたところに，（1914年からの）第1次大戦後のブームによる米需要の増加が付加されて，米価が高騰し，1918年には米騒動が起こった。こうした事態を避けるため，韓国・台湾の旧植民地において米の増産が図られ，内地への米移入が増大した。一転して，国内の米供

給(生産ではない)が増えたところに，経済不況によって米需要が減少したため市場条件が悪化した。表7-1を見ると，1927年頃から米価が低落し，1930年，1931年は1石当たり16円まで暴落したことが分かる。1920年頃から始まる米生産力の低下に加え，この市場条件の悪化が重なったため，1930年代において米の生産の成長力が鈍化したのだと考えられる。

(4) 米価の推移と農工間資本移動

農産物価格は，外部条件，つまり工業部門からの需要と，内部条件，つまり農業部門内部の生産力の双方によって決定され，また逆に農産物価格は，これらの外部条件と内部条件を規定する主要な要因となる。工業部門からの農産物需要が工業発展によって規定されることを考えると，結局農産物価格は，工業と農業の2部門の発展によって規定され，また逆に，工業及び農業発展を規定するのである。

前節で述べたことを踏まえて，諸農産物価格の中で代表的な地位を占める米価を例に，この点を考慮しつつ，農工間資本移動との関係をまとめておこう。

図7-3は，戦前日本における農工間資本移動の推計値の推移を示している。これを見ると，図7-2の米価の推移と非常によく対応していることが分かる。

ところで，表7-1から，1915年頃まで米の生産量が増え続けた後，前述したように米の生産力が少しずつ減退し始めたことに対応して，米生産の上昇トレンドが消えて，ほぼ横ばいの状態が続くようになることが観察できる。ところが，米価の方は，第1次大戦中は落ち込んだものの，戦後1917・18年頃から急騰し，1919年にピークに達した後，少しずつ低下していく傾向にあり，1930・31年に底になった後，回復している。

一方，主に農工間資本移動量を決める米の販売収入は，1919年に至るまで増え続けた後，1931年に至るまで減り続け，その後回復に転じている。この米の販売収入の推移は，1915年頃までは，米生産量の増加と米価の上昇の双方によるものだったが，それ以降は，米生産量がそれほど大きく変化していないので，もっぱら米価の推移に規定されるのである。

こう見てくると，米価の推移が現金収入の変動を通じて，農工間資本移動に

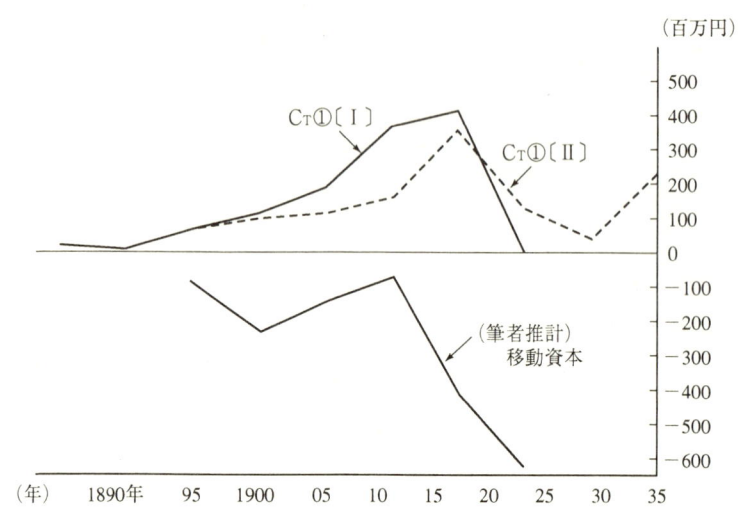

図7-3 （筆者）移動資本推計値の推移
出所）文献[5]p.84．本書，図2-10と同じ．
注）$C_T①[Ⅰ]$は，大川As推計値－R（地代）より得られた移動資本推計値．
　　$C_T①[Ⅱ]$は，寺西推計値－Rより得られた移動資本推計値．

影響を与えることが首肯されるのである。

　次に，米価の推移が何に規定されているかをみると，それは基本的には，工業部門からの需要に規定されているように思われる。なぜなら，図7-2でも示されるように，1920年頃に至るまでの米生産力の上昇にもかかわらず，その間米価が上昇を続けていること，また1920年頃以降米生産の成長率が低下するにもかかわらず，その間米価が下落していることから，米価が供給要因（内部条件）に規定されているように思われないからである。

　ただ，1910年頃からの伝統的な農業技術ポテンシャルの低下という農業内部の供給要因が，1917年から1919年にかけての米価の急騰の一因になっていることと，またこれを回避するための，旧植民地からの米移入の増加が，その後の米価低落の一因になっていることは，無視できない。そして，この米価低落が農民の生産意欲を引き下げたことは疑いない。

2．日本の経済発展における農工間資本移動の
　　財政・金融的側面と米価の推移

　戦前日本における経済発展の初期段階において，経済発展の原資が，農工間資本移動を通じて農業部門から工業部門へ移動したとされる。確かに，財政的には主として，地租を初めとした農業負担直接税の吸収と工業部門への補助金の供与によって，それがなされたのである。また，金融的には1890年代頃は，地主が有価証券の保有や普通銀行の預金を通じて，小農は郵便貯金を通じて，工業部門へ資金を供給したのである（第2章の2と3参照）。

　ところが，その農業部門の余剰の源泉は，最初，徳川時代から蓄積された伝統的農業技術による農業生産力の向上にあった。その後，農業部門からの資本移動によって工業部門が発展すると，都市住民からの農産物需要増によって米価が高騰し，また肥料供給産業の発展による肥料供給増が農業生産力を向上させたため，農業部門の余剰がさらに増えて工業部門への資本供給も増えたのであった。

　しかし，1910年代頃になって，事情が変わり始める。1910年頃から伝統的な農業技術力が衰え始めて，農業の成長力が低下する一方，工業化のスパートが始まって，農業とは対照的に工業発展が著しくなったからである。1920年頃から，税を通じた農業から工業への資本移動が減少し，また，産業組合などの農業金融専門機関以外の，普通銀行や貯蓄銀行は収益性の低い農業から撤退したため，とりわけ1930年代で顕著に見られるように，金融ルートの資本移動は，もっぱら郵便局や組合を通ずるものに変わっていったのである。

　ところが，こうして農業の成長力が減退していくのを政府は座視することができなかった。なぜなら，依然として人口の大部分を占める農業部門が疲弊すれば，社会厚生的にも，したがって政情の安定にとっても好ましいことではないし，また，農業成長力の低下によって米を初めとした農産物の価格が高騰すれば，工業部門の賃金が上がって工業製品価格が上昇するので，対外競争力が低下するし，さらに，農業部門の経済水準の低下が，工業製品に対する国内需要を低下させるからである。すなわち，農業の疲弊はひとり農業部門に限らず，

工業部門の発展にとっても阻害要因になるのである。

そこで，この頃から政府が農業の救済のために，積極的に介入するようになるのである。とりわけ1930年代前半頃から農業補助金が急増し，また金融面でも，特殊銀行や信用組合を通じる政府資金の農業貸出が増えていくのである。

結局，戦前日本の経済発展は，1910年代頃までは，農業発展を基礎とし，農工間に好ましい相互作用があった農工同時経済発展であったが，その後農工部門内部の生産力の衰退が，工業発展によって埋め合わせることが不可能になったため，政府の介入を必要とせざるをえなくなったのである。

【注】
1）この節は，かなりの部分，文献〔1〕と〔4〕に依拠している。
2）文献〔4〕，p.39。
3）文献〔4〕4章，文献〔1〕p.44。
4）文献〔4〕，p.39。

〔参考文献〕
〔1〕秋野正勝『日本農業の成長の源泉』，秋野正勝氏遺稿論文刊行会，1981年。
〔2〕梅村又次他「農林業」(『長期経済統計』9)，東洋経済新報社，昭和41年。
〔3〕篠原三代平「個人消費支出」(『長期経済統計』)，東洋経済新報社，昭和42年。
〔4〕速水祐次郎『日本農業の成長過程』，創文社，昭和48年。
〔5〕山下景秋「戦前日本の農工間資本移動とその推計」，『産能短期大学紀要』82号，平成4年。
〔6〕山田三郎他「物価」(『長期経済統計』8)，東洋経済新報社，昭和42年。

第8章
経済発展過程における農工間関係
―― その理論と韓国・ブラジルの実証分析 ――

1. はじめに

　一国の経済発展の型とその規模・スピードは，外国との関係ばかりでなく，国内の農工間関係によっても決まる。

　工業・都市部門の拡大は，農産物需要の増大を通じて農産物価格を上げ，農業生産を促す。この結果，農業部門の賃金及び所得が増加すると，工業部門に対する工業製品の需要の増加を通じて工業生産の拡大を促す。と同時に，農産物価格の上昇は，工業労働者の賃金引き上げを必然のものにして，軽工業段階から重化学工業段階へ産業構造が転換する一因となる。

　韓国は，ブラジルよりも自国の製造業の中に占める繊維産業の比重が高く，また重化学工業化の規模とスピードが勝っていた(る)。これは，韓国の方が，ブラジルよりも農工間関係が強いからなのだろうか。またブラジルの農工間関係が相対的に弱いのは，ブラジルの農業の近代化と関係があるのだろうか。

　本章は，経済発展過程における農工間関係をまず考察し，次にこれを踏まえて上の問題を中心に両国の経済発展を比較しようとするものである。

2. 経済発展過程における農工間の相互影響

(1) 工業から農業への影響

いま，ある途上国において，何らかの理由（一次産品の輸出増，工業製品の輸出促進政策，輸入代替政策の推進など）で需要が増加したため，繊維製品に代表される非耐久消費財の生産が拡大したとする。図8-1は，非耐久消費財の需要がDからD'に増え，これに対応して供給がSからS'に増えた結果，非耐久消費財の需給均衡点がA_1からA_2に移ったことを示している。

もし，A_1からA_2に移ることによる当該財の販売収入増加額（4角形$OP_2A_2X_2$－4角形$OP_1A_1X_1 = P_2 \cdot X_2 - P_1 \cdot X_1$）が，これに対応する費用増加額を上回っていれば，この生産増によって当該財を生産する企業にプラスの利潤が発生することになる。

いうまでもなく，この財の生産からこのような利潤が発生するためには，この財の生産を実現するための生産要素の投入がなくてはならない。非耐久消費財は労働集約財なので，ここでは生産要素のうち労働に注目することにしよう。工業部門の労働市場を表す図8-2は，非耐久消費財の生産増からの派生需要として，工業部門の労働需要がDからD'に増えるのに伴い，労働供給がSからS'

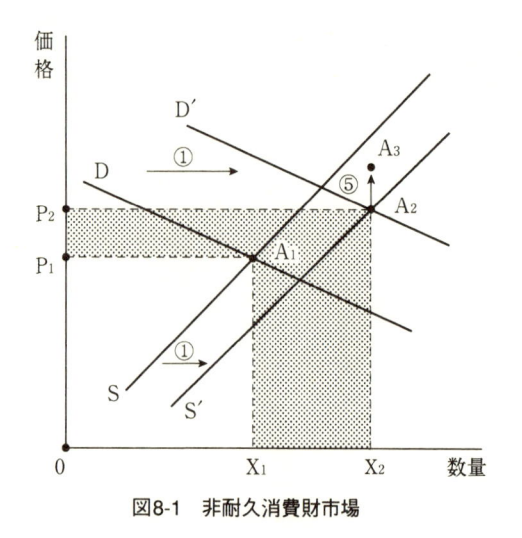

図8-1 非耐久消費財市場

第8章　経済発展過程における農工間関係　129

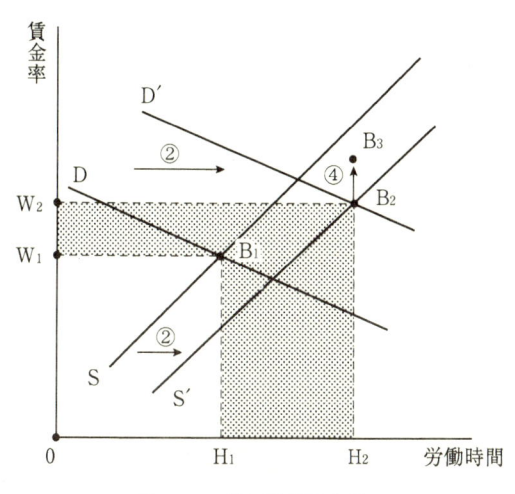

図8-2　工業部門労働市場

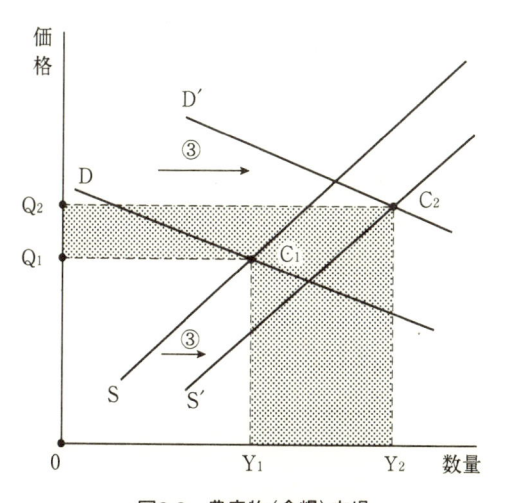

図8-3　農産物（食糧）市場

に増えた結果，当該労働市場の需給均衡点がB_1からB_2に移ったことを示している。図8-2は，労働供給の増加が労働需要の増加に追い付かないため，賃金率がW_1からW_2に上昇した場合を示すものである。

このとき，賃金支払い額（労働者からみれば賃金所得）は，4角形$OW_2B_2H_2$

－4角形$OW_1B_1H_1 = W_2 \cdot H_2 - W_1 \cdot H_1$だけ増加している。仮に，非耐久消費財の生産に投下する生産要素が労働だけであるとすれば，この賃金支払い増加額が，(非耐久消費財の生産がX_1からX_2に増えるときの) 費用増加額なので，この生産増に対応する利潤増加額は，収入増－費用増＝$(P_2 \cdot X_2 - P_1 \cdot X_1) - (W_2 \cdot H_2 - W_1 \cdot H_1)$，となる。

さて，こうして工業労働者の賃金率が上昇してくると，農業労働者の賃金率 (家族経営の場合は，いわば帰属賃金率を考える) の上昇が停滞する発展の初期段階では，ある一定期間の間，農工間の賃金格差が拡大してくる。これは農工間に2つの経済現象を現出させることになる。

1つは，農工間の所得格差が無視できない大きさになる，という問題である。厳密には，農工間の所得格差は，前述の工業労働者の賃金所得$W_2 \cdot H_2$が，農業労働者の農業所得を上回ることであるのは，いうまでもない。

2つ目の経済現象は，工業部門の賃金率が農業部門のそれを上回る間，労働力が農業部門から工業部門へ移動する，という現象である[1]。発展する工業部門からプルされる，この農業部門からの労働供給は，非耐久消費財の生産にとっては好都合であろう。なぜなら，労働を多投するこの財の必要労働量が，賃金率の上昇をできるだけ回避しつつ満たされるからである。

いずれにしろ，こうして工業が発展し，都市人口が増加すると，食糧需要が増加するのは必定である。ところが，農業部門において，流出した労働力を近代的な農業投入財で代替できない発展の初期段階では，農産物の供給が需要に追いつかないため，農産物価格が上昇する傾向にある。

図8-3は，農産物に対する需要がDからD'まで増える一方，農産物の供給がSからS'までしか増えないため，需給均衡点がC_1から上方のC_2に移ったことを示している。この図では，農産物価格がQ_1からQ_2に上昇することに加え，農産物の生産・販売量がY_1からY_2に増えているため，農産物の販売収入が，4角形$OQ_2C_2Y_2$－4角形$OQ_1C_1Y_1 = Q_2 \cdot Y_2 - Q_1 \cdot Y_1$だけ増えている。

もしこのとき，農産物の生産量がY_1からY_2まで増えるのに対応する費用増加額が，上の販売収入増加額を超えないならば，農業部門に利潤増ないし所得増がみられるであろう。

そして，農業部門においてこのような所得増が続くならば，農家は農業機械や化学肥料などの近代的投入財の投入を増やすことも可能になる。このとき，この投入による費用増が前より大きな生産増をもたらし，しかもこの生産増があるとき，農産物価格を下げないぐらいの需要増が同時にあるなら，農業所得はさらに増えるだろう[2]。

しかし，工業部門の収益率（上記の例で言えば，利潤／投下費用＝$(P_2 \cdot X_2 - W_2 \cdot H_2)/(W_2 \cdot H_2)$）が依然として農業部門の収益率を上回る（ぐらい農業所得が相対的に低位にある）段階では，農業部門から工業部門へ投資資金が移動するので，その分農業部門の近代化投資が減殺される。一方，工業部門は投資資金が流入するので，工業の近代化投資が容易になる。このような農工間の資金移動がある限り，農工間における所得格差の是正は遅れることになるだろう。

しかしそうであるとしても，工業部門の発展は徐々に農業部門に波及していくだろう。なぜなら，工業発展によって，農業部門から労働力が流出し続けると，やがて農業労働者の賃金率が上昇し始めるし，また兼業所得も増えるからである。そして，工業発展の結果，都市人口が増えると，農産物の販売収入が普通増えるからである。

(2) 農業から工業への影響

工業発展が時間の経過とともに以上のような影響を農業部門に与えるだけではない。逆に，このような変化を受けた農業部門が，工業部門に影響を与えるのである。

まず，もし，食糧農産物の価格が前述のように上昇するのであれば，これは工業労働者の賃金率に対して影響を与えざるをえないだろう。とりわけ，途上国では，賃金所得の中に占める食糧支出の割合が大きいから，なおさらその影響は大きなものとなる。

図を用いてこの条件を示すと，$W_1 \cdot H_1$および$W_2 \cdot H_2$は賃金所得であり，$Q_1 \cdot Y_1$および$Q_2 \cdot Y_2$は工業労働者にとって食糧支出であるから[3]，$Q_1 \cdot Y_1/W_1 \cdot H_1 < Q_2 \cdot Y_2/W_2 \cdot H_2$となるとき，工業労働者は均衡賃金率$W_2$よりも

高い，例えばB_3に対応する賃金率を要求するだろう。B_3に対応する賃金率をW_3とすれば，W_3の大きさは，$Q_1 \cdot Y_1/W_1 \cdot H_1 = Q_2 \cdot Y_2/W_3 \cdot H_2$となるように定められる。

そして，もし非耐久消費財生産企業の経営者が，工業労働者の要求するW_3の賃金率を受け入れるならば，賃金コストが$(W_3-W_2) \cdot H_2$だけ増加するので，経営者は賃金コストの上昇を，均衡価格P_2よりもより高い価格を設定することによって吸収する可能性がある。その価格をP_3とし，これに対応する図中の点をA_3とすれば，必要とされる価格引き上げ幅は，$P_3 - P_2 = (W_3 - W_2) \cdot H_2/X_2$となる。

こうして，途上国では，食糧農産物の価格上昇が，工業労働者の賃金率引き上げを介して，非耐久消費財のような労働集約財の価格を引き上げる可能性は高い。

(3) 経済発展と農工間関係

以上を踏まえると，次のことが言えるだろう。

発展の初期段階で，労働集約的な非耐久消費財を中心とした工業化が始まると，工業部門の賃金率と収益率が農業部門のそれらに対して高くなるので，労働力と資金が農業部門から工業部門へ移動し始める。この労働力と資金の農工間移転は，さらに工業発展を促すことになる。

ところが，農業部門においては，労働力の流出が農業近代化の契機になるとしても，資金の流出は農業近代化を妨げることになる。加えて政府が工業発展を重視して，農業発展を軽視するなら，一層農業の近代化が遅れることになる。

こうして農業の近代化が遅れて，農業生産力の成長が緩慢なとき，急速な工業化による都市人口の増大が食糧需要を急増させるなら，食糧農産物の価格が上昇することになる。そして，この食糧価格の上昇は工業労働者の賃金率引き上げを必然のものにし，さらにこれが工業製品の引き上げを招く可能性が大きい。

こうなれば，労働集約的な工業製品を輸出する途上国では，その輸出競争力が失われていくのは必定である。そして，この結果，当該工業製品に対する外

需が減少する一方で，内需がこれに代替することになるだろう。なお，当該工業製品に対する国内の需要(消費)増は，簡単には，(工業労働者の所得増＋農業所得増)×限界消費性向なので，図8-2および図8-3でこれを示せば，$\{(W_2 \cdot H_2 - W_1 \cdot H_1) + (Q_2 \cdot Y_2 - Q_1 \cdot Y_1 -$農業生産の費用増$)\} \times$限界消費性向，となる[4]。

　以上に述べた農工間関係を踏まえるならば，工業労働者の賃金率上昇を回避して，労働集約的な非耐久消費財の輸出戦略を続けるためには，(労働節約的な技術および設備の採用と農業部門からの労働供給に限界がある場合)食糧農産物価格を必要以上に上げないための農業生産力の向上が必要であり，またそのためには農業の近代化(政策)が重要である。

　農業の近代化は，非耐久消費財の輸出戦略を維持するための工業労働者の賃金抑制に貢献するばかりか，農業所得の向上を通じて，さらに国内向けの販売を増やすことにも注目しなくてはならない。

　もし，工業労働者の賃金率上昇を回避できないならば，一定規模に達した消費財工業と高い賃金水準による内需の大きさを基礎に，労働節約的・資本集約的な重化学工業化の段階に進まざるをえないだろう[5]。

3．韓国とブラジルの経済発展と農工間関係

(1) 両国の経済発展と農業部門からの需要

　表8-1の成長率の推移より，韓国は1963年頃から，またブラジルは1960年代後半から成長のスパートをかけ，高度成長期に入ったことが分かる。

　この成長に貢献した要因から，一般に韓国は輸出主導型の成長(発展)であり，またブラジルは輸入代替型の成長であると言われてきた。

　確かに，表8-2を見ると，韓国の製造業の成長の要因は，高度成長期の前は「輸入代替」が「輸出拡大」よりも重要であったのに対し，高度成長期に入るとその両者が逆転して，第1次オイルショック前の1970年代初頭では「輸出拡大」が38％に達している。また，表8-1の，製造業の生産の中に占める製造業の輸出の割合をみると，韓国ではその割合が1960年代後半から急速に伸び

表8-1 韓国とブラジルの経済発展

			韓　国										ブ　ラ　ジ　ル				
			産業別割合(%)				製造業輸出					産業別割合(%)				製造業輸出	成長率
	人口	GNP	農林水産		製造業		製造業生産	成長率	人口	GNP	農牧業		製造業		製造業生産	(GDP)
年次	(100万人)	(経常価格 10億ドル)	GNP (h)	就業人口 (i)	GNP	就業人口	(%) (j)	(GNP) (%)	(100万人)	(経常価格 10億ドル)	GDP (k)	就業人口 (l)	GDP (k)	就業人口 (l)	(%) (m)	各年 (%)
			(61年) 47	(61年) 8							(55年) 24	(50年) 60	(55年) 20	(50年) 14	(49年) 2	(50年 ～60年) 7(d)
1962	27	2						2								(61年 ～64年) 3(e)
63	27	3	63			8	4	9								
64	28	3						10							2	
65	29	3	59		16(a)	9	10	6			16		25			(64年 ～67年) 4(e)
66	29	4				12		13								
67	30	4	55					7								
68	31	5						11								(67年 ～70年) 9(e)
69	32	7	51			13		14								
70	32	8	50			13	13	8	93(b)		12	44	27	18		(60年 ～70年) 6(d)
71	33	9			19			9								
72	34	10	29				30	6								
73	34	13						15								
74	35	18					21	8	104(b)						7	(70年 ～74年) 12(d)
75	35	20	46(f)			19(f)		7			11		31			
76	36	27	25(g)		30(g)			15		145	11		31			
77	36	35						10			13		30			
78	37	49						11			10		30			
79	38	58						6	119(c)		10		31			
80	38	56	34(f)			22(f)		-6			10	30	31	26	11	
81	39	63	18		30			7		266	10		30			
82	39	66						5			8		31			

出所および注) 韓国のデータは文献 [7] pp.18～22より．(a) 文献 [9] p.75より．(b) GNPではなくGDP比．(c) 文献 [21] p.271より．(d) 文献 [9] p.216より．
文献 [9] p.91より．(e) 文献 [21] p.265より．(f) 文献 [7] p.29より．(g) 文献 [7] p.32より．(h) 文献 [7] p.58より．(i) 文献 [4] p.172より．
(j) 文献 [7] p.253より．(k) 文献 [2] p.5より．(l) 文献 [16] p.5より．(m) 文献 [2] p.7より．

表8-2 韓国とブラジルの製造業産出成長の源泉　(単位：％)

韓　国

	輸入代替	輸出拡大	国内需要
1955～63年	28.5	7.2	64.3
1963～70年	0.2	18.0	81.8
1970～73年	−0.9	38.1	62.9

ブラジル

	輸入代替	輸出拡大	国内需要
1970～74年	−8.4	12.0	96.4
1974～79年	10.1	9.4	80.5

出所）文献〔2〕p.21より．

て，1973年には30％に達しているが，ブラジルでは1970年代後半に入ってやっと10％を超えているにすぎない。

ところが，表8-2から，1970～73年の韓国では，製造業の成長の要因は，38.1％の「輸出拡大」よりも62.9％の「国内需要」の方が重要であったことが分かる。表8-1の，製造業の生産の中に占める製造業の輸出の割合を見ても，韓国のこの割合の数値の最大値は30％でしかない。ということは，製造業の生産のうち70％もが，依然として国内向けなのである。

またブラジルに関しても，表8-2を見ると，1970年代前半において「輸入代替」がむしろ製造業の成長を阻害している。1970年代前半の高度成長期における製造業成長の要因は「輸入代替」よりも「輸出拡大」の方が重要なのであり，またさらにこれ以上に重要なのが「国内需要」なのである。「国内需要」は，実に1970年代前半には製造業成長要因の96％を占めており，1970年代後半[6]になっても80％の高さを維持しているのである。

製造業の成長が発展の1つの指標であるとすれば，韓国の「輸出主導型」ないし「輸出志向型」発展というのは，製造業における輸出拡大のスピードに注目する言い方であって，これのみでは発展はありえなかったはずである。

結局，韓国もブラジルも，製造業の非常に大きな国内需要の基盤がもともとあったところに，輸出拡大が加わって成長が加速したという点で共通しているのである。違うのは，製造業の成長に貢献する，国内需要と輸出拡大の相対的な比率の違いであって，共に依然として国内需要の貢献が大きいことに注意し

なくてはならない。

次に，表8-1においてGNP (GDP) や就業人口の産業別割合を見てみよう。韓国とブラジルを比べると，ブラジルの方が早い段階から，農牧業（農林水産業）の就業人口の割合が減少し，製造業の就業人口割合が増加していることが分かる。しかし，それにもかかわらず，ブラジルにおいて，GDPの中に占める製造業の割合が，1970年代を通じて常に30％前後であるという事実に注目しておく必要がある。これは，同期間における製造業全体の労働生産性の上昇が他産業に比べて低いことを意味すると思われる。

また，韓国の方をみると，GNPや全就業人口に占める農林水産業の割合が共に低下しているが，韓国における両者の割合が同期間のブラジルに比べて高いことは注目しておいてよいことである。しかも，1970年のブラジルにおいて，GDPに占める製造業と農牧業の割合がそれぞれ27％と12％で，製造業の方が農牧業よりも比重が大きかったのに対し，1971年の韓国では農林水産業（29％）の方が製造業（19％）よりも比重が大きかったのである。

このことから，韓国の高度成長に対して，同国の農業が需要面で重要な役割を果たしたはずであることが，指摘できるのではなかろうか。これは翻ってブラジルに関して言えば，ブラジル農業の近代化をもう少し進めていれば，ブラジルの発展パフォーマンスはさらに良好なものになったと思われるのである。ブラジル農業の近代化の程度は，1970年において，農牧業の方が製造業より就業人口の割合が高い（農牧業44％，製造業18％）にもかかわらず，GDPの中に占める生産の割合が低い（農牧業12％，製造業27％）という事実からだけでも看取できるのである（韓国の農林水産における，1970年の就業人口割合50％と1971年のGNP割合29％の比率と比べてみればよい）。

結局，両国の経済発展を農業との関連で言えば，韓国の経済発展は国内需要，しかも農業部門からの需要に負うところが意外に大きかったが，ブラジルの経済発展は国内需要に大きく依存していたのにもかかわらず，農業の近代化による農業部門からの需要の開拓を十分なしえなかった，と言えるのではなかろうか。

(2) 両国の繊維産業

 次に，両国の繊維産業に注目しよう。代表的な労働集約型産業である繊維産業が，農業部門から労働力を吸収し，成長の原動力になるかどうかは，問題にしている国の，（農業部門を含めた）発展の型を検討するのに重要であるからである。

 さて，表8-3は，両国の繊維産業を比較したものである。まず韓国から見てみると，製造業全体の付加価値の中に占める繊維工業の付加価値の割合は，1967年から1979年にかけてそれ程大きく上昇したとは言えないが，GNPの中に占める繊維生産の割合は，1960年の7％から1975年の10％に高まっている。

 ところが，韓国の繊維製品の輸出の伸びは，輸出額と，生産の中に占める輸出の割合の双方において，それ以上のすさまじい勢いを示している。そして，これに対応して，繊維産業に雇用される人口が，1972年の35万人から1978年の72万人にほぼ倍増していることが観察できるのである。

 一方，ブラジルの方は，1949年に国内の繊維製品の供給のうち4％を輸入でまかなっていたが，その輸入割合が少しずつ低下するのに対して，1960年代頃から繊維製品の輸出を伸ばし，生産の中に占める割合においても1974年の20％，1984年の32％と上昇している。

 ところが，韓国に比べて輸出額の絶対的な大きさと伸びの程度が小さいこともあって（前述のように国内の農業部門からの需要が，韓国に比べて相対的に小さいことも一因であると考えられる），粗付加価値でみた製造業全体の中に占める繊維工業の割合が，1949年の24％から1975年の10％にまで下がっているのである。

 これを反映して，最も注目されるのは，韓国とは違ってブラジルは，繊維産業の雇用人口が増えることなく，34,5万人前後でほぼ安定して一定である，ということである。1業種として最大の雇用を持つ部門である繊維部門（1976年において，自動車および部品工業の雇用者数は約33万人）が，このように労働吸収力がないということは，ブラジルの経済発展過程では，農業部門からの労働力吸収に関して，韓国とは異なり，繊維部門がリードできる力を持たなかったことを意味するもので，このことはブラジルの発展の型に何らかの影響を

表8-3 韓国とブラジルの繊維産業

		韓		国			ブ	ラ	ジ	ル	
年次	(1) 繊維生産 GNP (%)	(2) 繊維工業 製造業 (付加価値, %)	(3) 繊維品 輸出額 (億ドル)	(4) 繊維製品の輸出 生産 (%)	(5) 繊維産業 雇用人口 (1000人)	(6) 繊維工業 製造業 (粗付加価値, %)	(3) 繊維品 輸出額 (億ドル)	(7) 繊維製品の輸出 生産 (%)	(8) 繊維製品の輸入 国内供給 (%)	(9) 繊維産業 雇用人口 (1000人)
	(60年) 7					(49年) 24		(49年) 3	(49年) 4		
1962										366
63	7			5		15		1	0.1	342
64										342
65										312
66	8			15						324
67		19								350
68										354
69										288
70	8	11	4	26						298
71		16			350					311
72		18	12	47	383		3			320
73		18			481				3	371
74		19						20		354
75	10	20	18	36	543		4			356
76		19	28		644		4			
77		17			699					
78			41		723		6			
79		21								
80						11		12, (84年)32	1	

出所および注： (1) 文献[7] p.255より。(2) 67年, 69年は文献[7] p.113より。(2) 70年から77年は, 文献[8] p.101より。繊維工業＝繊維＋衣服＋革。69年は文献[7] p.113より。繊維工業＝繊維＋衣服＋革。70年から77年は, 文献[8] p.101より。繊維工業＝繊維＋衣服（75年不変価格）。(3)「発展途上国の繊維産業」文献[1] 参照。繊維品＝テキスタイル＋衣料。(4) 文献[7] p.253より。(5) 文献[8] p.102より。(6) 文献[2] p.6より。(7), (8) 文献[2] p.7より。なお, (6), (7), (8) の繊維（製）品＝繊維＋衣料＋靴。(9) 文献[1] p.356より。

与えずにはおかないのである。

(3) 韓国の農工間賃金格差と所得格差

前述したように,途上国の経済発展過程では,通常農業部門から工業部門へ資金と労働力が移動する。このうち,農工間の労働力移動に関しては,農工間の賃金格差と相互に規定しあう関係にある。またさらに言えば,農工間の労働力移動にしろ賃金格差にしろ,これらは農工両部門の発展段階とその内容を反映するものであるし,また逆に農工両部門の発展を規定するものでもある。

渡辺利夫氏は,その膨大で詳細な韓国の経済発展研究において,およそ次のようなことを述べておられる[8]。韓国の輸出志向工業化は,1960年代央から始まったが,それ以前の輸入代替期においては,公定為替レートにおけるウォンの過大評価と低金利政策のため,国内の乏しい資金を資本集約的な輸入投入財の購入に充ててしまい,無駄が多かった。ところが,1960年代央から,為替レートと金利の「現実化」政策,すなわち実勢に合わせて為替レートを切り下げ金利を上げる政策を実施することによって,資本よりも労働の豊富な韓国の実情に合った労働集約財の生産が優先され,切り下げられた為替レートによってこの輸出を増やすことが可能になったため,韓国の高度成長が達成されたのである。

そして,この輸出志向の工業成長は,製造業の賃金率の上昇を通じる農村からの労働力吸収によって支えられたのであるが,これはさらに農村の賃金率を上昇させることによって,農業の機械化を進め,農業の所得向上,発展に資することになったというものである[9]。

確かに,製造業賃金率／農業賃金率で示される相対賃金率が,1966年から1970年にかけて上昇し,1970年から1971年にかけて一時低下したものの,その後再び上昇し続けている[10]。それゆえ,渡辺氏が主張されるように,相対賃金率で示される農工間賃金格差が,農業部門から工業部門へ労働力が移動する契機になったように見える。しかし,筆者自身は,注9)で触れたように,家族経営が主体の韓国農業では,農業の賃金率はあまり意味がなく,製造業賃金率の絶対的な上昇だけが農工間の労働力移動を生み出したのだと考える。

次に，韓国では，都市家計に対する農家家計の相対所得水準と，それに伴う相対消費水準が1968, 9年頃から向上し始め，1974, 5年頃から前者において農家家計が都市家計を上回るようにさえなった[11]ことは，注目すべき事実である。このことは，前述したように，GNPの中に占める農林水産の割合が製造業の割合を上回っていた事実と合わせて，韓国の高度成長期において，韓国農業が韓国の工業成長を需要面でかなり支えたことを意味すると考えられる。

なお，同期間における韓国の農家所得の向上には，農産物価格の上昇が大きく関係している。事実，農家の受取価格（つまり農産物の販売価格）は，1970年を100とした場合，1963年40, 1968年74, 1973年164, 1975年267と上昇しており，農家受取価格／農家支払価格で示される交易条件も，1963年114, 1968年94, 1973年115, 1975年112と，やはり1968年から上昇している[12]。

この農産物価格の上昇は，都市人口の増大による農産物需要の増加に加え，1968年から政府が農産物高価格政策をとったからである。

(4) ブラジルの農工間賃金格差

一方，ブラジルの農工間賃金格差はどうであろうか。

もともと，ブラジルでは，例えばサンパウロ州では1959年において，農工間の賃金格差は1対20であった[13]。これを踏まえて表8-4を見ると，1952年から1969年の間は，農業労働者の賃金が1963年前後に急変するものの，農工間の賃金格差はほとんど変わってはいない。ところが，1970年代以降に関しては（高度成長を反映して，農工両賃金が上昇しているのは当然であるが）韓国とは異なって，農工間の賃金格差がむしろ縮小しているのは，注目すべき事実である。

これは，前述した繊維産業における雇用人口数の安定性と符合する事実である。すなわち，労働集約的な繊維産業の規模の相対的縮小が，労働需要を低位に押しとどめたために，製造業全体の賃金率の伸びが，農業賃金率の伸びに対し相対的に緩慢になったのだと考えられる。

ただ，ここで注意しなくてはならないことは，表8-4から，農業労働者の賃金率が1963年以降，急上昇しているが，ここで賃金率が上昇した農業労働者

表8-4　ブラジルの農工間賃金格差

年次	農村(1) 農業労働者賃金 (クルゼイロ, 1969年指数 で換算)	製造業(2) 製造業・未熟練 労働者賃金 (サンパウロ市, 1961年=100)	農村(3) 農村臨時賃金 (1970年=100)	製造業(4) 製造業平均賃金 (1971年=100)
1952	124			
55	110			
61	99	100		
62	98	90		
63	98	95		
64	132	100		
65	138	94		
66	128	93		
67	126	95		
68	128	112		
69	123	112		
70			100	
71			106	100
72			112	108
73			130	119
74			157	119
75			166	131
76			164	140
77			170	
78			173	
79			159	
80			175	

出所)　(1) 文献〔6〕p.239より.
　　　(2) 文献〔16〕p.56より.
　　　(3), (4) 文献〔11〕p.132より.
注)　いずれも実質賃金.

とは具体的に何かということである。

　ブラジルではちょうど1963年に農村労働法が公布，施行されている。これは，農業労働者の権利と所得を保障し，これによって農業労働者の福祉向上を図ろうとしたものであった。しかし，これは雇用主にとっては厄介なものであったのは当然である。そこで雇用主は，常雇いの農業労働者の数を最小限にしぼり，残りの労働者を解雇するか，農繁期における短期の臨時雇い労働者にする，という挙に出たのである。この結果，農場に残存した常雇いの農業労働者の賃金は上昇したが，臨時雇いの労働者は低賃金を余儀なくされたのである[14]。

　それゆえ，農工間の賃金格差が縮小したから，農業部門からの労働力の流出

が減少したかというと,事態は全く逆で,むしろ流出が増えたのである。そして,農場から放出されたこの労働力は,全て工業部門に吸収されるわけにはいかず,かなり地方都市に滞留したといわれている。ブラジルでは,1980年においてさえ,都市人口の半分以上が,50万人未満の小都市に在住していたのである[15]。

そしてさらに,地方都市に住む人口の多くが大都市に流入したが,彼らの多くは大都市のインフォーマル部門で不安定な収入を稼ぐしかなかった。こうして,1970年においてブラジル全体の不完全就業者数を失業率に換算すると,それは32%にもなったのである[16]。このことがさらに,労働の供給の面で製造業の賃金率の上昇を抑制的にし,また階層間の所得格差を拡大した重要な一因となったと考えられる。

(5) ブラジルにおける農業の発展

農工両部門の賃金率を考える場合に無視できないのが,農産物価格の動向である。

ブラジルでは1970年代初頭,食糧農産物の価格が急上昇している。これが1970年代初頭の農業賃金率の上昇を可能にした一因であると思われる。ところが,この期間,政府が食糧の小売価格を統制し,補助を与えたため,食糧の小売価格はそれほど上昇していない。これが製造業賃金率の上昇程度を小さくすることができた他の理由であると考えられる。
(もし政府が,小売価格に対するこのような介入をしなければ,食糧の小売価格が上昇して都市貧困層を困窮させただろうことは疑いない)。

ではなぜ,このように食糧農産物(の生産者)価格が上昇したのだろうか。それは,次の3つの理由があったからだと思われる。

1つは,都市人口の増加による食糧需要の増大である。

2つ目の理由は,政府が輸出用農産物の生産の奨励には力を注いだが,国内向け食糧生産を長く軽視してきたからである。ブラジルの農業政策の中心である農業融資は,輸出作物を生産する大型農業経営に偏り,国内向け食糧を生産する小型の農業者は,その恩恵を受けることが少なかったのである。

3つ目の理由は，1970年代に農業成長率が低下したことで分かるように，ブラジル農業(特に国内向け農産物)の土地生産性と労働生産性が低下したからである[17]。

　生産性低下の1つの主要な原因は，地主が積極的に農業投資をしなかったからである[18]。不在地主が少なくないうえ，もともと農業労働者の賃金が低賃金であったため労働を多投すればよかったから，地主は投資の必要性を感じなかったのである。また，地力が消耗しても，開拓前線の拡大で補うことができたという事情もある。

　ここから農業投資が活発でなく，農業の土地生産性が低下し，労働生産性が製造業に対して相対的に低下した真の原因は，農地改革に失敗し古い土地制度を温存させてしまったことと，ブラジルの過大な土地と労働の量にあった，と言えるだろう。

4．おわりに

　韓国の経済発展モデルは，輸出志向工業化発展モデルであると言われる。確かに，輸出が重要な役割を果たしたのは事実であるが，その規模の大きさの点で国内需要の重要性も無視できない。

　韓国では1970年前後の高度成長期においてさえ，農業部門はGNPの約30％を占める大きさであった。そして，この農業部門と工業部門の間で，お互いに需要を与えあう良好な循環関係が存在したと考えられる。この農工両部門間の関係とは，次のようなメカニズムであった。

　輸出振興政策によって労働集約財の輸出が増えたことが，韓国の工業発展を刺激した。これを支えたのが，農業部門に対する工業部門の相対的に高い賃金率による，農業部門からの労働力吸収と，工業部門に向けての農業部門からの製品需要であった。すなわち，韓国の農業部門は，豊富な(資金と)労働力を工業部門に与えてその生産を支えたが，需要面でも工業発展に無視できない貢献をしたのである。

　この工業発展の結果，都市に相対的に豊かで規模の大きい労働者層が形成さ

れると，農業部門に対して彼らからの食糧需要が増えたため，農産物価格が上昇して農業部門の所得が上昇し，農業の近代化も進んだ。これがさらに，工業部門に対し，農業機械や化学肥料を含めた工業製品の需要を増やして，さらなる工業発展を促した。

韓国は，工業製品の輸出とともに，このような国内における農工間の良好な循環関係を生み出すことによって，高度成長を達成したのである。

ここで忘れてはならないことが2点ある。1つは，政府が1968年から農産物高価格政策（高い価格で農家から農産物を買う）を採用したことが，農工間の良好な関係を生み出す重要な契機になったということである。そして，もう1つは，このような農工間関係の中で，製造業の賃金率が上昇した[19]ことが，資本集約的な重化学工業化を必然にする1つの理由になったということである。

ところが一方，ブラジルの経済発展には，韓国ほどの良好な農工間関係が生まれたとは思えないのである。

ブラジルでは，労働集約財の工業生産の規模が韓国ほどではなかったため，工業部門が農業部門から労働力を十分に吸収する力を持たず，しかも農業部門が不要な労働力を積極的に排出したから，貧しい都市インフォーマル部門が形成された。この結果，工業部門においても都市インフォーマル部門においても，韓国のように広範な中間所得階層を形成することができなかったから，さらに労働集約財の工業生産の伸長が抑えられ，上の悪循環が深化した，と考えられる。

確かに，ブラジルの農業部門において農産物価格が一時上昇し，農業労働者の賃金率が上昇したという事実がある。しかし，この双方とも上の悪循環を阻止するほどのものではなかった。

なぜなら，農業賃金率が上昇しても，その恩恵は臨時雇いの労働者には及ばず，少数の労働者に限られたものであったからであり，また，一時的な農産物価格の上昇は，農業の土地及び労働生産性の低下による農業成長力の鈍化が原因であったため，必ずしも農業部門の顕著な所得の上昇につながらなかったからである。

農業の近代化を実現して，韓国のような良好な農工間循環関係をブラジルが生み出しえなかったのは，農地改革に失敗して古い農業・農地関係を廃絶しえなかったことと，政府の国内向け農業に対する長い間の軽視[20]が最大の要因であったと考える。

【注】

1) こうして工業部門の労働供給が増えてくると，工業部門の賃金率の上昇がやがて鈍化する。一方，農業部門の労働供給が減少すると，農業部門の賃金率がやがて上昇してくる。この結果，将来的には，農工間の所得格差の問題が緩和する（と一般には信じられている）と同時に，農業部門から工業部門への労働力移動が鈍化する。
2) 近代的投入財の産業が拡大して，投入財価格が下落すれば，農産物価格と投入要素価格の間の交易条件が農業部門にとって有利になるので，農業所得増はさらに加速される。
3) ここでは図8-3の農産物を食糧農産物に限っている。
4) ここでは図8-3の農産物を，食糧用だけではなく工業原料用の農産物を含めた，全ての農産物としている。
   また，図8-1や図8-2において，厳密には，時間が経過すれば，A_3やB_3に対応して需要や供給が調整されるが，ここでは煩瑣な議論は避けた。
5) 農業の近代化は，非耐久消費財の輸出向けと国内向けの販売を増やすばかりか，ある程度重化学工業化の進展に貢献する面もあることに注意を払っておく必要がある。これは，農業の近代化が農業機械や化学肥料の生産を促すからである。
6) 1970年代後半の「輸入代替」が10％であるのは，1973年の第1次オイルショックによる（原油など）輸入の急増によって貿易赤字が深刻化したため，ブラジルが資本財と基礎的中間財の自給を進めようとした事実を反映している。
7) 文献〔1〕p.350。
8) 文献〔12〕など。
9) 渡辺利夫氏は，韓国を例に，このような農業部門の賃金率の上昇が，農業部門において労働よりも農業機械や化学肥料の投入を有利にすることを通じて，農業の近代化が始まると主張される。農業部門の賃金率の上昇ばかりでなく，この農業の近代化による生産性の上昇もまた，農工間の所得格差の緩和に貢献することを主張されるのである。
   しかし，筆者は，韓国のように家族経営が中心の農業においては，農業の近代化を促すのは，そのような要素間の相対価格の変化ではないと考える。なぜなら，家族経営においては，実際に賃金を支払うわけではないので賃金率が明確に意識されることはないからである。農業の近代化を促す要因は，要素価格よりもむしろ，工業化の進

行に伴って労働力が流出し，また兼業機会が増えるため，農家において労働という要素の量が減るからであり，都市化の進行に伴う農産物需要の増加によって，農産物（という，要素より生産物）の価格とその販売量が増えるからである。

10) 文献〔12〕p.127の図4-6。
11) 文献〔7〕p.259の表9-14，p.354の表14-3，p.395の表15-12。
12) 文献〔7〕p.259の表9-15。
13) 文献〔20〕p.52。
14) 文献〔6〕pp.247～248。
15) 文献〔5〕p.165の表9。
16) 文献〔9〕p.168の表Ⅱ-41。
17) 文献〔18〕p.81, Table 11.35によれば，1人当たり国内純生産の増加率は次の通りである。60/65年を例外にして，農業の方が工業より低く，しかも55/60と65/69はマイナスでさえある。

年	1950/55	55/60	60/65	65/69
農業	5％	−4％	20％	−5％
工業	8％	9％	−11％	26％

18) 文献〔6〕p.237。
19) 文献〔7〕のp.167によると，1971～74年の間，非熟練労働者の実質賃金率は，年率10％以上の上昇を示した。
20) ブラジルの農産物価格政策は，最低価格保障制度であって，韓国のように政府が積極的に高い価格で農産物を購入する（農家に対する所得保障の意味がある），という政策ではない。

〔参考文献〕
〔1〕加賀美充洋「ブラジル」（アジア経済研究所編『発展途上国の繊維産業』），1980年。
〔2〕岸本憲明「ブラジルの産業発展と産業政策」（『海外投資研究所報』第18巻第1号），日本輸出入銀行海外投資研究所，1992年。
〔3〕国際協力事業団『ブラジル国の主要農業政策』，1979年。
〔4〕蔦川正義『韓国の貿易と産業・市場構造』，アジア経済研究所，1972年。
〔5〕中川文雄「ブラジルの人口動向の中での都市と農村」，（石井章編『ラテンアメリカの都市と農業』），アジア経済研究所，1988年。
〔6〕西川大二郎「ブラジルの農業政策とその展開」（石井章編『ラテンアメリカの土地制度と農業構造』），アジア経済研究所，1983年。
〔7〕朴宇煕，渡辺利夫編『韓国の経済発展』，文眞堂，昭和58年。
〔8〕林一信「韓国」（前掲『発展途上国の繊維産業』）。

〔9〕 細野昭雄『ラテンアメリカの経済』, 東京大学出版会, 1983年。
〔10〕 渡辺利夫編『概説 韓国経済』, 有斐閣, 1990年。
〔11〕 渡辺利夫編『アジア諸国経済発展の機構と構造』, アジア経済研究所, 1985年。
〔12〕 渡辺利夫『現代韓国経済分析』, 勁草書房, 1982年。
〔13〕 渡辺利夫「経済発展と労働市場」(谷口興二編『アジアの工業開発と雇用問題』)。
〔14〕 Eliseu Roberto de Andrade Alves and Affonso Celso Pastore, "Import Substitution and Implicit Taxation of Agriculture in Brazil", American Journal of Agricultural Economics, Volume 60, Number 5, 1978.
〔15〕 Gary Gereffi and Donald Wyman, "Determinant of Development Strategies in Latin America and East Asia" (Stephan Haggard and Cung-in Moon,eds "Pacific Dynamics" Chapter 2), CIS-Inha University, 1989.
〔16〕 Roberto Macedo, "THE BRAZILIAN LABOR MARKET: AN OVERVIEW", World Bank, 1986.
〔17〕 SUNG HWAN BAN, PAL YONG MOON, DWIGHT H. PERKINS, "Studies in the Modernization of The Republic of Korea: 1945-1975, Rural Development", HARVARD UNIVERSITY, 1980.
〔18〕 RUY MILLER PAIVA, SALONAO SCHATTAN, CLAUS F. TRENCH DE FREITAS, "BRAZIL'S AGRICULTURAL SECTOR" GRAPHOS-RIO, 1973.
〔19〕 Fred Levy, Douglas Graham, Norman Rask, Lucio Reca, David Kyle, "BRAZIL; A Review of Agricultural Policies", The World Bank, 1982.
〔20〕 C.E.Schuch and Elizeu Alves, "The Agricultural Development of Brazil", 1971.

第9章
一次産品輸出型経済発展と農工間関係
―その理論とブラジルの実証分析―

1. はじめに

　ある国の経済発展が，工業製品の輸出よりも，農・鉱産物の輸出に依存するものであり，そのため国内向け農産物の生産が軽視されることになるなら，この国の農工間関係の程度が小さくなり，経済発展の型も異なるものになるだろうと思われる。

　本章は，このような一次産品輸出型経済発展が農工間関係をどのように規定するかを理論的に明らかにし，次にブラジルにおける実証分析を行うものである。

　なお，本章では，国内の農工間関係に注目しているので，農業部門の中でも，（輸出向け農産物の生産を除外した）国内向け農業生産部門[1]，とりわけ国内向け食料生産部門に焦点をあてることにする。また，一国経済を農工二部門間の関係として考えるために，サービス部門を工業部門の中に含めることにする。

　以下では，国内向け農業生産部門，とりわけ国内向け食料生産部門を考察の中心とする。

2. 経済発展と農工間関係

(1) 一次産品輸出型経済発展と農工間関係

① 工業部門から国内向け農産物生産部門への需要

いま仮に，国内向け農産物に対する需要量が一定・不変であるとしよう。

工業製品の輸出よりも農・鉱産物の輸出に比重がある国の場合，工業部門の発展よりも輸出向け農・鉱産物生産部門の発展の方が勝るから，国内向け農産物に対する一定の需要量の中で，工業部門からの需要の割合よりも輸出向け農・鉱産物生産部門からの需要の割合の方が大きくなる。

したがって，工業製品の輸出を重視する経済発展よりも，輸出向け農・鉱産物の輸出を重視する経済発展の方が，国内向け農産物生産部門に対する工業部門からの需要の程度が小さくなる。

加えて，もし，輸出向け農産物の生産に比重が置かれた結果，国内向け農産物の生産が軽視されて，国内向け農産物を輸入することになるなら，（国内の）国内向け農産物生産部門に対する工業部門からの需要の程度がさらに小さくなるだろう。このことを次の(イ)，(ロ)の2つに分けて検討してみよう。

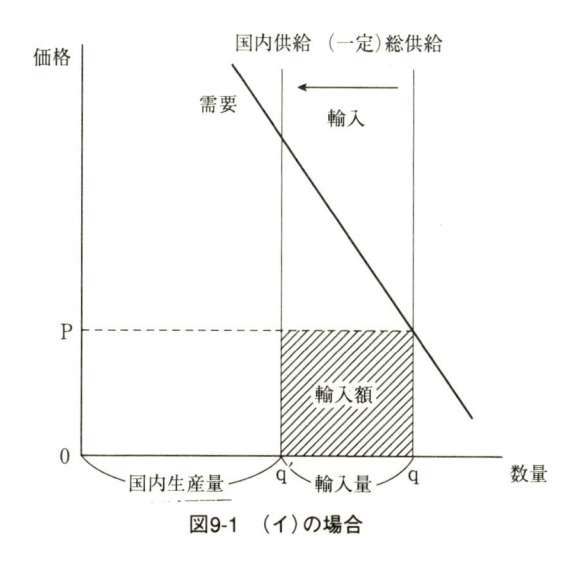

図9-1 (イ)の場合

(イ) 国内の生産量が減少する場合

　図9-1は，当初，国内向け農産物をqの量だけ生産・供給[2]していたが，国内におけるその生産・供給量がq'まで減少し，そのためq－q'の量だけ輸入することになった状態を示している（ここでは，国内向け農産物の総供給量はqの量で一定であるとしている）。

　当初は，国内向け農産物生産部門に対してp・qだけ支出されていた金額（＝需要金額）が，この輸入によってp・q'まで減少する。差額のp(q－q')の金額は外国に漏出することになる。

(ロ) 国内の生産量が不変の場合

　次に，国内向け農産物の国内生産量を一定・不変であるとし，これに国内向け農産物の輸入量が加えられて総供給量が輸入分だけ増えるとした場合はどうなるだろうか。

　図9-2は，国内向け農産物の国内生産量がqの量で一定・不変のまま，国内向け農産物がq'－qの量だけ輸入されたため，当該農産物の総供給量がq'の量まで増えた状態を示している。また，国内向け農産物の輸入前の価格はpであるが，q'－qの量だけの輸入によって価格がp'まで下落している。

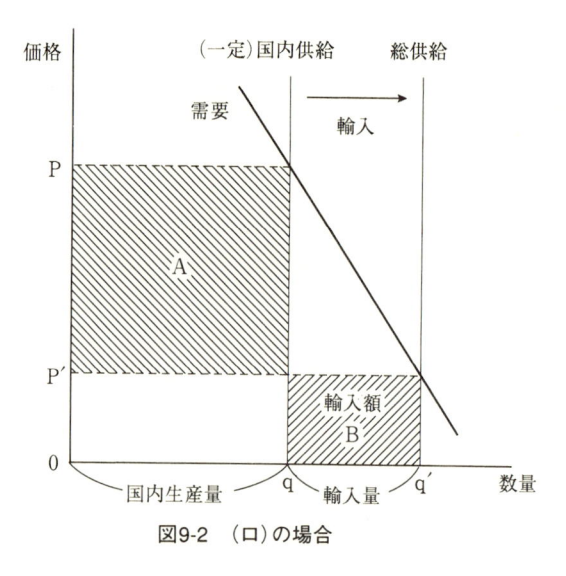

図9-2 （ロ）の場合

したがって，当初は，国内向け農産物生産部門に対してp・qだけ支出されていた金額（＝需要金額）が，この輸入によってp'・qまで減少することになる。

以上から，輸出向け農・鉱産物の輸出の比重が高い経済発展は，それだけで工業部門から国内向け農産物生産部門への農産物需要額を減らすが，加えて国内向け農産物を輸入することになった場合は（(イ)，(ロ)のどちらの場合でも），さらにその農産物需要額を減らすことになるといえる。

② 国内向け農産物生産部門から工業部門への需要
次に，輸出向け農・鉱産物の輸出に依存して経済が発展する国では，工業部門に対する国内向け農産物生産部門からの工業製品需要の大きさはどうなるだろうか。
輸出向け農・鉱産物の輸出重視は，国内向け農産物の生産を軽視することにつながり，国内向け農産物の輸入を余儀なくさせる。ここでは，この輸入が，工業部門に対する国内向け農産物生産部門からの工業製品需要の大きさにどのような影響を与えるか検討する。
①では，国内向け農産物生産部門に対しての農産物支出額（＝需要額）が，国内向け農産物生産の軽視による国内向け農産物の輸入によって減少すると述べたが，これを立場をかえて国内向け農産物生産部門から見れば，国内向け農産物販売額がこの輸入によって減少することを意味する。
そして，国内向け農産物生産部門の農産物販売額が減少すれば，この部門の農業所得も減少し，この結果，工業部門に対する工業製品の需要の大きさが小さくなるのではないかと考えられる。このことを(イ)，(ロ)の２つの場合について見ておこう。

(イ)の場合
国内向け農産物の国内生産量（＝販売量）がqからq'まで減ることによって，国内向け農産物販売額がp・qからp・q'まで減少する（減少額はp・q－p・q'）。

この結果，国内向け農産物生産部門の農業所得も減少する可能性が高いから，工業部門に対するこの部門からの工業製品需要が減少するだろうと考えられる。

(ロ)の場合

国内向け農産物生産部門では，輸入前にp・qだけあった農産物販売額が輸入後にp'・qまで減少する。すなわち，販売額が(p−p')qの金額だけ減ったのである。

輸入の前後において国内の生産量がqのままで不変のため，農業生産のための投入金額(=費用)が変わらないから，農産物販売額−費用から計算される，国内向け農産物生産部門の農業所得も(p−p')q(この金額を図でAとして示す)だけ減少することになる。

一方，国内の消費者は，農産物に対して輸入前はp・qだけ支出していたが，輸入後はp'・q'だけ支出することになる。その支出額の差(p・q−p'・q')は，図からA−B(ただし，Bは輸入額)に等しい。

A−B≧0の場合

米や小麦などの主食用の国内向け農産物の場合は，需要の価格弾力性が小さく需要曲線(ここでは直線)の形状が垂直に近いので，A＞Bの可能性が大きい。また，輸入額が相対的に小さい場合もA＞Bとなる。

このとき，正の数値となるA−Bの金額だけ，輸入によって国内の消費者の支出金額が減少することになる。そしてこの節約されたA−Bの金額だけ，国内の消費者にとって残余の所得が増えたことになる。

この国内の消費者における残余の所得の増加により，工業部門など，国内向け農産物生産部門以外の部門からの工業製品需要が増える。

ところが一方では，国内向け農産物生産部門では農業所得がAだけ減少しているから，この部門からの工業製品需要が(国内向け農産物の輸入の結果)減少する。

明らかにA＞A−Bが成り立つ。すなわち，国内向け農産物の輸入によって，国内向け農産物生産部門で減少した所得(A)が，国内の消費者において(残余の所得が増加したという意味で)実質的に増加した所得(A−B)

よりも大きくなる。それゆえ，国内向け農産物の輸入は，全部門からの工業製品需要をネットで減らす可能性がある。

<u>A－B＜0の場合</u>

A＜B，つまりA－B＜0の場合は，国内向け農産物に対する消費者の支出金額を，輸入によって増やすことを意味するから，このときこの消費者にとって残余の所得が減少することになる。

このときも，A＞A－Bが成り立つ。すなわち，国内向け農産物の輸入によって，国内向け農産物生産部門で減少した所得（A）が，国内の消費者において実質的に減少した所得（A－B）よりも大きくなる。

この結果，国内向け農産物の輸入により，全部門からの工業製品需要を減らすことになる。なかでも国内向け農産物生産部門からの工業製品需要の減少は，他の部門からの減少を上回る。

結局，（イ），（ロ）（A－Bの正負にかかわらず）のどちらの場合でも，国内向け農産物を輸入することによって，工業部門に対する国内向け農産物生産部門からの工業製品需要が減少する。

国内向け農産物の輸入により農産物価格が低下することの，国内向け農産物生産部門以外の部門に対する影響を考慮に入れても，国内向け農産物の輸入は，少なくとも全部門からの工業製品需要を減らすのでないかと考えられる。

③　農工間の循環関係

輸出向け農・鉱産物の輸出を重視し，このため国内向け農産物を一部輸入する型の経済発展をしつつある国では，国内向け農産物生産部門に対する工業部門からの需要が減少することを①で述べ，工業部門に対する国内向け農産物生産部門からの需要が減少することを②で述べた。

ここでは，国内向け農産物生産部門に対する工業部門からの影響（関係）と，工業部門に対する国内向け農産物生産部門からの影響（関係）を上のように別々に考えるのではなく，一括して考えるとどうなるかを考察する。

すなわち，工業部門から国内向け農産物生産部門に対して（農産物購入代金

として）支払われた金額のうちどれだけの金額が，輸出向け農・鉱産物輸出重視，国内向け農産物一部輸入型の経済のもとで，工業製品の購入代金として工業部門に還流するのか，という農工間の循環関係を検討する。

いま，工業部門と農・鉱産物輸出部門のGNPを合計した金額のうち工業部門のGNPがa％を占めるとし，これに対応して，国内向け農産物に対する需要量のうち工業部門からの需要量がa％を占めているとする。

(イ)の場合

輸入後の，国内向け農産物生産部門生産の農産物の購入量q'のうち，工業部門からの購入量は$q' \times a/100$で，支払われた購入代金は$p \cdot q' \times a/100$。

国内向け農産物生産部門が工業部門から手に入れたこの$p \cdot q' \times a/100$の金額のうち，工業製品購入代金として工業部門に還流する金額は，$\{p \cdot q' \times a/100 - C(q')\} \times m/100$。ただし，$C(x)$は国内向け農産物生産の総費用関数。$m$は，国内向け農産物生産部門の所得のうち工業製品に支出する割合(％)。

輸出向け農・鉱産物の輸出に重点が置かれて工業部門のGNP割合aの数値が小さくなり，またそのうえ国内向け農産物の輸入が増えてq'の数値が小さくなると，上式から工業部門に還流する金額が大きく減少すると言える。

(ロ)の場合

(イ)の場合と同様に考えると，この場合の工業部門に還流する金額は，$\{p' \cdot q \times a/100 - C(q)\} \times m/100$。

この場合も，輸出向け農・鉱産物の輸出に重点が置かれて工業部門のGNP割合aの数値が小さくなり，またそのうえ国内向け農産物の輸入が増えてp'の数値が小さくなると，上式から工業部門に還流する金額が大きく減少する。

こうして工業製品の販売代金として工業部門に還流した金額は，さらに工業部門の所得を生み出して，その一部が国内向け農産物購入代金として国内向け農産物生産部門に支払われる。

このような無限に続く農工間の循環関係の中で，農工両部門は所得を累積させていくが，前述のように農・鉱産物輸出重視，国内向け農産物生産軽視の経済では，農工間を循環する金額が小さくなるので，農工両部門に累積する所得の総額が小さくなる。すなわち，農工間の循環関係による経済発展は阻害されるのである。

(2) 一次産品輸出型経済発展過程と農工間関係

前の(1)では，国内向け農産物に対する需要量と国内生産・供給量が，ある一定水準で与えられている前提条件のもとで，一次産品輸出型経済発展における農工間の循環関係を検討した。

この(2)では，より現実に近づけて，国内向け農産物に対する需要量，国内生産・供給量，国内向け農産物の輸入量の3つがt期から$t+1$期にかけて変化するとき，一次産品輸出型経済発展における農工間の循環関係がどうなるかを検討する。

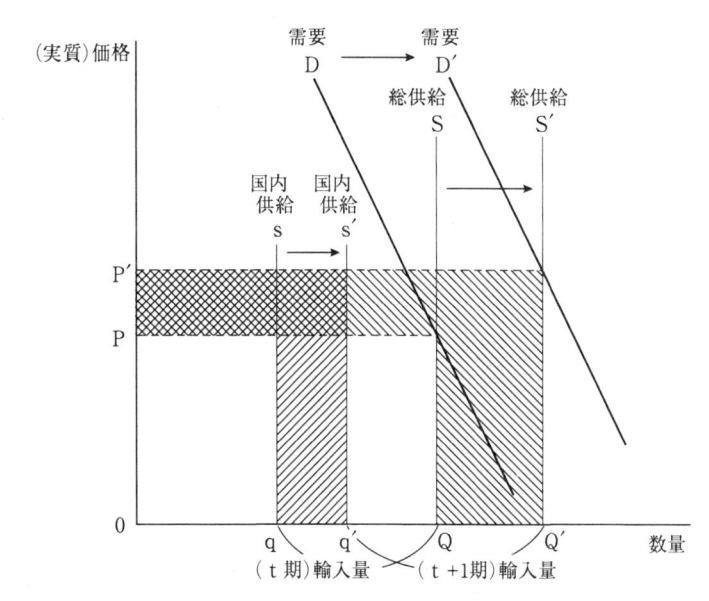

図9-3 国内における(国内向け)農産物市場

図9-3は，t期において，国内向け農産物の需要曲線がD，国内供給曲線がs，(国内供給量＋輸入量＝) 総供給曲線がSで示されていたものが，t＋1期には，それぞれの量が増えて，需要曲線がD'，国内供給曲線がs'，総供給曲線がS'で示されるものに変わっている。

これに伴って，t期において，国内向け農産物の (実質) 価格がp，国内供給量がq，総供給量がQ，輸入量がQ－qで示されていたものが，t＋1期においては，(実質) 価格がp'，国内供給量がq'，総供給量がQ'，輸入量がQ'－q'で示されるものに変わっている。

① 工業部門から国内向け農産物生産部門への需要

輸入を含めた国内向け農産物に対する，工業部門と農・鉱産物輸出部門からのt期における需要額 (支出額) pQのうち，国内向け農産物生産部門の農産物に対する需要額はpqとして示される。さらにこのうち，国内向け農産物生産部門の農産物に対する工業部門からの需要額は，pq×a/100 (ただし，aは，工業部門と農・鉱産物輸出部門のGNP合計額の中に占める工業部門のGNP額の割合を％で示したもの) である。

国内向け農産物生産部門の農産物に対する工業部門からの需要額がt＋1期においてはp'q'×a/100だから，t期からt＋1期にかけてこの需要額は，p'q'×a/100－pq×a/100だけ増えたことになる。

② 国内向け農産物生産部門から工業部門への需要

ここでは，国内向け農産物生産部門の農産物に対して工業部門から支払われた金額のうち，どれだけの金額が工業製品需要額として工業部門に還流するかを検討する。

(イ) 工業製品需要増

国内向け農産物生産部門の農産物に対する工業部門からの (t期からt＋1期にかけての) 需要増加額 (＝p'q'×a/100－pq×a/100) は，国内向け農産物生産部門からみれば，同期間における農産物販売収入増加額である。

この期間における同部門の農業生産増加量 (＝q'－q) を実現するための費用増加額をΔCとすると，このΔCのうち，工業部門からの農産物需要増加量 (q'－q)×a/100に対応する金額はΔC×a/100であると考えられる。

したがって，国内向け農産物生産部門の農産物に対する工業部門からの需要増加によって生み出された，国内向け農産物生産部門の所得増は，p'q'×a/100 － pq×a/100 － △C×a/100 ＝ (p'q' － pq － △C)×a/100となる。

前述のように，mを，国内向け農産物生産部門の所得のうち工業製品に支出する割合(％)とすると，国内向け農産物生産部門の農産物に対して工業部門から支払われた金額のうち，(p'q' － pq － △C)×a/100×m/100の金額が，国内向け農産物生産部門から工業部門に対して，工業製品購入(需要)増加額として支払われることになる。

pやp'(さらに，qやq'，△Cも)は，t期およびt＋1期の輸入量を反映して決まる数値なので，この工業製品需要増加額は，輸出向け農・鉱産物の輸出に比重があり，国内向け農産物を一部輸入するという前提条件のもとでの金額であることになる。

(ロ) 工業製品需要減

工業製品の需要に対する影響に関しては，(イ)で検討した，国内向け農産物生産部門の所得増による工業製品需要増だけではなく，輸入を含めた国内向け農産物に対する支出増が，一方では，国内向け農産物生産部門以外の2部門で，工業製品に対する需要を減少させるという影響も見落としてはならない。

ただし，いまは農工間関係の中の工業部門だけに注目しているので，この工業製品需要減のうち，(農・鉱産物輸出部門からの工業製品需要減を除いた)工業部門における工業製品需要減だけを取り扱う。

輸入を含めた国内向け農産物に対する，工業部門と農・鉱産物輸出部門からのt期における支出額pQのうち，工業部門からの支出額はpQ×a/100で，t＋1期における工業部門からの支出額はp'Q'×a/100であるから，t期からt＋1期にかけての支出増加額は，p'Q'×a/100 － pQ×a/100。

工業部門において，輸入を含めた国内向け農産物に対する支出が上記の金額だけ増えると，工業部門の所得が同額だけ実質的に減ったとみなすことができる。そうすると，この実質的な所得減少額にm/100を乗じた額だけ，工業部門で工業製品の需要額が減少する。

すなわち，その工業製品需要減少額は，$(p'Q'-pQ) \times a/100 \times m/100$ で示される。この式においても，pやp'，QやQ'は，t期およびt＋1期の輸入量を反映して決まる数値なので，この工業製品需要減少額は，輸出向け農・鉱産物の輸出に比重があり，国内向け農産物を一部輸入するという前提条件のもとでの，工業部門における工業製品需要減少額を表していることになる。

(ハ) <u>ネットの工業製品需要増加額</u>

(イ)の工業製品需要増加額から(ロ)の工業製品需要減少額を引いた差額の金額は，輸出向け農・鉱産物の輸出に比重を置き，国内向け農産物を一部輸入する型の経済発展をしつつある国の工業部門が，輸入を含めた国内向け農産物に対して支出することによって生み出されるネットの工業製品需要変化額を表す。

このネットの工業製品需要変化額をMで表すと，$M = \{(p'q'-pq) - \Delta C\} \times a/100 \times m/100 - (p'Q'-pQ) \times a/100 \times m/100 = [p(Q-q) - \{p'(Q'-q') + \Delta C\}] \times a/100 \times m/100$。

$p(Q-q)$はt期の輸入額，$p'(Q'-q')$はt＋1期の輸入額，ΔCは(国内における国内向け農産物生産のための)費用増加額，を表す。

$a > 0$，$m > 0$なので，$M > 0$であるためには，$p(Q-q) > p'(Q'-q') + \Delta C$，すなわち，$p(Q-q) - p'(Q'-q') > \Delta C$でなくてはならない。通常は$\Delta C > 0$であるから，左辺$> 0$であるためには，$p(Q-q) > p'(Q'-q')$，つまり，左辺が輸入減を表すものでなくてはならない。

したがって，工業部門においてネットの工業製品需要の増加を生み出すためには，国内向け農産物に関して，費用増加額を上回る輸入減少額でなくてはならない。

それゆえ，ネットの工業製品需要を生み出し，さらにその需要額を増やすためには，輸入減少額を増やすか，費用増加額を減らすか，aの数値を上げることが必要である。もちろん，この3つを同時に行うことが最も好

ましい。

(ニ) ここでの結論

　輸出向け農・鉱産物の輸出に比重を置き，国内向け農産物を一部輸入する型の経済発展をしつつある国では，農工間循環関係の中でネットの工業製品需要の増加を生み出してさらなる工業発展を図るためには，まず輸出向け農・鉱産物の輸出の比重を引き下げなくてはならない。そして，国内向け農産物の輸入をできるだけ減らして，国内での効率的な(費用のかからない)農業生産に代替しなくてはならない。

　構造的に輸出向け農・鉱産物輸出の比重が高く，かつ食料などの農産物の輸入に依存し，しかも非効率的な国内向け農業生産をしている国では，工業発展があるとしても，それが農業部門を介してさらに工業発展を促すという，国内の自律的な発展力は弱いと言わざるをえない。輸出向け農・鉱産物輸出部門を介した不安定な外需にもっぱら依存するこの国のこの段階での工業発展の規模と程度は，国内に発展的な農工間循環関係がある場合より小さくなる可能性が高いと思われる。

3．実証分析——ブラジルのケース

　ここでは，2. で得られた式に基づいて，ブラジルの工業部門が農業部門を介して工業製品需要を生み出すという農工間循環関係を推定してみることにする。

(1) 農産物輸入の増減額と土地生産性

　2. では，ある国の工業部門が農業部門を介して自らの部門にネットの工業製品需要増を生み出すためには，国内向け農産物に関して，費用増加額を上回る輸入減少額でなくてはならないと述べた。

　ここでは，ブラジルにおけるその大小関係を正確に推計することはできないが，表9-1によって，ブラジルの農工間関係の推定を試みる。

　表9-1の(1)の金額から算出した，(2)の農産物輸入増減額を見ると，1969年，1975年，1977年を除いて，1966年から1979年の各年において農産物の輸入が

増加している。しかも，(5)の土地生産性をみると，米とフェイジョン豆とマンジョカの3つは，時間が経つにつれ土地生産性が減少している。また，農業の労働生産性に関しては，1950年は工業の0.16倍であったものが，1970年には工業の0.09倍へと，工業に対して相対的に低下している[3]。

土地ないし労働生産性の低下は，生産物1単位当たり，土地および労働という生産要素がより多く投入される状態に変化することであるから，両生産性の低下は費用条件が悪化することであると考えることができる。

そう考えると，農産物を輸入することが多く，しかも時間の経過とともに農業の費用条件が悪化するという事実から，ブラジルでは1960年代半ば頃から1980年頃にかけて，農業部門を介しての工業部門からのネットの工業製品需要増が小さかったのではないかと推測される。

表9-1

年次	(1) 農産物輸入額 (CIF, 100万ドル)	(2) 農産物の輸入・増減額	(3) 小麦輸入量 (メトリック・トン)	(4) 小麦輸入増減量
1965	212.8			
66	280.3	67.5	2,394	
67	341.3	61.0	2,446	52
68	374.3	33.0	2,621	175
69	336.6	−37.7	2,356	−265
70	357.8	21.2	1,969	−387
71	465.6	107.8	1,711	−258
72	538.3	72.7	1,797	86
73	998.2	459.9	2,946	1,149
74	1,556.4	558.2	2,399	−547
75	1,184.8	−371.6	2,082	−317
76	1,425.2	240.4	3,426	1,344
77	1,234.4	−190.8	2,608	−818
78	1,891.6	657.2	4,334	1,726
79	2,777.9	886.3	3,651	−683
80			4,755	1,104
81			4,360	−395
82			4,144	−216

年次	(5) 土地生産性 (kg/ha)				
	米	小麦	フェイジョン豆	マンジョカ	トウモロコシ
1960〜64	1,605	696	651	13,493	1,279
65〜69	1,501	847	662	14,370	1,345
70〜74	1,696	921	607	13,733	1,468
75〜79	1,426	780	600	12,107	1,480
80〜83	1,560	861	459	11,507	1,815

出所) (1) 文献〔5〕p.13のTable 5より．
(3) 文献〔6〕p.17のTable 4より．
(5) 文献〔2〕p.169の表10より．

ただし，表9-1の(4)より小麦の輸入量は減少することも多く，また(5)より時間の経過とともに小麦の土地生産性が上がっているから，農業部門の中の小麦亜部門に関しては，工→農→工への需要の波及の通り道になっている可能性がある。

(2) 農業所得増加額と農産物支出増加額

農工間循環関係の中のネットの工業製品需要増Mを表す式は，$M = [\{(p'q' - pq) - \Delta C\} - (p'Q' - pQ)] \times a/100 \times m/100$ とすることもできる。

このうち，$(p'q' - pq) - \Delta C$ は，国内向け農産物生産部門の農業所得増加額を表し，$p'Q' - pQ$ は，国内向け農産物に対する支出増加額を表す。

次に，これらに関する数値によって，ブラジルの農工間関係を推定する。

表9-2は，(6)の数値によって国内向け農産物生産部門の実質農業所得増加額を表し，(7)〜(10)の数値によって国内向け農産物に対する支出増加額の動向を推定しようとしたものである。

これを見ると，(7)の1人当たり穀物消費量と(9)の食料実質小売価格は，時間が経過してもほとんど変化していない。したがって，ブラジル国民の実質穀物消費額は，もっぱら人口の増加によって増えていると思われる。また，工業原材料としての綿花の消費量は，時間とともに急増している。この穀物消費額と綿花消費量の増え方から，国内向け農産物に対する支出増加額も時間とともに増えていると思われる。

一方，(6)の国内向け農産物生産部門の実質農業所得増加額が1965年まで増えているから，この面だけを見ると農業部門からの工業製品需要額は増えるはずである。ところが，(1)で述べた通り，ネットの工業製品需要増が小さかったとすれば，この農業所得増加額は，工業部門の発展に貢献するにはまだ小さなものでしかなかったことになる。

さらに1970年代に入ると，この実質農業所得額が減っており，ますます農工間の循環関係が弱くなったように思われる。

これは，1970年代の初め頃に農産物が不作であったこともあるが，前述の土地生産性の低下でも分かるように，国内向け農業の成長力が低下したからで

表9-2

年次	(1) GNP増加額(名目,百万クルゼイロ)	(2) 農業GDP/GDP(%)	(3) =(1)×(2) 農業GNP増加額(名目,百万クルゼイロ)	(4) 国内向け農産物生産額生産額(%)	(5) =(3)×(4) 国内向け農産物生産部門の農業所得増加額(名目,百万クルゼイロ)	(6) (5)より国内向け農産物生産部門の実質農業所得増加額(百万クルゼイロ)
1950	38	26.7	10.1	(66.4)	6.7	6.7
(52〜54)				67.8		
55	136	25.1	34.1	(72.9)	24.9	10.0
60	559	19.9	111.2	(79.7)	88.6	12.1
65	13,762	16.7	2,298.3	83.0	1,907.6	26.1
(66)				83.0		
70	41,507	11.0	4,565.8	77.8	3,552.2	14.6
(73)				72.6		
75		11.9				
(77)				63.1		
79		11.3				

年次	(7) 1人当たり穀物消費量(kg)	(8) (=(7)×人口)全人口穀物消費量(1000トン)	(9) 食料実質小売価格指数(1966年=100,サンパウロ)	(10) 綿花消費量(1000トン)
55	110.9			
60	106.1	7,405		
66	96.2	7,964	100	
68			94	
70	101.9	9,452	95	291.3
72			100	325.0
75	103.8		105	420.0

出所および注) (1) GNP=広義の国民所得とし,GNPとGDPはほとんど差がないと考えて,GNPの代わりにGDPを使った.
(2) 文献〔10〕p.10より.
(4) 文献〔5〕p.5より.ただし,さとうきびと綿花を分子の中に含むように修正した.カッコ内の数値は文献〔9〕p.37のTable 3-2, Bより計算した.65年の数値は66年と同じであると仮定した.また70年の数値は,66年と73年の平均.
(6) 文献〔8〕p.41より.食料卸売価格指数で実質化(50年価格による).
(7) 55年,60年は文献〔7〕p.54のTable 11.9より.66年,70年,75年は,文献〔6〕p.12のTable 2より.この3つの数値=小麦+米+豆.
(8) 文献〔3〕p.38の第4表より.
(9) 文献〔5〕p.9のTable 3より.
(10) 文献〔1〕p.347の第8表より.

あると思われる。そして,この国内向け農業の成長力の低下は,農業融資が輸出向け農作物の生産に集中するなどの輸出向け農業生産重視・国内向け農業生産軽視の政策に一因があったと言える。

(3) 実証分析の結論

ブラジルの工業発展の1つの特色は,経済発展過程の中で繊維工業の比重が下がっていくということである。

例えば,韓国と比較すると[4],製造業の中に占める繊維工業の付加価値の割合は,韓国では1960年の19％から1979年の21％に上がっているが,ブラジル

では1949年の24％から1985年の11％にまで下がっている。また、繊維産業の雇用人口については、韓国では1972年の35万人から1978年の72万人まで増えているのに、ブラジルでは1962年の37万人から1975年の36万人まで少し減少している。

確かに、韓国の繊維品輸出額の大きさと増加が韓国の繊維産業をリードした点は否定できない。1978年において、ブラジルの繊維品輸出額が6億ドルであったのに対し、韓国は41億ドルであったのである。

しかし、その点は否定できないとしても、繊維製品の生産の中に占める輸出の割合は、1975年の韓国において36％、1974年のブラジルにおいて20％なのである。ということは、それらの年において、繊維製品の需要のうち内需が占める割合は、韓国では64％、ブラジルでは80％であったのである。繊維工業などの工業の発展において内需の果たす役割を無視することはできないのである。

そして、筆者は、内需の中でも農業部門の果たす役割を強調したい。なぜなら、発展の初期段階では、農業人口と農業生産額の比重が高いからである。

この点に関して強調しておきたいのは、高度成長期において韓国の方がブラジルより農業部門の比重が大きかったという事実である。例えば、全産業のGNPの中に占める農林水産の割合が1971年の韓国において29％であったのに対し、1970年のブラジルにおいて全産業のGDPの中に占める農牧業の割合は12％であった。また、1970年の韓国において農林水産の就業人口割合が50％であったのに対し、1970年のブラジルにおいて農牧業の就業人口割合が44％であったのである。

これらの事実から、ブラジルの経済発展において相対的に繊維工業の比重が小さくなり、またその雇用吸収力が小さかったのは、ブラジルでは韓国に比べて内需の力、とりわけ農業部門からの需要の力が弱かった面も無視できない一因であったのではないかと考える。

それは、前述したように、経済発展の初期において輸出向け農・鉱産物の輸出に力をいれて、国内向け農業を軽視したために、工業部門の発展が農業部門を介してさらなる工業発展を促すという、国内における内需の循環構造が相対的に弱かったからではないかと考えられるのである。

ひとことで言えば，ブラジルは一次産品の生産と輸出を重視する型の経済発展であったため，軽工業の発展が（韓国などに比べて）相対的に遅れることになったのである。

【注】
1) 輸出向け農・鉱産物の生産及び輸出部門を，国内向け農産物の生産部門とは分け，別の部門とする。
2) 短期の年内では，農産物供給曲線は垂直である。輸入を含めた総供給曲線は，本来右上がりにした方がよいかもしれないが，議論の大筋に変わりはない。
3) 文献〔4〕p.866。
4) 韓国とブラジルの比較の数値については，1994年におけるラテンアメリカ政経学会で筆者が発表したとき（「韓国型とブラジル型経済発展モデルの比較検討」）配付した資料のうちの第1表，第3表より。

〔参考文献〕
〔1〕加賀美充洋「ブラジル」（アジア経済研究所編『発展途上国の繊維産業』），1980年。
〔2〕中川文雄「ブラジルの人口動向の中での都市と農村」（石井章編『ラテンアメリカの都市と農業』），アジア経済研究所，1988年。
〔3〕ブラジル商工会議所編『ブラジル経済・経営辞典』，ダイヤモンド社，1974年。
〔4〕Eliseu Roberto de Andrade Alves, Affonso Celso Pastore, "Import Substitution and Implicit Taxation of Agriculture in Brazil", American Journal of Agricultural Economics, Volume 60, Number 5, 1978.
〔5〕Fred Levy, Douglas Graham, Norman Rask, Lucio Reca, David Kyle, "BRAZIL; A Review of Agricultural Policies", The World Bank, 1982.
〔6〕Geraldo M. Calegar, George E.Schuh, "THE BRAZILIAN WHEAT POLICY: ITS COSTS, BENEFITS, AND EFFECTS ON FOOD CONSUMPTION", International Food Policy Research Institute, 1988.
〔7〕RAOUF KAHIL, "INFLATION AND ECONOMIC DEVELOPMENT IN BRAZIL, 1946～63". CLARENDON PRESS OXFORD, 1973.
〔8〕RUY MILLER PAIVA, SALOMÃO SCHATTAN, CLAUS F. TRENCH DE FREITAS, "BRAZIL'S AGRICULTURAL SECTOR", GRAPHOSRIO, 1973.
〔9〕WERNER BAER, "Industrialization and Economic Development in Brazil", A Publication of The Economic Growth Center, Yale University, 1965.
〔10〕William G. Tyler, "The Brazilian Industrial Economy", Lexington Books, 1981.

[補論1]
第10章
寺西推計の方法とその問題点

(1) 特殊銀行の農業貸出

　特殊銀行とは，日本勧業銀行(1896年設立)，農工銀行(1896～1900年設立)，北海道拓殖銀行(1899年設立)を意味し，もっぱら農業に対して融資する金融機関として設立されたものである。

　寺西氏は，これら特殊銀行の農林水産業貸出を，各年の『銀行局年報』各種貸付金借主別表から産業組合への貸出と勧銀の代理貸付，特別担保貸付を除いて得ている。

　なお，『農林金融便覧』[1]の「農家負債の変遷」によると，1912年；76，1929年；721，（勧銀，農銀，拓銀を合計したもの。単位百万円）であるが，寺西推計では，それぞれ，162, 815（百万円）とかなり大きな数値を出している[2]。これは，寺西推計が，林業，水産業者貸出をも含んでいることが一因だろうが，

```
勧 銀 ─┐                  ┌→ 産　組
  (除く) │                  │(除く)
農 銀 ──┼──────────┤
         │                  └→ 農林水産業者
拓 銀 ─┘
```

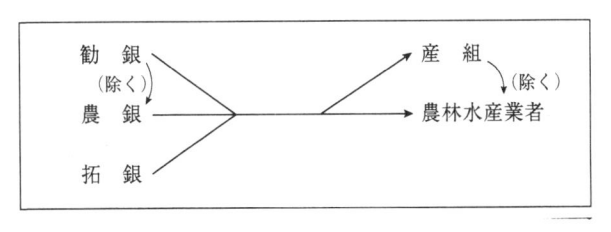

図10-1　特殊銀行の農林水産業貸出

1912年は約2倍であるのに，1929年は1倍強であり，推計上の問題なしとしない。

(2) 普通・貯蓄銀行の農業貸出[3]

農業貸付残高が分かっている年次が少ない（1911，1928，1929，1933，1934，1937年）ので，それ以外の年次は推計せねばならない。寺西氏は，不動産を担保とした貸出と農業貸出は全く同じではないが，何らかの関連性があるであろうという点に着目してその推計を行う。

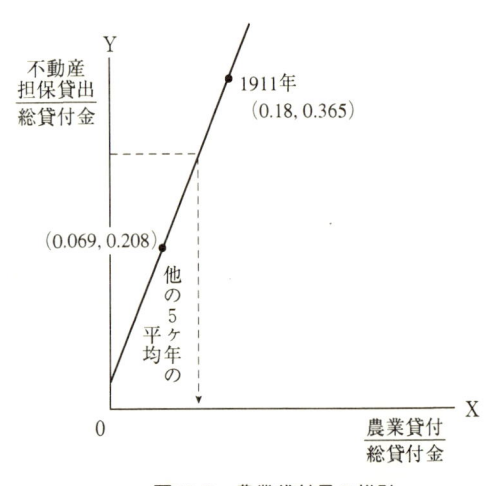

図10-2　農業貸付量の推計

図10-2において，横軸に$\frac{農業貸付}{総貸付金}$をとり，縦軸に$\frac{不動産担保貸出}{総貸付金}$をとる。1911年と他の5か年平均のxとyの値が分かっているので，その2点をプロットする。こうして得られた直線（$X=0.707Y-7.806$）と各年のYの値より各年のXの値を求め，その値に総貸付金を乗じて各年の農業貸付量を求めるのである[4]。

寺西氏は農業貸付のみを推計していること，普通・貯蓄銀行から産業組合への貸付が含まれている（その値は極めて小さいが）ことが注意されるべき点である。

(3) 信用組合貸出[5]

　農村信用組合の貸出を，信用組合全体の貸出から市街地信用組合の貸出を減じて得ている。

　これは農村組合のみを対象にし，漁業組合，森林組合を含んでいないし，さらに信用事業を行わない産業組合を除いている。また，農村信用組合の貸出の全てが農業者への貸出とは限らない。

　『農林金融便覧』の「農家負債の変遷」によると，1912年；21.8, 1929年；635.0, 35年；700.0（百万円）が，農家の産業組合からの負債であるが，寺西推計では，同一年次，それぞれ，29, 775, 869（百万円）と大きい[6]。寺西推計は，産業組合中の信用組合を対象にしているのに，である。これは，前述したように，農村信用組合の農林水産業者以外の貸出をも，寺西推計は含んでいるからであろう。若干問題があると思う。

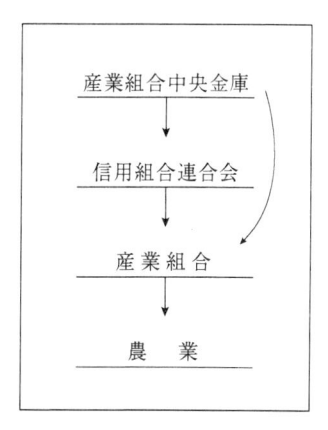

図10-3　産業組合・信用組合からの農業貸出

(4) 政府低利資金[7]（地方政府経由預金部資金の農業向け貸出）

　預金部資金[8]の農林水産業貸出は，内地地方資金に含まれる。特殊銀行と産業組合中央金庫を経由する，内地地方資金の農業貸出は(1)と(3)で押えられ

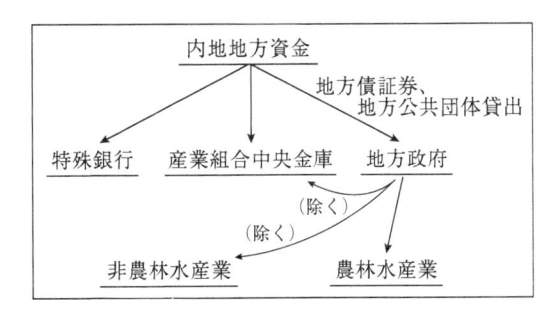

図10-4　地方政府経由預金部資金の農業貸出

ているので，地方政府を経由する分のみを掌握すればよいわけである。

まず預金部貸借対照表から内地地方資金関係の地方債証券と地方公共団体貸出を取り出し，そこから非農林水産業向け分と産業組合向けを減じて，農林水産業向け分を求める。これにより1930～37年の貸出量が分かるが，1910～29年にかけての貸出量は，次のように推計する。

$$\frac{\text{地方政府経由預金部資金農林水産業貸出}}{\text{地方債証券＋地方公共団体貸付金}} \cdots\cdots \left(\begin{array}{cc} 1930年 & 1940年 \\ 0.281 & \rightarrow \quad 0.617 \end{array} \right)$$

寺西氏は，1910～29年についてもこの割合が0.281であったものとみなして，これを各年の地方債証券（地方公共団体貸付は1931年以前は0）に乗じて，各年の地方政府経由預金部資金の農林水産業貸出の推定値を出している。

しかし，1929年以前もまた上の分数の値をそれ以後の値と同じとして推計しているのは問題である。寺西氏も示しているように，1930年から1940年まで分数の値が増加しているわけであるから，逆に1929年以前においてはそれは減少するはずである。ところが，ここで厄介なのは，1931年以前においては地方公共団体貸付が0であるということである。これは分数の値を大きくする。したがって，地方公共団体貸付金がある年とない年の分数の値の増減を調べて，それぞれ同じ割合で増減するとして1929年以前のその値を推定していくというようにすればよいであろう。

(5) 政府低利資金[9]（簡易保険・郵便年金積立金の農業向け貸出）

簡易保険積立金の農林水産業者向けは，1923年，1926～40年について分かる。

$$\frac{\text{農林水産業貸出残高}}{\substack{\text{地方公共団体貸付} \\ \text{＋地方債＋契約者貸付}}} \cdots\cdots \begin{array}{cccc} 1923年 & & 1926年 & & 1940年 \\ 0.087 & \rightarrow & 0.077 & \rightarrow & 0.181 \\ 1919～22年 & 1924～25年 & & \end{array}$$

寺西氏は，この数値0.087と0.077を加え，それを2で割って得られた数値0.082を1919～22年と1924～25年に適用して，この比率と各年の（地方公共団

体貸付＋地方債＋契約者貸付）を乗じて農林水産業貸出を推計している。

郵便年金は，上の簡易保険の比率と，郵便年金の（地方公共団体貸付＋地方債＋契約者貸付）を乗じて推計している。しかし，簡易保険の比率を郵便年金に適用するのは問題があるのではないか。

(6) 貸金業者等・商業者の農業貸出[10]

ここで対象となるのは，貸金業者，貸金会社，商業者，質屋等の在来金融である。これらの農業貸出のデータがあるのは1911年である。そこで，それ以外の年次については次のような推計を行う。

まず，質屋を含む貸金業者の資本額500円以上のものの運転資本推定値を得る。そして，各年の運転資本額 $\times \dfrac{(1911年の)貸金業者,貸金会社,質屋,商業者の農業貸出額}{(1911年の)貸金業者（質屋を含む）運転資本額}$ から部門外債務の推定値を得る。ただし，ここでは，貸金業者および質屋の農業貸出が運転資本額と同一の動きをすることと，貸金会社，商業者からの農業借入は貸金業者，質屋からの借入と同一の動きをすることが仮定されている。

前記「農家負債の変遷」から，1912年の「貸金業者・質屋」＋「商人」を求めると，172.8百万円。対して，寺西推計の同年次数値は，181百万円。概ねこの年次において等しいのは原資料の一致による。

(7) 現　金[11]

農家部門保有現金（Ca）の民間の保有現金（C）に対する比率と，農業純生産（Ya）の国内純生産（Y）に対する比率は極めてよく対応することから，$\dfrac{Ca}{C} = k \cdot \dfrac{Ya}{Y}$ という関係を想定する。

戦前における農家の現金保有額（Ca）が分かる年次は，1913～15年と1922～23年である。寺西氏は1913年以前のkを0.321，1923～37年は戦後の構造と同じものとして戦後のCa，C，Ya，Yを用いて得られた0.747とする。また，1914～22年は，その間の貨幣経済化の動きを考慮して直線補完とする。このようにして得られたkとC，Ya，Yを上式に代入すれば，各年の農家部門保有現金を知ることができる。

ただこの推計には林業・水産業者の現金保有額は含まれていないようである。

(8) 銀行預金

寺西氏は，氏の推計した普通・貯蓄銀行の農業貸出推計値に，普通・貯蓄銀行の預貸率[12]を乗じることによって，農業部門の普通・貯蓄銀行預金保有推定値としている。

また，普通・貯蓄銀行預金残高に占める農業者割合に，勧業銀行・農工銀行・北海道拓殖銀行の預金残高を乗じて農業者の特殊銀行預金保有額を求めている。しかし，普通・貯蓄銀行と農業金融専門機関である特殊銀行とでは明らかにそれぞれの預金残高に占める農業者割合が違うはずであるから，上の寺西氏の推計は少し雑であると思う。また，氏の推計は農業のみである。

(9) 郵便貯金

郵便貯金職業別データ[13]は，1896～1930年度（1920～30年度は構成比全て同一）と1932年度のが利用可能であるが，前者は信頼度が低く後者は高い。1920年以前の職業別データを使用するかしないかによって2通りの推計を行う。

（推計Ⅰ）使用する場合

職業別データにおける農林水産業者割合をY，府県別（東京，神奈川，愛知，大阪，京都，兵庫，福岡）データにおける7府県割合をXとする。

XとYの，1896～1920年の平均値をとった点と1932年の点を右図平面上にプロットして直線をひくとY＝81.905－1.455Xが得られる。各年のXからYを求め，これに各年の郵便貯金残高を乗じて農林水

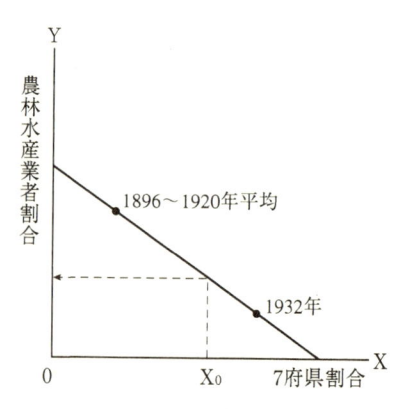

図10-5　農林水産業者割合の推計

産業者郵便貯金保有額を得る。
(推計Ⅱ) 使用しない場合
各年の農林水産業構成比
$$= \frac{(1932年の)農林水産業者割合}{(1932年の)地方府県(7府県以外)割合}(=0.325)\times 各年の地方府県割合$$
こうして得られた郵便貯金のデータは，ところが，加藤氏「長期農業金融における政府の役割」p.251のデータと比較すると，次のようになる。

1897年3月末……8.6	6	5	(ただし，寺西氏は1898年の数値)
1902年3月末……7.2	9	6	
1907年3月末……20.6	35	22	
↑	(Ⅰ)	(Ⅱ)	
加藤氏[14]	寺西氏		

加藤氏の提出した数値と比べると，1897年は小さいが，後になるに従い相対的に大きくなっている。

(10) 簡易保険および郵便年金[15]

簡易保険の農林水産業者構成比の推定値
$$= \frac{各年の郵便貯金}{農林水産業者構成比} \times \frac{(1925年の)農林水産業者の簡易保険割合}{(1925年の)郵便貯金農林水産業者の構成比}(=\underset{推定Ⅰ}{1.29}, \underset{推定Ⅱ}{1.34})$$

農林水産業者の簡易保険推定値
＝各年の積立金×簡易保険の農林水産業者構成比の推定値

郵便年金の農林水産業者分は，郵便年金の農林水産業者構成比を簡易保険の構成比と同一とみて推定する。

ここにおいても，両者の構成比が同一であるかどうかの問題は残る。

(11) 有価証券[16]

ここでの有価証券は，国債，地方債，株式，社債からなる。農業部門有価証券額は，1941年のものが[17]知られるだけである。そこで寺西氏は，地主の有価証券保有のみに注目して次のような推計を行う。

(1917年の) 地主全体の配当利子収入
$$= 3,963人の地主の配当利子収入[18] \times \frac{全国小作地面積[19]}{3,963人の地主の保有小作地[20]}$$

こうして求められた配当利子収入と利子率[21]から地主全体の有価証券保有額が得られる。

次に，1917年と1940年の $\frac{農家部門保有有価証券額[22]}{民間部門保有有価証券額}$ を求めると，それぞれ16.7％と8.7％であり，この比率を結ぶ直線をもって農業部門有価証券割合推定値とする。農業部門保有有価証券額推定値は，この推定値に民間有価証券を乗じて得られる。

【注】
1) 農林省金融課・特別融資課編，1953年。
  なお，『便覧』の1912年は，大蔵省理財局調査(調査時期は一部1901年，1911年等にわたる)により，1929年は帝国農会調査を農林省で補足し推定したもの。また，1935年は農林省の中小農山漁家調査によっている。
2) 加藤譲氏は，同じ『便覧』から，1936年度末の勧・農・拓銀の総農業貸出残高を666百万円としている(「長期農業金融における政府の役割」p.253の注11))が，寺西氏のそれは757(百万円)でやはり過大である。
3) 農業貸付残高の原資料は，1911年＝大蔵省理財局銀行課『大正元年12月調全国農民負債調査』，1928年・1933年＝後藤新一『日本の金融統計』，1929年・1934年・1937年＝『1953年農林金融便覧』。各年の普・貯銀の不動産担保貸付は，後藤前掲書の担保別貸付データ中「地所・家屋および各財団」をとっている。
4) 『農林金融便覧』によると，1912年…131，29年…578(百万円)であって，寺西推計の147，578(百万円)とほぼ同じであるのは，これらの年次において原資料がほとんど同じだからである。
5) 信用組合全体の計数は，『農林中央金庫史』(別冊)から，市街地信用組合の計数は，『銀行局年報』，『本邦経済統計』から1918～40年の分をとっている。
6) 加藤氏前掲論文，p.253の注11)より，1936年度末の産業組合の貸出残高を1,048百万円としていて，同一年次の寺西氏の数値873百万円の方が小さい。
7) 『大蔵省預金部統計書』および『大蔵省預金部年報』による。

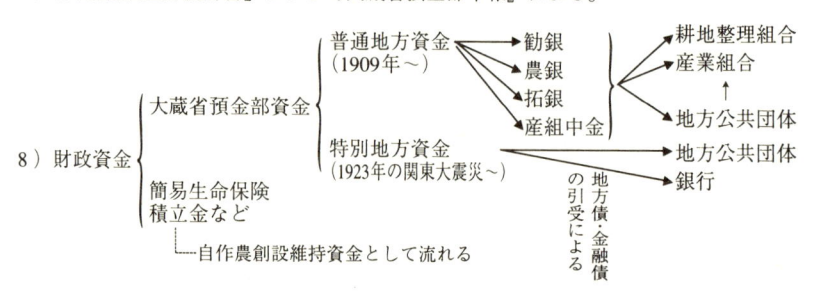

8) 財政資金
  - 大蔵省預金部資金
    - 普通地方資金(1909年～) → 勧銀，農銀，拓銀，産組中金 → 耕地整理組合，産業組合 ↑ 地方公共団体
    - 特別地方資金(1923年の関東大震災～) → 地方公共団体，銀行
    - 地方債・金融債の引受による
  - 簡易生命保険積立金など
    └自作農創設維持資金として流れる

特別地方資金は，最初，災害救済資金として，昭和初頭の農業恐慌以後は，応急資金，肥料資金として主に支出された（他に，高利債借替，負債整理関係，失業対策，預金部資金償還延期など）。

加藤譲氏「農業と財政・金融」（『農業政策講義』）p.179,「長期農業金融における政府の役割」pp.252〜253。齋藤仁氏『農業金融の構造』p.144他による。

9）郵便年金は『郵政百年史資料』第30巻，簡易保険積立金は『1953年農林金融便覧』より。

10）1911年の貸金業者らの農業貸出は『大蔵省理財局農家負債調査』，1897〜1940年の貸金業者（質屋を含む）数および運転資本額（ただし1927〜40年は営業収益額）は，『主税局統計年報』より。

11）寺西重郎，藤野正三郎『戦前期金融資産負債残高表 1874〜1940年』。これによって民間部門全体の現金保有残高を知ることができる。戦後期各年の手持現金は，『農家資金動態調査報告』から，民間部門の現金保有（C）は，日銀『資金循環表』，『本邦経済統計』から。

12）後藤新一『日本の金融統計』による。

13）『貯金局統計年報』。

14）表11・9より。原資料は逓信省『郵便為替貯金事業概要』（1897年, 1903年, 1908年）。

15）簡易保険積立金データは1919年より，また郵便年金積立金データは1929年より，ともに『郵政百年史資料』第30巻から。農林水産業（農水産業）者の簡易保険割合は，『1953年農林金融便覧』から。

16）『信用組合出資金および預金』は(3)と全く同様の方法なので略す。

17）大内力『日本資本主義の農業問題』。

18）大蔵省臨時調査局租税部内国掛『租税負担調書』（大正6年）から。

19）加用信文『日本農業基礎統計』。

20）高松信清氏による。

21）『金融事項参考書』（大正7年）。

22）1940年分は，大内力，前掲書。

[補論2] 第11章 農業生産変動の経済的影響と価格介入

1. はじめに

　我が国では，米を初めとした農産物の国内的・国際的自由化の是非が議論の対象となっている。それゆえ，農産物を自由な市場に任せると，どのような範囲の生産と価格の変動が生起し，その結果我々にどのような経済的影響をもたらすのか，もしその影響が座視できないものであるなら，どのような形の市場に対する規制が必要なのか，に関する客観的分析が，必要とされているわけである。もちろん，この点が明確になると，逆に規制を緩めれば，どのような利害得失が生じるのか，明らかになってくると思われるからである。

　これに関わる分析として，日本の米価政策を対象に，具体的な数値をあげつつ評価したのが，文献〔1〕，文献〔4〕などである。ところが，これらの研究には次の問題点があるように思われる。①右上がりの計画供給曲線と垂直の現実供給曲線を区別していない。②農業の最大の特性である自然条件の変動を考慮していない。③それゆえ，計画および現実の供給曲線のシフトを考慮していない（需要曲線も同様）。④自由市場の均衡価格が，通常言われるようにD曲線とS曲線（しかも両曲線は動かない）の交点Eになるか疑問である（両氏の分析図を図11-1に示した）[1]。⑤評価方法としての余剰概念には問題がある[2]。⑥1

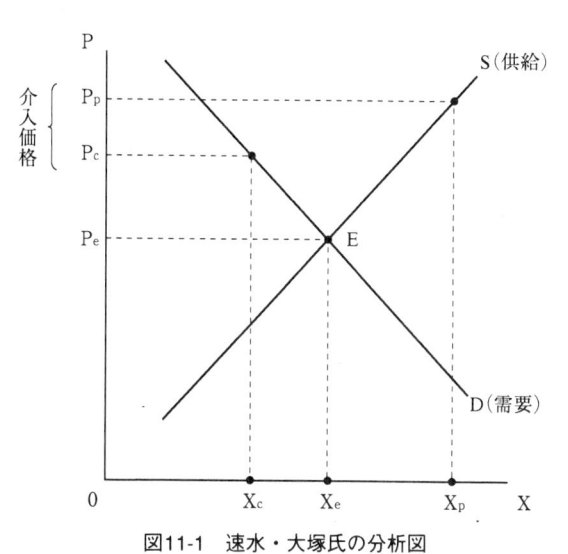

第11章　農業生産変動の経済的影響と価格介入　*175*

図11-1　速水・大塚氏の分析図
注）P_p；生産者価格，P_c；消費者価格，P_e；自由市場の均衡価格

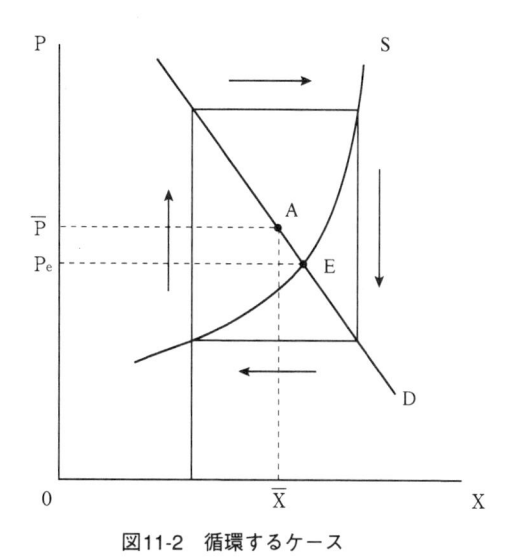

図11-2　循環するケース

期ごとの垂直な現実供給曲線のシフトを考えざるをえない農業では，短期分析こそふさわしいので，生産者余剰よりも，それから固定費用を除いた利潤（＝所得）によって生産者の利益を測る方がよいのではないかと考える。

以下，上の問題を回避しつつ，農業生産の変動がどのような経済的影響を与えるのか，また，なぜ介入が必要とされるのかを考察していくことにする。

2．農産物価格の変動経路

農業の重要な特性は，1期ごとに生産が不規則に変動することである。そして，この生産の変動は，垂線として示される各期の短期供給曲線[3]が，左右にさまざまにシフトするという形で表すことができる。その結果，均衡価格が上下に不規則に変動することになる。

ただ本章では，短期供給曲線と交わって均衡価格を決定する曲線を，需要曲線とはしていない。というのは，実証分析において，必ずしも容易に需要曲線を推定できるとは限らないからである。需要曲線がシフトしない場合や，その他認定条件が満たされる場合[4]は，需要曲線を識別できるから問題ないが，需要・供給両曲線がともにシフトし認定条件を満たさない場合など，需要曲線を識別できない可能性もありうる。そのときには，得られる曲線は需要曲線ではなく，単に需給均衡量と均衡価格の組み合わせを表す諸点の軌跡にすぎない。しかし，私はあえて需要曲線を推定する必要はないと考える。要は，供給量が与えられたとき，それに対応する均衡価格が分かりさえすればよいのだから，観察できる需給均衡量と均衡価格から，両者の関係を表す曲線を推定し，これに基づいて，新たなる別の供給量のもとでの均衡価格が推定できさえすれば十分である。ここでは，均衡価格を推定するためのこの曲線を価格曲線と称しておく。

それでは，農業ではこの供給量（＝生産量）はどのようにして決まるのであろうか。

農業では他の産業とは異なって，現実生産量がしばしば計画生産量から大きく乖離する。もちろん，これは自然条件の変動が農業生産に無視できない影響

を与えるからである。すなわち，生産者が自己の意思決定に基づいて生産計画を立て，作付面積を決定する。ところが，自然条件の変動により単位面積当たりの収量が変化するので，これと作付面積を乗じて得られる現実の生産量が，しばしば計画生産量から乖離することになるのである[5]。もし平均的な自然条件であったならば，つまり平年作であったならば，現実生産量は計画生産量と一致することになるであろう。いずれにしても，現実生産量は，計画生産量と自然条件によって決められる，ということができる。

農業では，この2つの生産量を明確に区別することが極めて大切である。というのは，現実生産量が価格を決め，両者の積としての収入を決めるが，費用を決める生産量は計画生産量の方であるからである[6]。

次に，では計画生産量はどのようにして決まるのであろうか[7]。

2つの要因を考えなければならない。

1つは，参入・退出である。今期の利潤（＝所得）の大きさ，および過去からの各期の利潤系列の推移・動向によっては，当該農産物の，来期に向かっての生産計画に加わる農家もあれば，逆に離脱する農家もあるだろうはずだからである。

もう1つは，予想価格である[8]。農家は，過去からの価格系列の推移・動向に基づいて来期の価格を予想し，これに対応して生産計画を立てるだろうと思われる。

図11-3を見ていただきたい。図のように，t期の現実生産量X_tが決まれば，これを示す垂線と価格曲線$P(X)$の交点として，t期の均衡価格P_tが決まる。そして，もしt期の利潤がt－1期に比べ減少しているならば（利潤減少の期間が長く続いていればなお一層），農家は生産意欲を失い，一部農家が当該農産物市場から退出するため，限界費用(MC)曲線が左にシフトしてMC'となる。さらに，過去からの価格系列が下降的ならば，t期において予想するt＋1期の予想価格$P_{t,E}$は，t期の均衡価格P_tを下回る。農家が限界費用曲線に沿って利潤最大化を図るとするなら，残存農家はMC'曲線に沿って行動し，$P_{t,E}$に対応するA点で生産計画を立てるだろう。もし，t＋1期が平均的な自然条件（平年作）ならば，X_{t+1}がt＋1期の現実の生産量となるだろう。また，t＋1期が平均より

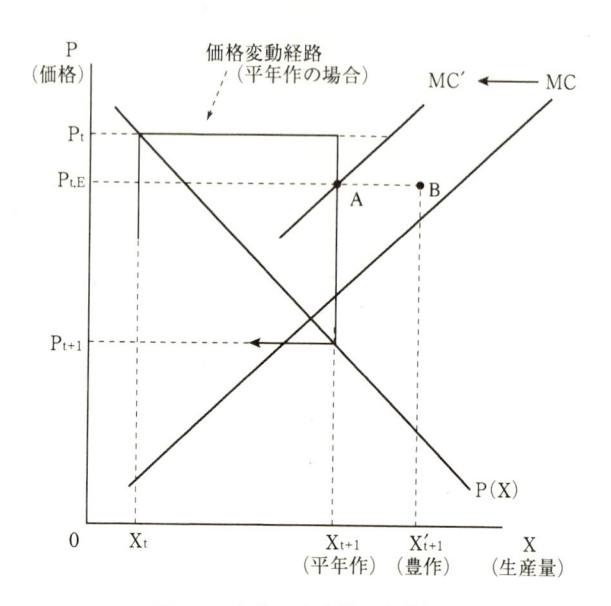

図11-3 価格・生産量の変動経路
注) MC＝ΣMCi（各農家の限界費用曲線を，当該農産物市場に参加している全ての農家に関し水平和していったもの）

も良好な自然条件ならば，X'_{t+1}（B点）で示される現実生産量となるだろう。

図11-4は上で述べたメカニズムをチャート図にして示したものである。

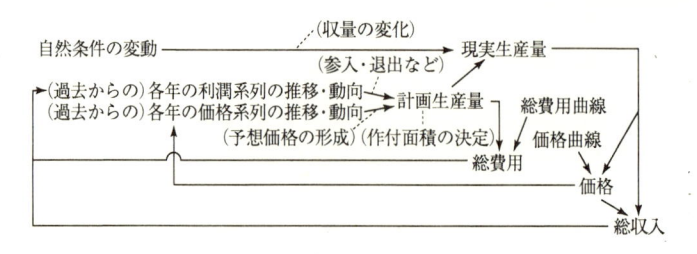

図11-4 変動メカニズム

3．生産者の利益および損失

次に，前節で述べたことを踏まえて，生産量がさまざまに変化する時，生産者はどのような利益を得，どのような損失を蒙るかを考えてみよう。

そのために，さまざまな生産量と，その生産量における利潤との関係を表す利潤（π）曲線をまず導出する。そして，この利潤曲線に基づいて，もし生産量が変化したとき，利潤が増えれば生産者の利益があるとし，利潤が減れば損失があるとする。

(イ) 平年作生産量$\overline{X}$のもとでの利潤$\pi_{\overline{X}}$はどうなるか。

平年作の場合には，計画通り生産されるから，平年作生産量＝計画生産量＝現実生産量であることに注意する。

総収入 (TR) $= \overline{X} \cdot P(\overline{X})$，総費用 (TC) $= C(\overline{X})$ なので，

$\pi_{\overline{X}} = \overline{X} \cdot P(\overline{X}) - C(\overline{X})$ であり，

$\dfrac{d\pi}{dX} = MR - MC$ (MRは限界収入，$X = \overline{X}$)。

$\dfrac{d\pi}{dX} > 0$，つまり MR＞MCのとき，$\pi_{\overline{X}}$曲線は右上がり。

$\dfrac{d\pi}{dX} = 0$，つまり MR＝MCのとき，$\pi_{\overline{X}}$曲線は最大値をとる。

$\dfrac{d\pi}{dX} < 0$，つまり MR＜MCのとき，$\pi_{\overline{X}}$曲線は右下がり。

よって，図11-5で示されるように，$\pi_{\overline{X}}$曲線は上に凸の曲線である。

なお，$\pi_{\overline{X}}$曲線の傾斜は，$\dfrac{d\pi}{dX}$の大きさ，つまりMRとMCの大小関係に依存する。MR＝$P\left(1 - \dfrac{1}{\eta}\right)$（$\eta$は価格曲線の価格弾力性）なので，この傾斜は，価格曲線の高さP，その価格弾力性η，TC曲線の傾斜MCに依存する，と言うこともできる。

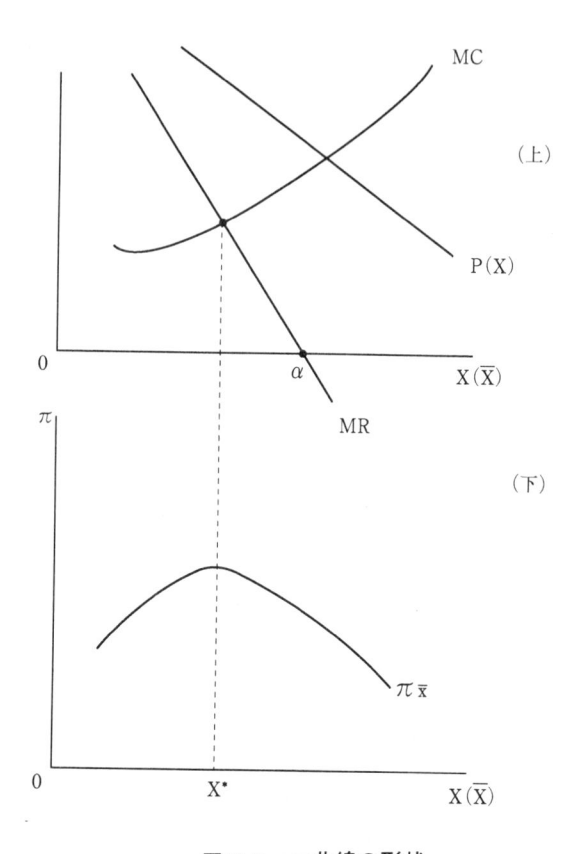

図11-5 $\pi_{\bar{X}}$曲線の形状

(ロ) t期の計画生産量(＝平年作生産量, $\bar{X}_t$)が与えられたときの, t期の現実生産量X_tにおける利潤 $\pi_{(\bar{X}_t)X_t}$ はどうなるか。

$\pi_{(\bar{X}_t)X_t} = X_t \cdot P(X_t) - C(\bar{X}_t)$,

$\dfrac{\partial \pi}{\partial X_t} = MR$ (π の添字は省略)。

$\dfrac{\partial \pi}{\partial X_t} = MR > 0$ のとき, π 曲線は右上がり。

$\dfrac{\partial \pi}{\partial X_t} = MR = 0$ のとき，$MR = 0$ なる $X = \alpha$ で π は最大値。

$\dfrac{\partial \pi}{\partial X_t} = MR < 0$ のとき，π 曲線は右下がり。

よって，$\pi_{(\bar{X}_t)X_t}$ 曲線は図11-6(上)に示すように上に凸の曲線である。

なお，この曲線の傾斜は，MRの大きさのみに，つまり価格曲線の形状のみに依存する。

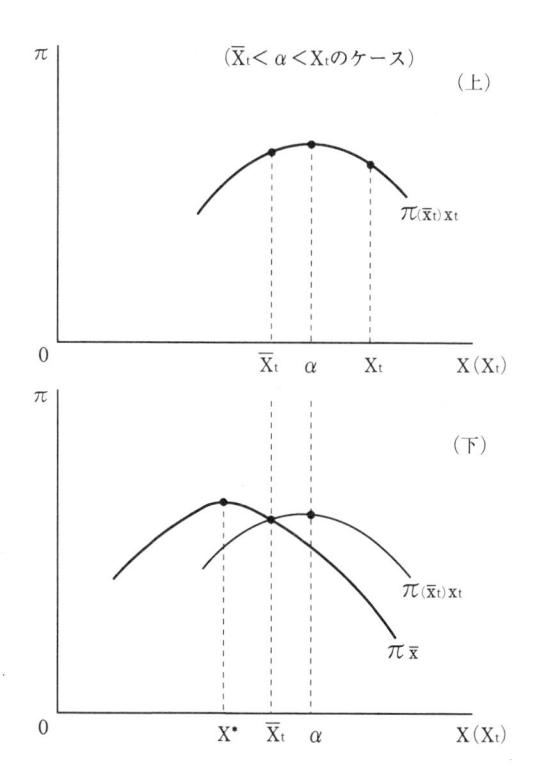

(ハ) $\pi_{\bar{X}}$ 曲線と $\pi_{(\bar{X}_t)X_t}$ 曲線の大小関係はどうなっているか。

同じ現実生産量 $X(=\bar{X}=X_t)$ のところで考えると，$\pi_{\bar{X}} - \pi_{(\bar{X}_t)X_t} = C(\bar{X}_t) - C(X)$。

図11-6　$\pi_{\bar{X}}$ 曲線と $\pi_{(\bar{X}_t)X_t}$ 曲線の関係

$X > \overline{X}_i$ のとき，$C(X) > C(\overline{X}_i)$,

よって，$\pi_{\bar{x}} < \pi_{(\bar{x}_i)x_i}$

$X = \overline{X}_i$ のとき，$C(X) = C(\overline{X}_i)$,

よって，$\pi_{\bar{x}} = \pi_{(\bar{x}_i)x_i}$

$X < \overline{X}_i$ のとき，$C(X) < C(\overline{X}_i)$,

よって，$\pi_{\bar{x}} > \pi_{(\bar{x}_i)x_i}$

図11-6(下)は，$\overline{X}_i$ が図のように与えられた時の，両利潤曲線の関係を示したものである。

(ニ) $\pi_{(\bar{x}_i)x_i}$ 曲線と $\pi_{(\bar{x}_j)x_j}$ 曲線の大小関係はどうなっているか(i, jは期を表す。$i \neq j$)

同じ現実生産量X（$=X_i = X_j$）のところで考えると，

$\pi_{(\bar{x}_i)x_i} = X \cdot P(X) - C(\overline{X}_i)$,

$\pi_{(\bar{x}_j)x_j} = X \cdot P(X) - C(\overline{X}_j)$,

$\therefore \pi_{(\bar{x}_i)x_i} - \pi_{(\bar{x}_j)x_j} = C(\overline{X}_j) - C(\overline{X}_i)$

$\overline{X}_j > \overline{X}_i$ とすると，$C(\overline{X}_j) > C(\overline{X}_i)$,

よって，$\pi_{(\bar{x}_i)x_i} > \pi_{(\bar{x}_j)x_j}$

以上の(イ)～(ニ)を総合して図示すると図11-7のようになる[9]。平年作(計

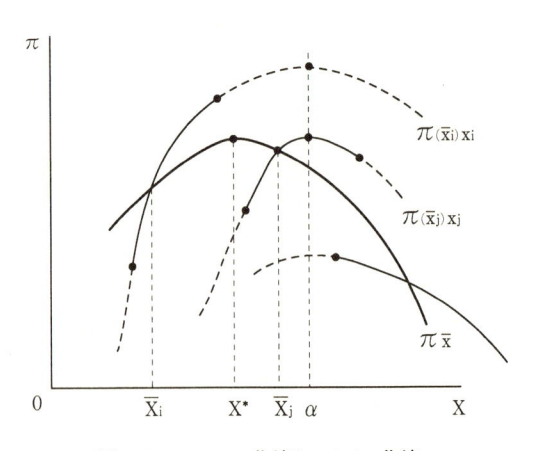

図11-7　$\pi_{(\bar{x}_i)x_i}$ 曲線と $\pi_{(\bar{x}_j)x_j}$ 曲線

画）生産量をはさんで現実生産量の変動幅には限度があるから，$\pi_{(\bar{x}_i)x_i}$や$\pi_{(\bar{x}_j)x_j}$などの曲線はそれぞれ実線部分しか意味がない[10]。

結局，この図11-7から直接に分かることは，以下のようになるだろう。

(イ) 生産量と利潤の関係は，π曲線の導出過程から明らかなように，総費用曲線や価格曲線の形状の影響を受ける。

(ロ) 2つの生産量X_a, X_bにそれぞれ対応する利潤π_a, π_bの大小関係は，X_a, X_bがX軸上のどの範囲の中にあるかだけではなく，それぞれの計画生産量$\bar{X}_a$, $\bar{X}_b$にも規定される。

(ハ) 図11-8のように$\pi_{(\bar{x}_i)x_i}$ (iは任意の期) 曲線群の現実生産限界点群を包絡する曲線Y, Zを描くことによって，最大利潤や最小利潤はどのような生産計画のもとで，どのような自然条件の時にどれくらいの大きさの値として実現するかが分かる。

(ニ) αやX^*, 曲線Yの最大点などを勘案して，政府や農業団体が農家の利潤を最大にするにはどのような生産誘導計画を立てればよいかが分かる。

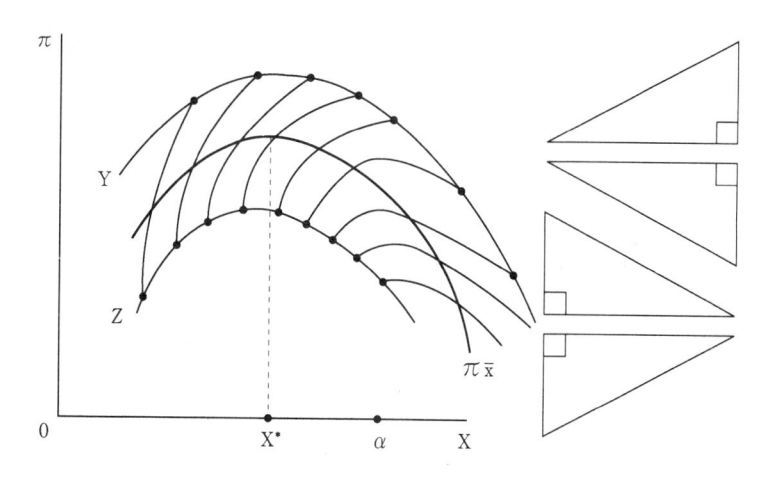

図11-8　包絡曲線Y, Z

4. 消費者の利益および損失

筆者は,注2)で示したように,消費者余剰概念には無視できない問題があると考えているので,価格および消費量が変化したときの,消費者の利益ないしは損失を以下の方法で考えることにする(詳しくは第12章を参照のこと)。

いま,価格がP_1からP_2に上がったことによって,消費量がX_1からX_2に減少したとしよう(図11-9参照)。この時,消費者が蒙る損失の大きさはどれくらいであろうか。

まず,A点を通る$PX=a$(aは$a=P_1X_1$となる定数)の曲線を描く。これは,A点の支出金額P_1X_1に等しくなる諸点の軌跡を表す。これらの諸点のうち,B点を通る垂線BFと交わる点をJとする。このとき,A点からJ点への変化は,支出が一定であるにもかかわらず消費量がX_1-X_2だけ減少することを示すものであるので,このA点からJ点への経路における消費者の損失は,減少した消費量X_1-X_2を金額で表したものに他ならない。価格P_1で評価すれば,その金額は4角形AEFHに相当する大きさになるし,P_2で評価すれば4角形GEFBの大きさとなる。両者の損失の評価額を平均すれば,台形AEFBの大きさに等しい金額となる。4角形AEFHの面積と4角形JHDIの面積が等しいことに着目す

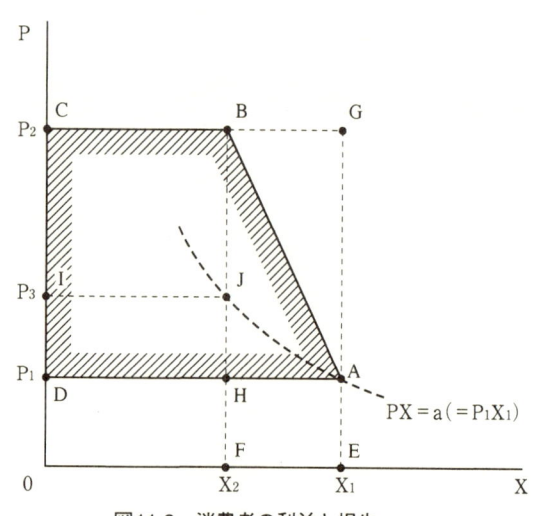

図11-9 消費者の利益と損失

れば，A点からJ点への経路における損失の金額は，結局，5角形ADIJBで示される大きさとなる。

次に，J点からB点への変化を考えると，これは消費量が一定のままで支出金額がP_3X_2からP_2X_2へ増えていることを示しているので，このJ点からB点への経路における消費者の損失は$P_2X_2-P_3X_2$の大きさとなり，図では4角形BJICで示されることになる。

このように，A点からB点への価格の上昇による消費者の損失を，A点からJ点に至る経路の損失と，J点からB点に至る経路の損失に分解して考えれば，結局，価格がP_1からP_2に上がり消費量がX_1からX_2に減少することによる消費者の損失は，図中，台形ADCBの大きさで表されることになる。もちろん，逆に，価格がP_2からP_1に下がって消費量がX_2からX_1に増えるときの消費者の利益も，同じ台形の面積で示されることになる。なお，筆者の考え方による消費者の利益および損失の大きさは，基本的な考え方の違いはあるが，結果的には消費者余剰の大きさとほぼ同じになるので，簡単には消費者余剰として考えてもよい。

5．生産量の変動が生産者と消費者に与える経済的影響

(1) 現実生産量が平年作生産量から乖離した場合

ここでは，ある期において，自然条件の変動により現実生産量が平年作(計画)生産量から乖離した場合の，とりわけ豊作，不作の影響を考える。

① 生産者に与える影響

計画(平年作)生産量が$\overline{X}$のときの，現実生産量$X(X \neq \overline{X})$における利潤$\pi_{(\bar{x})x}$ $=X \cdot P(X)-C(\overline{X})$，平年作生産量$\overline{X}$における利潤$\pi_{\bar{x}}=\overline{X} \cdot P(\overline{X})-C(\overline{X})$，よって，$\pi_{(\bar{x})x}-\pi_{\bar{x}}=X \cdot P(X)-\overline{X} \cdot P(\overline{X})$ ($=\Delta\pi_{\bar{x},x}$とおく)。

図11-10から，平年作生産量が$\overline{X}$で示される大きさの水準である場合には，生産量がXで示される水準の豊作になったとき，斜線部分の長方形の面積だけ収入が，それゆえ同額の利潤が平年作のそれを上回っているが，平年作生産量が$\overline{X}'$の場合には，$\overline{X}'$を超えるどのような豊作の生産量でも利潤が減少する，つまり豊作貧乏となる。もちろん，$\overline{X}'$の場合でも，P(X)曲線が上のP・X曲

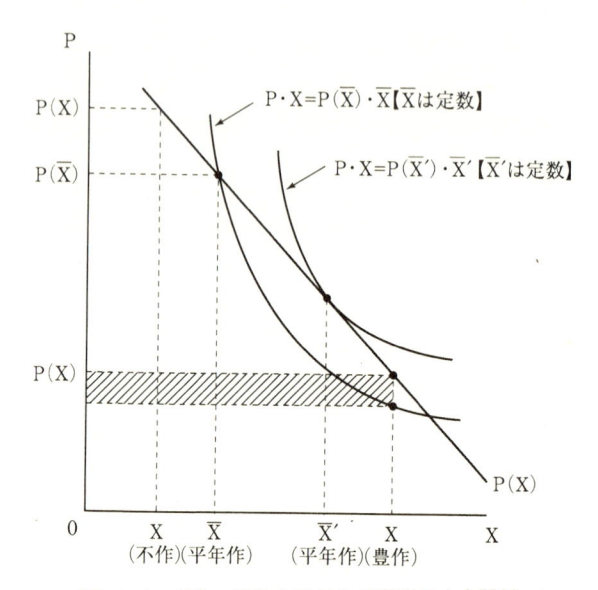

図11-10　豊作・不作と平年作の利潤の大小関係

線の高さを上回るまでにその傾きを緩めれば、そのようなことはなくなる。

　結局、ここから分かることは、豊作・不作と平年作の利潤の大小関係は、平年作(計画)生産量の大きさや、豊作・不作の程度に、さらにはP(X)曲線の傾きに依存する、ということである。それゆえ、価格曲線が需要曲線と同一視できる単純な条件下では、需要の価格弾力性が小さい必需財的農産物ほど豊作貧乏になる可能性が高く、不作になってもそれほど利潤が減らないか、ある範囲までは増える可能性さえあるので、農家は消費者が必要としている農産物ほど生産を増やしたがらないという重大な矛盾に逢着することになる。このような場合には、政府の介入が正当化されるだろう。

　② 消費者に与える影響

　現実生産量Xでは、平年作生産量$\bar{X}$と比べて消費者の利益(損失)はどれだけ異なるであろうか。その変化量を$\varDelta C\bar{x}, x$とすると、

(上)

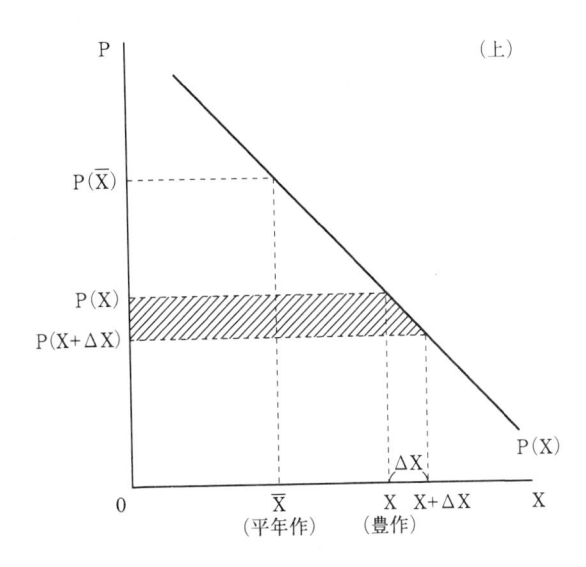

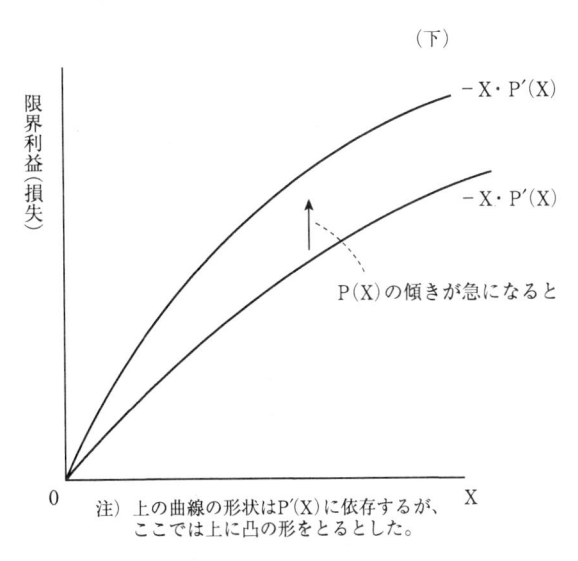

P(X̄)

P(X)
P(X+ΔX)

ΔX

P(X)

0　　X̄　　X　X+ΔX　　X
　(平年作)　(豊作)

(下)

限界利益(損失)

−X・P′(X)

−X・P′(X)

P(X)の傾きが急になると

0　　　　　　　　　　X

注) 上の曲線の形状はP′(X)に依存するが、
　　ここでは上に凸の形をとるとした。

図11-11　生産量の変動と消費者の利益(損失)

$$\varDelta C\bar{x}, x = (\bar{X}+X) \times |P(\bar{X}) - P(X)| \times \frac{1}{2}。$$

図11-11(上)より、$X > \bar{X}$つまり$P(X) < P(\bar{X})$のとき$\varDelta C\bar{x}, x > 0$であり、これは消費者に利益が発生していることを意味する($X < \bar{X}$のときは反対)。

ここで、消費者の限界利益$\frac{\varDelta Cx, x+\varDelta x}{\varDelta X}$(分子は図11-11(上)の斜線部分の台形の面積で示される)なるものを考えてみよう。

$$\frac{\varDelta Cx, x+\varDelta x}{\varDelta X} = \frac{(2X+\varDelta X)|P(X) - P(X+\varDelta X)| \times \frac{1}{2}}{\varDelta X}$$
$$= -X \cdot \frac{P(X+\varDelta X) - P(X)}{\varDelta X} - \frac{1}{2}|P(X+\varDelta X) - P(X)|。$$

この式において、$\varDelta X \to 0$のとき、第1項$\to -X \cdot P'(X)$、第2項$\to 0$、

よって、$\frac{\varDelta Cx, x+\varDelta x}{\varDelta X} = -X \cdot P'(X) \ (P'(X) < 0)$

ここから分かることは、生産量が大なる範囲であればあるほど、また$P(X)$曲線(簡単には需要曲線)の傾きが大であればあるほど、生産量の変動が消費者の利益・損失の変化を大きくする、ということである(図11-11(下)参照)。それゆえ、消費者の損失をできるだけ少なくするという観点から、途上国よりも先進国の方が、また必需財の方が、生産量の変動を少なくするための介入(後述)が正当化されるだろう[1]。①と合わせて考えれば、必需財的な農産物は、生産者にとっても消費者にとっても介入が正当化される農産物であると言える。

③ 生産者および消費者に与える影響の比較

現実生産量Xの時と、平年作生産量$\bar{X}$の時を比べると、生産者と消費者の利益(損失)の大小関係はどうなっているだろうか。

②より、$\varDelta C\bar{x}, x = \frac{1}{2}\{|\bar{X} \cdot P(\bar{X}) - X \cdot P(X)| + |X \cdot P(\bar{X}) - \bar{X} \cdot P(X)|\}$。

〔 〕の中の第1項は、$-\varDelta \pi \bar{x}, x$なので、両者の利益(損失)には何らかの関係があることは明らかである。しかし、式を用いては、それを明確にするのが困難なので、ここでは図を用いて考察することにしよう。

図11-12の中に$PX = $一定の2本の曲線を描き、これを利用して面積を移していけば、$\bar{X} \cdot P(\bar{X}) - X \cdot P(X) = $面積GBCF(この場合はマイナス。それゆえ$\varDelta \pi > 0$)、$X \cdot P(\bar{X}) - \bar{X} \cdot P(X) = $面積HADE(この場合はプラス)。よって、この図の

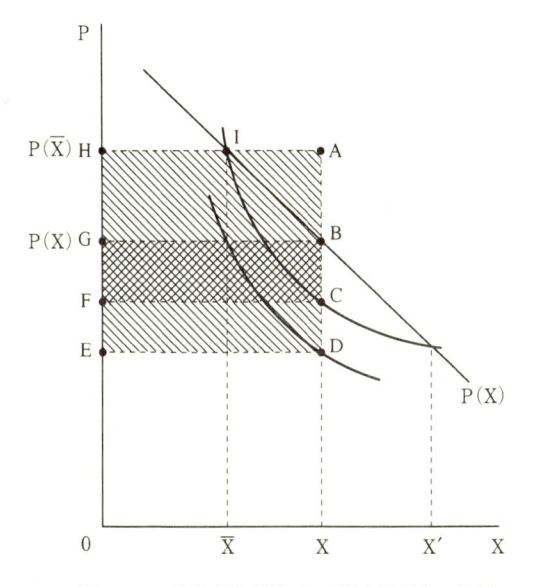

図11-12 生産者と消費者の利益(損失)の比較

場合，生産者は利益を得るが，消費者はそれ以上に利益を得る。Xがもう少し大きくなると，BC間の距離が短くなり，AD間の距離が長くなるので，生産者の得る利益は小さくなっていき(X'を超えると損失を蒙ることになる)，消費者の得る利益はますます大きくなっていく。

単純な条件下でP(X)曲線を需要曲線だとし，例えば，I，Cの2点を通るぐらいに傾きの急な，必需財的な需要曲線になれば，少し豊作になっただけで(この場合は，Xを超えるぐらいまで)生産者は損失を蒙ることになり，消費者の得る利益はさらに大きいものとなる(消費者の限界利益でも同じことが言える)。つまり，自然が与えてくれた豊作という恩恵はほとんど消費者に帰属することになる一方，必需財になればなるほど自然は生産者を裏切ることになる。この場合は，消費者が利益を得るために生産者が犠牲を支払ったと言えなくもなく，この点からこのような場合に(あるいは，このような場合に備えて)生産者を保護することが正当化されるかもしれない。

逆に，同じ図で不作になった場合は，生産者も消費者も損失を蒙る事態となるが，必需財的になればなるほど，生産者の損失は軽減される一方，消費者の損失はさらに大きいものとなる。

このように，豊作であれ，不作であれ，自然の変動がない場合と比較したとき，両者が損失を蒙ったり，あるいは一方のみが過大な損失を蒙ることがある，それもしばしばあるということが，自然条件の変動に翻弄される農業という産業の特性なのであり，理性の手によってその損失を埋め合わせることを必要としてきた理由である。農業という産業は，自然条件の変動を等閑に付した「平均概念」で考えることを決して許さない産業なのである。

(2) 生産量が次期に向かって変化した場合

(1)では，ある期において，現実生産量が平年作生産量から乖離した場合の経済的影響を考察した。この小節では，t期の現実生産量X_tが，t＋1期にX_{t+1}に変わったときの経済的影響を考察する。

① 生産者に与える影響

$$\pi_{(\bar{x}_t)x_t} = X_t \cdot P(X_t) - C(\overline{X}_t)$$

$$\pi_{(\bar{x}_{t+1})x_{t+1}} = X_{t+1} \cdot P(X_{t+1}) - C(\overline{X}_{t+1})$$

よって，$\Delta \pi_{X_t, X_{t+1}} = \pi_{(\bar{x}_{t+1})x_{t+1}} - \pi_{(\bar{x}_t)x_t}$

$$= \{X_{t+1} \cdot P(X_{t+1}) - X_t \cdot P(X_t)\} + \{C(\overline{X}_t) - C(\overline{X}_{t+1})\}$$

実証分析においては，価格曲線$P(X)$と総費用曲線$C(X)$を推定し，X_t，$\overline{X}_t$，X_{t+1}，$\overline{X}_{t+1}$をそれら推定式に代入すれば，$\Delta \pi$の大きさが求められる。そして，求められた$\Delta \pi$がプラスならば，利潤が増えたことを意味し，生産者にとって利益が発生したことになる（反対の場合は損失の発生）。

なお，$P(X)$曲線と$C(X)$曲線が推定されているとき，上の$\Delta \pi$の式を利用すれば次のことも分かる。(イ)，t＋1期に向かっての計画生産量$\overline{X}_{t+1}$が分かっていれば，それに基づくX_{t+1}の変動範囲も大体分かるので（$\overline{X}_t$，X_tは既知），t期に比べてt＋1期の利潤がどれだけ変わるか，その変化量（$\Delta \pi$）の変動範囲を予想することができる。(ロ)，逆に，ある一定の$\Delta \pi$を実現するためには$\overline{X}_{t+1}$をどの大きさに定めればよいかが分かる。

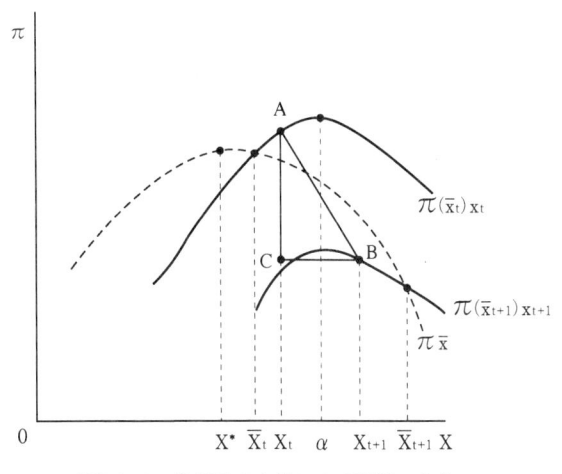

第11章 農業生産変動の経済的影響と価格介入 *191*

図11-13 生産量の変化による利潤の変化

さて次に，前述したπ曲線を使って，図形的な考察を試みることにしよう（図11-13参照）。

X_tからX_{t+1}へ現実の生産量が変化したときの利潤の変化$\Delta \pi$は次のように考えればよい。$\bar{X}_t$が与えられれば，それに対応するπ曲線（$\pi(\bar{x}_t)x_t$）を（$\pi\bar{x}$を除く）π曲線群から1本選ぶことができる。そして，その選ばれたπ曲線と，X_tを示す垂線とが交わる点Aの高さが，X_tのもとでの利潤の大きさを示す。$\bar{X}_{t+1}$が与えられたときも，同様にπ曲線群の中から1本のπ曲線を選んで（$\pi(\bar{x}_{t+1})x_{t+1}$），B点を定めることができる。そして，線分ABを斜辺とする直角3角形ABCを描けば，BCが生産量の変化を表し，ACが利潤の変化を表す。いま，このA点からB点への移行を$\vec{a}$で表し，π軸方向へのその成分を$\vec{a}_\pi$，X軸方向への成分を$\vec{a}_x$で表すと（それぞれの成分ベクトルが，それぞれの軸の正方向に向かう場合をプラス，負方向に向かう場合をマイナスとする），図の場合は，$\vec{a}_\pi<0$，$\vec{a}_x>0$なので，現実生産量が増えた（$X_t \to X_{t+1}$）にもかかわらず，利潤が減ったことを意味する（X_{t+1}はX_tに比べると生産は増えているが，$\bar{X}_{t+1}$に比べると過小なので，あえて豊作貧乏とは言わないことにする）。

ところで，同図において，もし$\bar{X}_t$と$\bar{X}_{t+1}$の位置が逆になった（生産計画が減

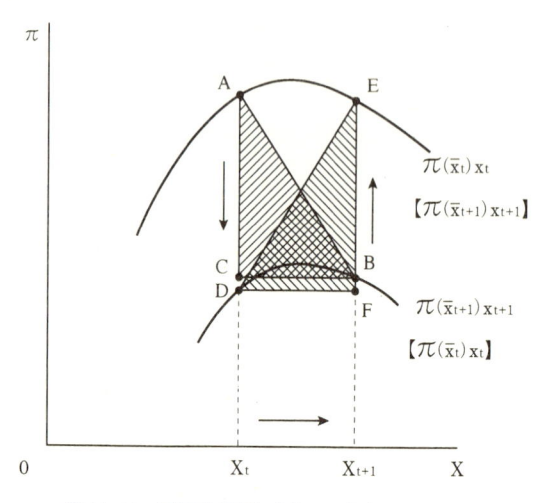

図11-14 計画生産量が減った場合の利潤の変化

った)とすると,現実生産量が前と同じようにX$_t$からX$_{t+1}$へ増えたとしても,図11-14で示されるように,今度は直角3角形DEFの高さEFだけ利潤が増えるという逆の事態が生じる。つまり,利潤が増えるか減るかは,そしてその大きさがどれだけになるかは,現実生産量の変化だけではなく,計画生産量の変化にも依存していることを,このようにπ曲線を利用することによって視覚的に理解することができる。

それだけではない。図11-15を見てみると,現実生産量がX$_t$からX$_{t+1}$へ増えたとき,実線で示されるπ曲線ならば,AからBへ利潤が増えるが,π曲線の傾きが緩やかになって破線で示されるものになれば,X$_t$やX$_{t+1}$,そして$\overline{X}_t$,$\overline{X}_{t+1}$が変わらないとしても,CからDへ利潤が減るのである。π曲線の傾斜はMRに等しく,MR=P$(1-\frac{1}{\eta})$(ηはP(X)曲線の価格弾力性,簡単には需要の価格弾力性)なので,価格P(P(X)曲線の高さ)が低くなれば(需要の力が小さくなれば)なるほど,また弾力性が小さくなればなるほど,生産が増えても利潤が減る可能性が高まる,そのようなケースがありうることをこれは示している。

いずれにしても,結局,現実生産量が変化したときの変化する利潤の大きさ

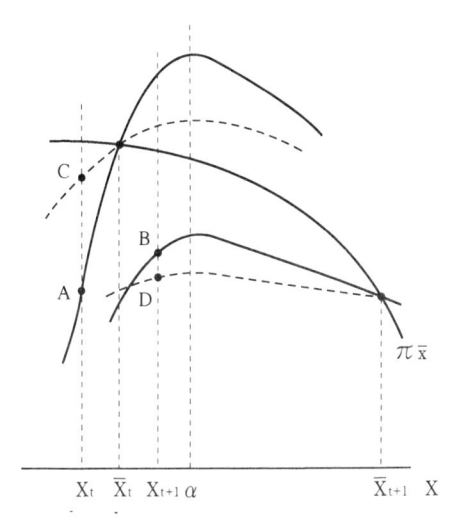

図11-15　生産増加による利潤減少のケース

は，現実生産量の水準の大きさとその変化の大きさ，計画生産量の水準の大きさとその変化の大きさ，総費用曲線や価格曲線の形状に依存していることが分かる。となると，π曲線群の中の直角3角形がさまざまな形をとりうることからも確かめられるように，実際の実証分析をしない限り，何か明確なことを言うのは難しいように思われる。ではあるが，次のように言うことはできよう。(イ)，図11-8において，Y曲線とZ曲線の両曲線に内側から接する4種類の直角3角形(図11-8参照)を滑らせていけば，それら直角3角形はさまざまな形と大きさを持つ。ところが，それら直角3角形は，両曲線に制約を受けて，帯の中の位置によってとりうる形と大きさが決まってしまう。ここからいろいろ面白いことが分かる。1, 2, 例をあげれば，X^*に近い領域では，現実生産量の変化の幅は，遠い領域に比べ非常に大きなものになりうる。もし，そのとき，生産が増えたとすると，利潤が増えることはあっても，その大きさは，利潤が減るときのその大きさよりも小さくなる可能性が高い，などである。(ロ)，生産計画の変動が小さくなると，利潤の増減とその大きさが確定的になってくる。例えば，図11-16において，X_tからX_{t+1}へ現実生産量が増えた場合，直角3角

形の斜辺ベクトルの始点は，線分CD上のどの点もとりうるし，終点は線分EF上のどの点もとりうるから，利潤の増減は確定しないが，2期の計画生産量が最も接近すると，斜辺ベクトルは$\overrightarrow{DE}$と確定し，それゆえ利潤増であることと，利潤増の大きさが明らかになる。(ハ)，図11-8から，X^*を超える生産量の領域で，もし計画生産量が大きく増えるならば，ほぼ確実に，現実生産量も増える，ところが利潤は減るであろう。計画生産量が大きく増えるということは，総費用が大きく増えることを意味する。ところが，その結果，利潤が増えるどころか減りさえしている。つまり，生産努力が報われないわけである。工業とは違って，農業ではしばしばこのような事態に見舞われることに注意しなければならない。このような事態に遭遇すると，生産者は次期の生産計画を減らすことになるが，とりわけ計画生産量を大きく減らした場合には，現実生産量も減り，利潤が増えることになるので，さらに次の期には生産計画を増やして上のメカニズムが繰り返されることになる。この結果，農業では生産の変動が繰り返されることになり，また，所得も安定しないことになるのである。とりわけ，計

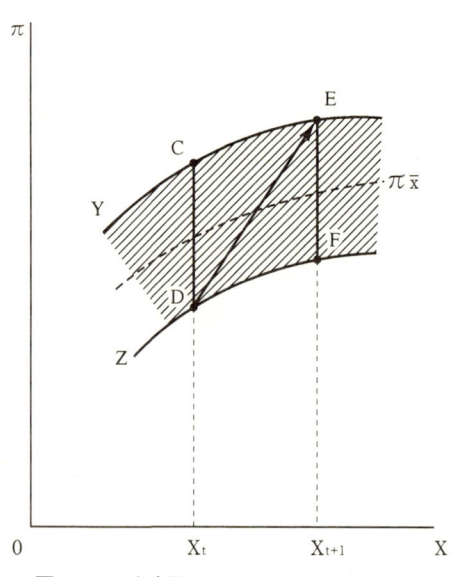

図11-16　生産計画の変動が小さいケース

画生産量が増えた場合の問題が看過できない場合は，介入が正当化されることになろう。

② 消費者に与える影響

明らかに $\Delta Cx_t, x_{t+1} = (X_t + X_{t+1}) \{P(X_t) - P(X_{t+1})\} \times \frac{1}{2}$。ここでも，(1)の②で述べたのとほぼ同じことが言える。すなわち，生産量が増えれば消費者は利益を得る(反対は反対)が，その利益(損失)の大きさは，生産量の変化量に依存するのはもちろん，生産量の水準自体の大きさや，P(X)曲線の(高さではなく)傾きに依存する。政策的含意もまた(1)の②で述べたのと同様である。

③ 生産者および消費者に与える影響の比較

$\Delta \pi x_t, x_{t+1} - \Delta Cx_t, x_{t+1} = \{X_{t+1} \cdot P(X_{t+1}) - X_t \cdot P(X_t)\} + \{C(\overline{X}_t) - C(\overline{X}_{t+1})\} - (X_t + X_{t+1})\{P(X_t) - P(X_{t+1})\} \times \frac{1}{2}$。

実証分析では，価格曲線P(X)と総費用曲線C(X)を推定し，$X_t, X_{t+1}, \overline{X}_t,$ $\overline{X}_{t+1}$をこれらの式と上式に代入すれば，$\Delta \pi \lessgtr \Delta C$が分かるはずである。

また，この式から，$\overline{X}_{t+1}$とX_{t+1}以外の変数と関数が既知の場合，$\Delta \pi = \Delta C$となるようにするためには$\overline{X}_{t+1}$(X_{t+1}の変動幅，$\pi_{(\overline{x}_{t+1})x_{t+1}}$から分かる)を大体どの大きさにすればよいか分かるし，さらに，$\overline{X}_t$と$\overline{X}_{t+1}$が接近すれば，極端な場合として一致すれば，X_tとX_{t+1}の変動幅が一致するので，右辺が0に接近して，$\Delta \pi = \Delta C$になる可能性が高まることが分かる。後者のことから示唆されることは，生産量の変動による，生産者，消費者双方の利益(損失)を齟齬させないためには(つまり$\Delta \pi = \Delta C$にするためには)，生産者価格を保証するなどして，生産計画を変えさせないようにすることが重要である，ということである。

次に，図11-17による図形的考察を試みてみよう。まず，総費用$C(\overline{X}_t)$と$C(\overline{X}_{t+1})$をそれぞれ長方形の面積に転換する。そして，X_tからX_{t+1}へ現実生産量が変化したときの消費者の利益(損失)を表す台形の面積(損失のときは，この面積の値にマイナスをつける)は，図中，実線で示される長方形の面積に等しいことに着目して，$\frac{X_t + X_{t+1}}{2}$の垂線に向かって，4本の太線で示されるP・X＝一定の曲線を利用しつつ，$X_{t+1} \cdot P(X_{t+1})$や$X_t \cdot P(X_t)$，$C(\overline{X}_t)$，$C(\overline{X}_{t+1})$の4つの面積をそれぞれ移していく。すると，$\{X_{t+1} \cdot P(X_{t+1}) - X_t \cdot P(X_t)\}$の数

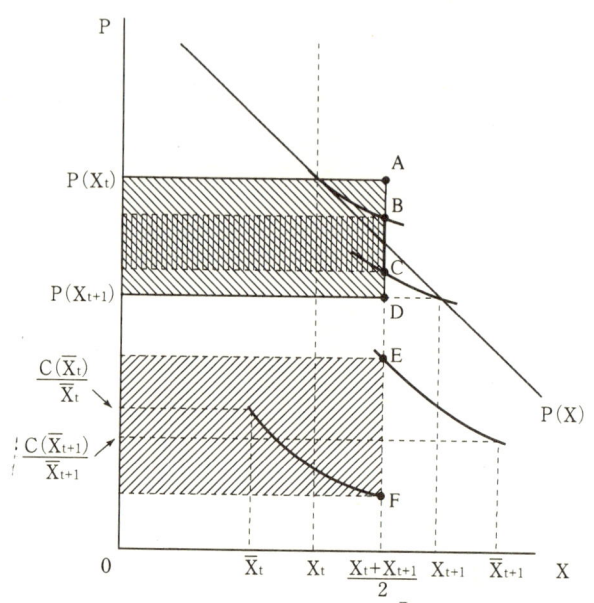

図11-17 生産者と消費者に与える影響の比較

値は，符号を除いて考えれば，図中，縦線を付した長方形の面積に等しくなるし，$|C(\overline{X}_t) - C(\overline{X}_{t+1})|$の数値は，符号を除いて考えれば，図中，右上がりの斜線を付した長方形の面積に等しくなる。それゆえ，$\varDelta\pi$と$\varDelta C$の大小関係は，消費者の利益（損失）を示す長方形を含めたこれら3つの長方形の面積に符号を付した数値を加えることによって，その差の数値を知りうるし，大小関係だけなら，BC，AD，EFの3つの線分の長さを，符号に注意しつつ比較すれば知ることができる。

図の場合は，符号を付して考えれば，$-$BC$-$EF$-$ADは明らかにマイナスなので，$\varDelta\pi < \varDelta C$であることが分かる。つまり，$X_t$から$X_{t+1}$へ現実生産量が増えたとき，消費者は利益を得たが，生産者は，利益を得たとしても消費者より少ないし，損失を生じさえしているかもしれないのである。いずれにしても，この場合は，t期からt＋1期への生産増は，消費者の方が有利なのである。

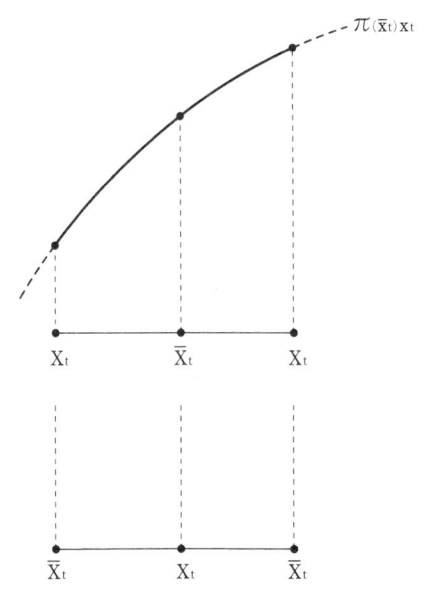

図11-18 $\overline{X}_t$の領域

上の例のように考えれば，$X_t > X_{t+1}$で，かつその差が拡大すればするほど，また，$\overline{X}_t > \overline{X}_{t+1}$で，かつその差が拡大すればするほど（ただ，計画生産量と現実生産量の変動幅には関係があることに注意すると，逆に，例えばX_tを中心に考えれば，図11-18で示すように，$X_t - \overline{X}_t \leq X_t \leq X_t + \overline{X}_t$の領域に$\overline{X}_t$のとりうる値が限られる），またさらに，$P(X)$曲線と$C(X)$曲線の傾きが急であればあるほど，$\varDelta\pi$が$\varDelta C$を上回ることになって，相対的に，生産者の方が有利となろう。

つまり，生産計画通り現実の生産が増えれば，その程度が大きければ大きいほど，相対的に消費者の方が有利となり，逆に，生産計画通り現実の生産が減れば，その程度が大きければ大きいほど，相対的に生産者の方が有利となる。そしてその度合いは，価格曲線と総費用曲線の傾きが急になればなるほど強まるのである。

この結果，次のことが言えるのではなかろうか。つまり，価格と利潤が上昇し，農家が生産意欲を高め費用を投下しても，自然に恵まれればなおさら，消費者の方を利する結果になるし，逆に，価格と利潤が低落し，農家が生産意欲を失って投下する費用を節約すると，自然に恵まれなければなお一層，消費者を害する（農家には思わぬ利益がある）結果になる——農業とは，本来このような不条理な産業なのである，と。

6．農業生産の変動と政府の介入

前節では，農業においては生産の変動が不可避であり，この生産変動が農業における合理性の貫徹を，自由市場である限り許さないのであることを縷縷述べた。

本節では，違った観点を含みつつ総合的に自由市場において惹起する問題点を考察し，政府の介入がなぜ必要なのかを述べておく。

図11-19に，始点を同じくする2つのベクトル$\vec{a}$が描かれている。まず最初に北西方向を向く$\vec{a}$から考えてみよう。

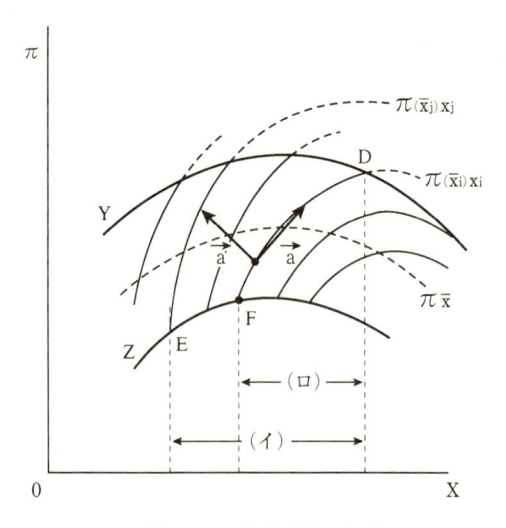

図11-19　政府介入の意味

このとき，$\vec{a}_x < 0$（生産が減る）なので，その結果，均衡価格Pが上昇する。また，$\vec{a}_\pi > 0$で，利潤πが増加しているので（とりわけこれ以前にも$\vec{a}$が北西方向に向かっていたり，$\vec{a}$の長さが長かったりすると），次の生産計画は，元の$\overline{X}_i$近くまで戻ることになるだろう。もし$\vec{a}$の始点と終点が逆になるような形で，東南方向に生産・利潤点が戻れば，このとき$\vec{a}_x > 0$，$\vec{a}_\pi < 0$なので，さらに次の期には生産計画$\overline{X}$を減らそうとするだろう。このように，$\vec{a}$が東南，あるいは北西方向を向く場合には，前期から今期に向かっての生産の方向とは逆の方向に向かっての生産計画を立てようとする。そして，もしそれが往復的な生産計画の変動となるならば，これに自然条件の変動が加わって，現実生産の変動は非常に大きなものとなるだろう。この往復運動が続き，生産計画が$\overline{X}_i$，$\overline{X}_j$となるように調整するのであれば，現実生産の最大変動幅は，図中(イ)で示される大きさとなる。

　ところが，東北－南西方向への生産・利潤点の移行の場合，例えば同図の右の$\vec{a}$のような場合は，$\vec{a}_x > 0$，$\vec{a}_\pi > 0$（価格の下落，利潤の増加）なので，生産計画$\overline{X}$をそれほど大きく変えようとはしないであろう。したがって，次期には，大体$\pi_{(\bar{x}_i)x_i}$曲線に沿って新たな生産・利潤点が決定されることになり，さらに次の期にも大体同じπ曲線（厳密には，元のπ曲線の近傍にあるπ曲線）に沿って，さらに次の点が決せられるだろう。もし極端な場合として，生産計画を全く変えないならば，現実生産の最大変動幅は自然条件の変動によるものだけになる。それは図では(ロ)として示されている。もちろん，この生産の変動幅は利潤の変動幅と対応している。それゆえ，(ロ)は(イ)に比べ，EとFの垂直距離分だけ利潤の変動幅が小さいことになる。

　農家が求めることの1つは所得の安定である。それは，$\vec{a}$を東北－南西方向に向けさせることによって可能になる。自由に任せておけば，上で示したように，$\vec{a}$はなかなか方向を変えようとはしない。政府の介入が必要とされる1つの理由がここに示される。すなわち政府は，$\vec{a}$を東北方向に向けるべく，生産を増やし，かつ利潤を増やすような介入政策，例えば，生産者に価格保証をするなどの政策（自由市場に対する，一部農産物の売買介入は，ふつう価格を安定させるためのものであるので，ここの目的には適さない）を採ればよい。

図11-20 政府の価格保証

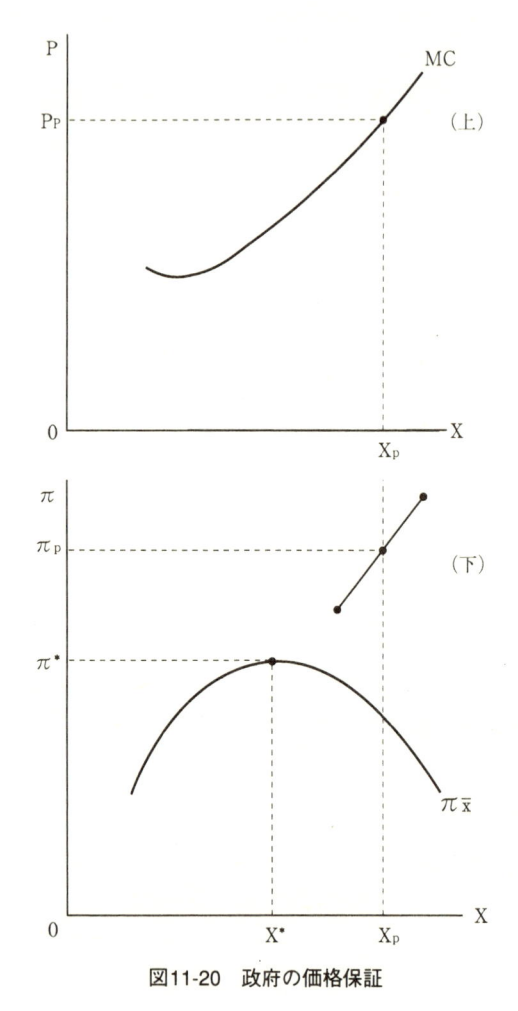

生産者は，所得の安定・確保ばかりでなく，その水準の向上も求めている。図11-20は，X^*に対応するπ^*よりも高いπ_pを実現するために，P_pの価格を政府が保証しており，その結果，X_pの生産が実現していることを示している[12]。

もちろん，このP_pをいくらでも上げればよいというものではない。P_pは，そ

れに対応するX_pが，以下に述べる「必要量」に適合するぐらいの高さであれば，消費者をも含めた国民全体の問題が最も軽減されることになる。P_pがその水準を超えて上昇する価格政策が実施されると，そのときの財政負担[13]はもっぱら生産者のためのものとなる。

どのような農産物でも，価格の上昇にもかかわらず，この農産物に代替するものがない（他の農産物では，当該農産物によって得られていた満足を満たしきれない，など）ので，この農産物を買わざるをえない，そのような必要量（これを必要量Aとする）があるだろうと思われる。この必要量の近くでは，価格曲線（単純な条件下では需要曲線）の傾きが急になっていると思われる[14]（図11-21）。

ところが，さらに価格が上がり続けると，価格の重荷に耐えられなくなり，消費量を減らさざるをえなくなる。それに伴って，消費者の不満が高まっていくだろうと考えられる。同図の曲線①は，そのような，いわば不満曲線とも呼

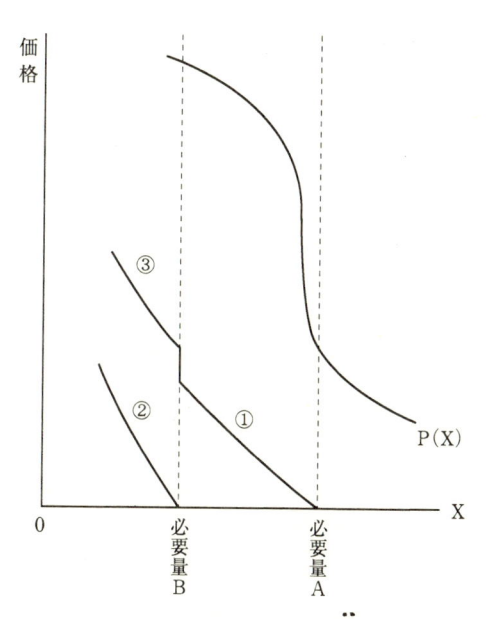

図11-21　必要量と価格曲線の傾き

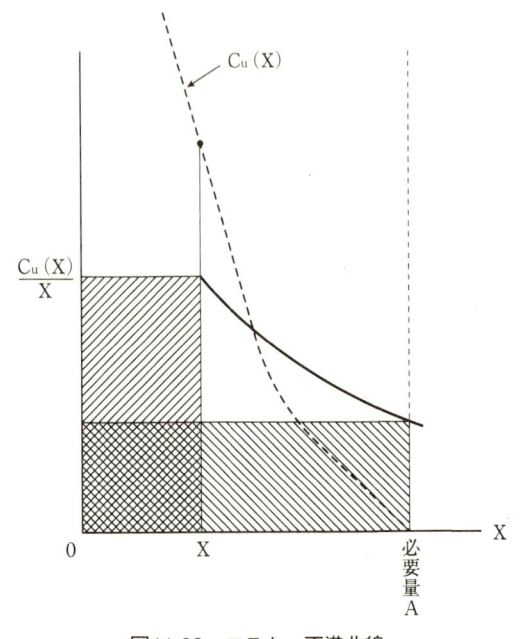

図11-22　コスト・不満曲線

ぶことのできる曲線である。

　また，栄養学的，社会厚生的観点から必要とされる量（必要量Bとする）の存在を無視することはできない。もし消費量が必要量Bを下回ると，途上国や東欧で見られた（る）ように，政権が危うくなるなどの政治的・社会的コストが高まっていくだろう。②の曲線はこのコストを表している。なお，必要量Bを下まわると，重なる部分があるが，①と②が相乗して，③で示される，広い意味でのコスト曲線を考えることができる。

　この意味ではコスト・不満曲線③を$C_u(X)$で表すと（図11-22），消費量をXから必要量Aに引き上げることによって，斜線で示される長方形の面積（2つの長方形は同じ面積）分のコストが節約される。そしてこの節約されたコストは社会的な利益に他ならない。

　少なくとも政府は，必要量Bを確保するための介入はしなければならない。

そして，これら必要量を満たすことの社会的利益を考えれば，通常言われているような，生産者余剰＋消費者余剰＜政府の負担，という不等式の左辺にこの利益を付加せねばならず，そのときに，不等号の向きが逆転するケースもあることに注意せねばならない。一般的な議論として，少なくとも政府が主観的にそのように評価，判断しているからこそ介入するのであろう。

7．おわりに

以上，特定の農産物のみを対象とはせず，また，日本のような特定の地域に偏らず，一般に通有な条件下で，農産物の変動が我々にどのような経済的影響を与えるのか，また，どのようなときに，なぜ政府の価格介入が必要なのかを明らかにしてきた。本章の意義が他にあるとするなら，その1つは，需要曲線や基本的には限界費用曲線を必要とはしていないので実証分析がより容易になるはずであること，また，余剰概念以外の方法によって経済評価をしていることであろう。

【注】
1）現実に，自由市場の価格がある特定の安定した価格に収束していない。だとすると，Eは各年の均衡価格系列の平均値として考えられているのだろうか。ところが，図11-2の単純な条件下の循環するケースが示すように，平均価格$\bar{P}$がP_eと一致する必然性はない。たとえ価格に対応する平均的な生産量がS上にあるとしても，それらS上の各点のうちE点が最も確からしいという保証はない（ましてSは静止していない）。
2）文献〔2〕によれば，消費者余剰概念には，効用の可測性と個人間比較可能性に問題があるとしている。筆者は，他に(イ)，消費者余剰導出の前提となっている需要曲線＝限界評価曲線は，主体均衡を前提にしているが，現実の我々は主体均衡的に行動しているのだろうか，またそれは1つの価値論的立場に立脚しているのではないか，という分析の前提における限定性を明確にしておく必要があると考える（第12章参照）。
3）農家の自家消費，貿易，投機などは考えていないので，供給量＝生産量である。
4）山口三十四氏から，このあたりの問題を識別の問題として考えるべきこと，需要曲線がシフトする場合でも需要曲線を識別できることもあることを御教示頂いた。
5）技術進歩，要素価格，要素投入量は，各期に平均的，趨勢的な影響を与えはするが，各期の，計画生産量をはさんでの現実生産量の大きな変動とは関係ないものとし，こ

こでは考えないものとする。
6) 中嶋氏も同じことを主張されている（文献〔3〕p.5の(註7)）。
7) 他の農産物価格などは考えない。
8) 中嶋氏も予想価格を考えておられるが，その予想価格が何に基づいて形成されるかは言及されていない（文献〔3〕p.6）。
9) ここでは参入と退出を考えなかった。これを考えると，$C(X)=TC=\sum TC_i$ がシフトするので，図11-8の曲線群はある幅をもって変動する。なお，i期の中の2つの現実生産量（例えば，平年作生産量と豊作生産量）のもとでの利潤を比較する場合には$C(X)$のシフトは考えなくてもよい。なぜなら，$\pi_{(\bar{x}_i)x_i}$は，シフトした後の$C(X)$に基づいているから。
10) なお，計画生産量が大きくなると，現実生産量の変動幅が拡大する。いま，作付面積がa，単位面積当たり平均収量がb，平均収量のk割増収とk割減収が現実生産量の変動幅だとする。このときの現実生産量の変動幅$=(1+\frac{k}{10}b)a-(1-\frac{k}{10}b)a=\frac{1}{5}kba$。ところが，作付面積が$n$倍になったとすると，そのときの現実生産量の変動幅$=(1+\frac{k}{10}b)an-(1-\frac{k}{10}b)an=\frac{1}{5}kba\cdot n$。よって，計画生産量が$n$倍になると，生産の変動幅も$n$倍になる。
11) 生産量の変動が，同じ範囲を往復するものであるとき，消費者の利益と損失が相殺される，と簡単に言ってはならない。たとえそうだとしても，消費者は利益を得たときを基準に，そこから見て損失が発生した場合だけを問題にするものだし，とりわけ，後述する消費の「必要量」以下の範囲における生産の変動の場合は，その中の最大量まで生産が増えて上述の利益を得るとしても，まだ「不満」が残存するからである。
12) 政府が介入すると，参入・退出がなくなるのでMC曲線がシフトしなくなるし，また，将来価格が定まるので$P_{i,E}=P_f$となる。これによって計画生産量が不変となり（介入価格が固定的ならば），現実生産量の変動は専ら自然条件の変動によるものだけになるので，生産変動の安定化に役立つことに注目せねばならない。なお，介入後の利潤$\pi_p=P_p\cdot X-C(X_p)$（P_p, X_pは定数）なので，π_pは直線となる。
13) 財政負担とは言ってもそれが全て国民の負担となるわけではない。財政支出を，市中引き受けによる国債の発行で賄えば，それは政府にとっては負債であるが，国債を所有する国民にとっては資産であることに注意せねばならない。それゆえ，この場合の本当の負担とは，政府の負債を担うだろう，国債を保有しない将来世代に限って言えることになる。
14) 日本の消費者米価と米消費量の関係を表す曲線は1970年頃から急に傾きを強め，以降傾きが緩やかになる形になっている。

〔参考文献〕
〔1〕速水祐次郎『農業経済論』,岩波書店,1986年,pp.155〜166.
〔2〕今井賢一他『価格理論Ⅱ』,岩波書店,1971年,pp.110〜114.
〔3〕中嶋千尋「作柄変動と消費者余剰・生産者余剰・価格安定」(『農業経済研究』)第61巻1号,1989年.
〔4〕大塚啓二郎「米価政策と生産調整政策」(崎浦誠治編著『米の経済分析』農林統計協会,1984年)pp.155〜176.
〔5〕山下景秋「経済学における消費者利益と損失の評価」(『国士舘大学政経論叢』平成3年第4号〈第78号〉,1991年)pp.81〜101.

[補論3]
第12章 経済学における消費者利益と損失の評価

1. はじめに

　価格が変化し，それに対応して消費者が消費量を変化させるとき，これによって消費者にはどれだけの利益ないしは損失が発生するか，という問題は簡単そうで実はそう簡単な問題ではない。例えば，価格が上昇し，それによって消費量が減少するなら，消費者にはどれだけの損失が発生するのだろうか。
　しかも，経済学では，個々の消費者の利益や損失よりも，むしろある市場における消費者全体の利益や損失を考えなくてはならないのである。経済学では，従来，問題にしている市場の市場需要曲線と価格線を特定し，この両曲線と縦軸によって囲まれる消費者余剰の大きさや，その変化する数値を求めるという方法でこの問題に対処してきた。経済学の原理的な問題（例えば，完全競争がいかに好ましいか，また不完全競争がいかに好ましくないか）や経済政策の評価を考える分析（厳密には部分均衡分析）においては，必ずといってよいほど，消費者余剰が，計測に至らなくとも，少なくともそれを図に示す形で考えられてきた。
　しかし，困ったことに消費者余剰概念には原理上の問題が存在する。従来，その点に関していくつか問題点が指摘されてはいるが，本章は，違った角度，

つまり価値論的な視点からこの問題を考察する。そして次に，消費者余剰概念に代わる筆者独自の新しい，消費者利益および損失の評価方法を提出したい。合わせて，この方法による計算方法と図示の仕方をも示し，さらに筆者の方法と消費者余剰概念の関係や比較についても述べることにする。

2．消費者利益および損失の評価における価値の観点

 ある商品を購入し消費するときの利益があるとするなら，それはその商品を消費することによって得られる便益から，その商品を購入するために犠牲にしたものを除いた残差として考えられる，ということには疑問の余地がない。そして，この犠牲にしたものは，商品の購入に充てられた貨幣量であることもまた，ほぼ問題ないであろう。

 ところが，商品の消費から得られる便益をどのように評価するのかは，そう簡単なことではない。その便益を測る主要な考え方の1つは，その商品そのものの価値を考え，それをその商品を生産するのに要した費用で測る，というものである。もう1つの考え方は，商品の消費から得られる便益は，その消費から得られる満足に他ならないと考え，それを商品に付けられた価格で評価する，というものである。いずれの考え方をとるにしろ，価値の問題がその基礎にあると考えられる。

(1) 生産費用による方法

 消費から得られる商品の便益を，その商品を生産するのに要した生産費用で測ろうとする方法である。短期で考えれば，総費用 $(TC) = \int_0^x MC(x)\,dx + FC$（ただし，xは生産量，MC(x)は限界費用，FCは固定費用）となる。

 このとき，消費者がxだけ商品を購入し消費するときの便益はTCであり，犠牲はP·xなので，$TC - P \cdot x = \int_0^x MC(x)\,dx + FC - P \cdot x$ が消費者の利益となる（Pは価格）。そして，生産者の利益は，$P \cdot x - TC = P \cdot x - (\int_0^x MC(x)\,dx + FC)$ となる。P·xが総収入なので，これは利潤である。そしてこれは，生産者余剰−

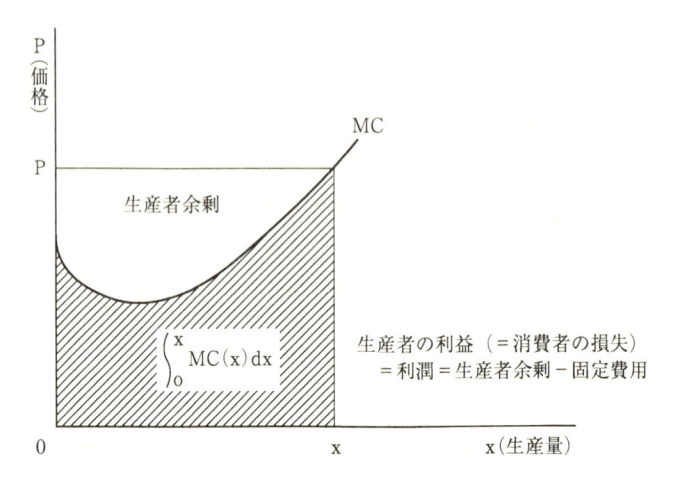

```
        P
        ↑
       (価)
        格
        )
                              MC
        P ──────────────────╱
              生産者余剰   ╱
           ╲╲╲╲╲╲╲╲╲╲╲╱
            ╲╲╲╲╲╲╲╲╱
             ╲╲╲╲╲╱        生産者の利益（＝消費者の損失）
          ∫₀ˣ MC(x)dx      ＝利潤＝生産者余剰－固定費用
           
        0                x         x（生産量）
```

図12-1　生産者の利益

FC, にも等しい（図12-1参照）。

　もちろん，TC－P·x＞0ならば，P·x－TC＜0である。つまり，消費者に利益があるなら生産者は損失を蒙る，そしてその額は等しい。また，符号が逆ならば，消費者の損失＝生産者の利益である。

　ところが，このように消費者か生産者の一方のみが利益を得て，その利益の発生が他方の犠牲においてなされるという消費者と生産者の間の，消費と生産の関係は非現実的なものと言わざるをえない。それゆえ，この方法はこれ以上考えないことにしよう。

(2) 価格による方法

　商品を購入し消費することによる便益を，商品に付せられた価格で評価する方法である。商品価格に等しいだけの貨幣を購入商品に対して支払うということは，商品の価値を商品価格で評価していることに他ならない。ということであれば，商品価値に等しい貨幣が支払われるわけであるから，この商品と貨幣の交換は等価交換である。

　ところが，等価交換ということになれば，そもそもなぜ商品を購入するのかが不分明になってしまう。

確かに，価値という抽象的なレベルでは，商品価値とそれに支払われる貨幣価値が等しいわけだから，商品と貨幣の交換，つまり商品の購入は，何ら価値の増加をもたらさないし，それゆえ商品を購入することの意味はないことになる。ところが，ここで交換に供される2つの価値は異なった種類の価値であることに十分注意しなければならない。

すなわち，貨幣の価値とは商品の使用価値に転化しうる前段階の価値，つまり潜在価値であり，商品価値とはその潜在価値が使用価値として現実価値に転化した発現価値に他ならない。こう考えれば，貨幣を商品と交換することは，潜在価値を発現価値に転換する行為である，ということになる。

このとき，消費者は，潜在していた価値が発現するわけだから，主観的・外見的には商品の購入によって価値が増えたかのように思うだろう。このような交換によって，貨幣という潜在的一般価値を，商品という特定価値の形に発現させることが，商品交換の利益なのであり，我々はこれを求めて積極的に商品を購入しようとするのである。

ところが，交換される2つの価値自身の大きさは等しい。それゆえ，交換によって価値が移転するわけではない。ただ転化するだけなのである。

価格によって消費者の利益を評価しようとする代表的な方法に消費者余剰概念による方法がある。ところが，主に上で述べた価値の観点から消費者余剰概念には問題があることを次に指摘し，これらの問題を回避する筆者の代替的方法を提示することにしよう。

3．消費者余剰概念の問題点

近代経済学のミクロ理論では，消費者余剰や生産者余剰という概念が部分均衡分析において重要な役割を担っている。ミクロ経済学の核心は，両余剰の和である総余剰が完全競争では最大になるが，政府が介入した市場では，その総余剰が完全競争のときのそれよりも小さくなる，それゆえ完全競争が最も好ましいのだ，というものである。

しかし，この重要なテーゼの根拠となっている余剰概念のうち，消費者余剰

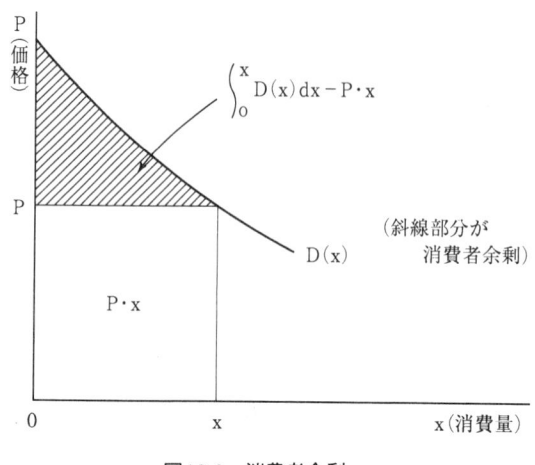

```
                    P
                   (価格)
                        ╲
                         ╲      ∫₀ˣ D(x)dx − P·x
                          ╲   ╱
                           ╲ ↙
                            ╲
                    P ───────╲
                             │╲
                             │ ╲        (斜線部分が
                             │  ╲ D(x)   消費者余剰)
                             │   ╲
                             │P·x ╲
                             │     ╲
                    0────────x──────────── x (消費量)
```

図12-2　消費者余剰

概念には看過できない問題があるように思われる。この問題を明確にしておかないと，消費者余剰概念を用いてなされる，経済学の原理的な問題や経済政策の効果・影響に関する評価の分析が曖昧なものになってしまう。そこで，ここでは主に消費者における価値の観点から，消費者余剰概念の問題点を指摘しておこう。

消費者余剰概念は，消費者が商品の購入によって手に入れる満足から，商品を購入するために犠牲に供する貨幣量を除いたものとして定義される。

消費者余剰の大きさは，図12-2の斜線部分の面積 $=\int_0^x D(x)dx - P\cdot x$（ただし，$D(x)$ は需要曲線）で示される。$\int_0^x D(x)d(x)$ が商品の購入によって手に入れる満足の大きさを示し，$P\cdot x$ が犠牲に供された貨幣量，つまり支払金額を示す。

ところで，このような考え方の基礎になっているのは，需要曲線 $D(x)$ は限界評価曲線でもある，という見方である。そしてこの見方は，需要曲線上の点が無差別曲線と予算線の接点に対応していることから導かれる（図12-3）[1]。つまり最適消費計画を前提にしているのである。言い換えれば，消費者の最適な行動，ないしは合理的な行動を仮定しているのである。

確かに，我々は価格に対してある程度の合理的な行動をとっているとは言える。しかし，ミクロ理論が主張するような完全な合理的行動を我々は絶えずと

(上図)

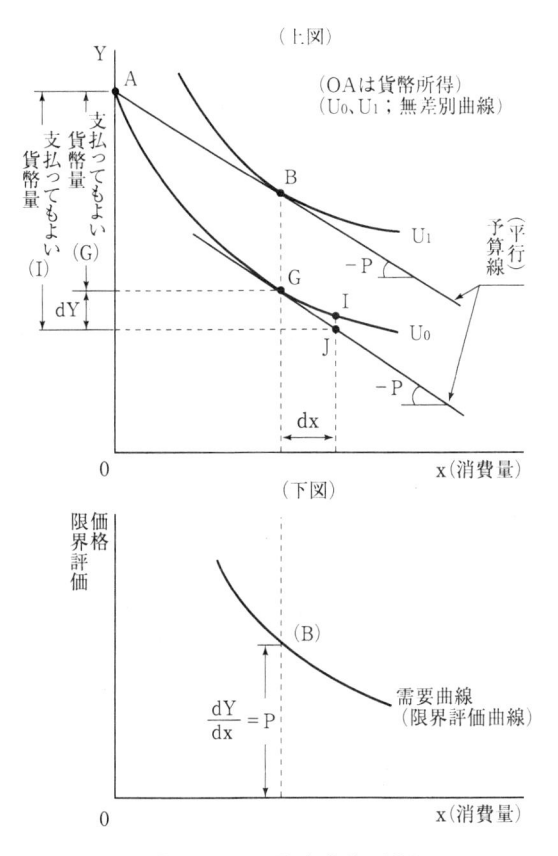

図中ラベル:
- Y軸: 支払ってもよい貨幣量 (I), 支払ってもよい貨幣量 (G), dY
- A, B, G, I, J の各点
- (OAは貨幣所得)
- (U_0、U_1；無差別曲線)
- U_1, U_0
- $-P$ (予算線、平行)
- dx
- x(消費量)

(下図)

- 縦軸: 価格 限界評価
- (B)
- $\dfrac{dY}{dx} = P$
- 需要曲線（限界評価曲線）
- x(消費量)

図12-3　限界評価曲線の導出

っているとは言い難い。したがって，消費者余剰概念を，理論の枠内に限って使うのならまだしも，実際の経済評価に使用する場合には十分な注意が必要である。にもかかわらず，多くの実証分析で消費者余剰概念が安易に使用されているのである[2]。

　百歩譲って，消費者は完全なる合理的行動をとっているとし，したがって需要曲線は限界評価曲線でもあるという解釈が成り立っているものとしよう。

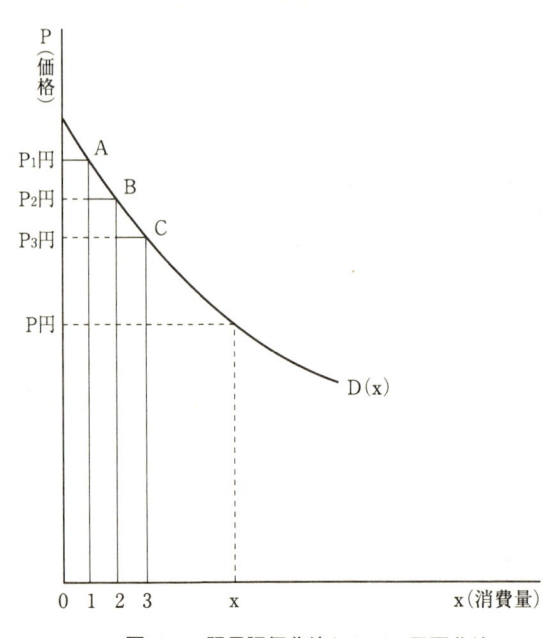

図12-4　限界評価曲線としての需要曲線

　いま，図12-4における需要曲線D(x)上の，A点，B点，C点は，それぞれ消費量が1個，2個，3個であり，価格がP_1円，P_2円，P_3円（$P_1 > P_2 > P_3$）であるとする。もし価格がP_1円であるなら，消費者は当該商品を1個購入し，価格がP_2円に下がればさらに1個を購入し（合計2個購入），P_3円に下がればさらに1個を購入し，合計3個購入することになる。需要曲線は限界評価曲線に等しいとする立場からでは，最初の1個は，P_1円の貨幣額に相当する（最初の1個に対してはP_1円を支払ってもよい）と評価して購入したのだし，2個目はP_2円に，3個目はP_3円に相当すると評価して購入したと考えるのである。この1個ずつの評価額は，価格を高さとし，横の長さを1とする長方形の面積に等しいので，それぞれの評価額の和は各長方形の面積の和に等しい。それゆえ，極限を考えると，評価額の合計は需要曲線の下の面積で表されることになる。x個消費しているときの評価額の合計は$\int_0^x D(x)dx$であり，そのときの支払金額がP・xなの

で，この場合の消費者余剰＝$\int_0^x D(x)dx - P \cdot x$となる。

　しかし，3個購入するときの支払金額が，1個当たりP_3円で考えられているのにもかかわらず，最初の1個はP_1円，2個目の1個はP_2円と評価されることに問題はないのだろうか。一方では3個全部を同時に購入していると考えているのに，他方で評価額を求めるときには，1個1個，別々に考えているという問題である。

　もし，支払も評価も1個1個，別々に考えていけば，最初の1個目を購入するときには，評価額（支払ってもよいと考える金額）も実際の支払額もともにP_1円となって，金額で見る限り等価で交換され，そこには何ら交換することからの利益は発生しないはずである。2個目に関してもP_2円の金額で，また3個目ではP_3円の金額で，評価額と支払額がそれぞれ相殺されるから，3個全体の購入においても両者が相殺されて，消費者の利益は存在しないことになる。

　もちろん，3個全体の購入を一挙に考えるのなら，支払額と評価額がともにP_3円×3となって相殺される。

　したがって，消費者余剰を考えるためには，評価においては1個1個別々に考え，支払においては全てを同時に考えるというトリックが必要になってくるのである[3]。

　もちろん，このように考えざるをえないのは，消費者が商品の購入という消費行動をとるのは，消費によって得られる満足が，犠牲を上回っていなければならない，という前提があるからである。

　ところが，満足が犠牲を上回っていなくとも，商品を購入する動機は存在する。それは，前述したように，貨幣という潜在的一般価値形態を，商品という特殊価値形態に転化させる動機である。金額の形で，支払額と評価額の両価値額を考えると両者は等しい。しかし，交換の前後に存在する2つの価値は，質的・レベル的に異なったものであることには十分注意せねばならない。

　質においても次元においても異なった2種類の価値をそれぞれ計測し，その2つの計測値を引き算するという考え方自体に，そもそも無理があるように思われる。それをあえて行う消費者余剰の考え方には不自然な面があると言わざるをえない。価値論的な観点からの問題の他に消費者余剰の問題としては，従

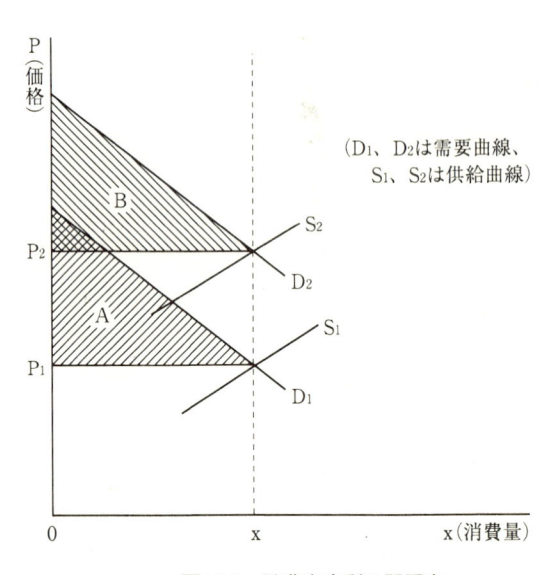

(D₁、D₂は需要曲線、S₁、S₂は供給曲線)

図12-5　消費者余剰の問題点

来，次の2点が指摘されてきた。(イ)効用は計測可能か，(ロ)効用の個人間比較は可能か(各個人の効用を加えることができるか)，の2つである[4]。

　これら理論面での矛盾が集約的に現れてくる一例を指摘しておこう。図12-5において，需要曲線がD_1，供給曲線がS_1のときの均衡価格はP_1，均衡需給量はxであり，消費者余剰の大きさは，右上がり斜線部分の面積Aで示される。次に，需要曲線がD_1からD_2に平行的に上にシフトしたとし，また，供給曲線が，均衡需給量xを維持するように上方向へシフトしたとすると，そのとき(新たな均衡価格はP_2)の消費者余剰の大きさは，右下がりの斜線部分の面積Bで示される。この場合，面積A＝面積Bなので，2つの消費者余剰の大きさは同じである。したがって，価格P_1のもとでx個購入することも，価格P_2のもとで同じx個購入することも，消費者の利益に関しては無差別のはずである。しかし，常識的には，同じx個購入するのに，より高い価格P_2を支払う場合の方がP_1の価格を支払う場合よりも，消費者の利益は劣っているはずである。

　次の4.では，上で述べた消費者余剰概念の問題点を回避する，筆者独自の消

費者利益・損失の評価方法を提出することにしよう。

4．筆者の代替的方法

消費者利益および損失の評価の問題は，簡単そうでいて実は難しい。価格が不変のとき，消費量が増えたり，あるいは減ったりした場合の，消費者の利益・損失はどのように考えればよいのか。また，価格が変化したとき，例えば上昇したときの消費量の減少による消費者利益・損失はどうなのか。価格が上昇したとき，特殊な場合として消費量が増えるケース（ギッフェン財）や支出金額がむしろ減るケース（価格の上昇以上に消費量が減る）は，どのように考えればよいのか。

ここでは，このようなさまざまなケースを包括する消費者利益・損失の評価の新しい方法を提出する。そして，この方法に基づくと，消費者の利益や損失の金額がいくらになるかを示し，またその金額を表すグラフ上の図形を示すことにする。

いま，価格が P_1 から P_2 に上昇したとし，この結果，消費量が x_1 から x_2 にまで減ったとしよう。そしてこのときの消費者の利益あるいは損失を考えてみよう。

図12-6を見て頂きたい。図中点Aの座標は (x_1, P_1)，点Bの座標は (x_2, P_2) である。ここで，この点Aを通る $Px = a$（ただし，aは $a = P_1 x_1$ となる定数）の曲線を考えてみる。この曲線は数学的には反比例を表すが，もちろんここでは支出金額（Px）一定を意味している。そして，この $Px = a$ の曲線が，点Bから下ろした垂線と交わる点をCとする。点Cの高さ，つまり価格が P_3 とすると，点Cの座標は (x_2, P_3) となる。

本来，価格が P_1 から P_2 へと上昇し，それに伴って消費量が x_1 から x_2 へと減る，価格と消費量の変化は，点Aから点Bへの直線的・直接的な変化である。しかしここでは，その変化を考えやすくするために，その変化を2つの経路に分けて考えよう。つまり，まず $Px = a$ 上の点Aから点Cへの変化の経路を考え，次に点Cから点Bへの垂線上方向への変化の経路を考えるのである。

点Aから点Cへの変化は，支出金額が a円（$= P_1 x_1$）のままで消費量が $(x_1 - x_2)$

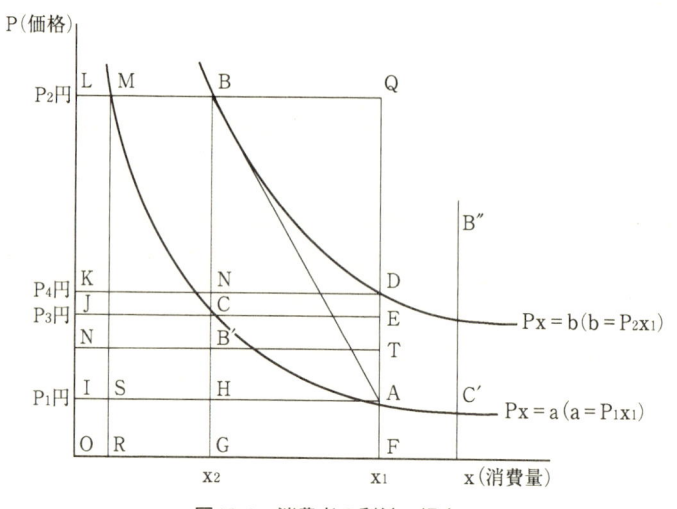

図12-6 消費者の利益・損失

だけ減る変化である。支出金額が同じであるにもかかわらず消費量が減るということは，その減った消費量だけ消費者が損をしていることを意味する。この消費財の1単位当たりの価格をP_1円で評価するなら，この場合の消費者の損失額は，$P_1(x_1-x_2)$円になる。もしP_2円で評価するなら$P_2(x_1-x_2)$円になる。もう1つP_3円で評価することも考えられるが，それは後で触れることにしよう。

したがって，点Aから点Cへの経路における消費者の損失は，最小値$P_1(x_1-x_2)$円，最大値$P_2(x_1-x_2)$円となる。これを図形で示せば，$P_1(x_1-x_2)$は4角形AFGHで表され，また$P_2(x_1-x_2)$は4角形QFGBで表される。

次に，点Cから点Bへの経路を考えてみよう。この経路における変化は，消費量がx_2のままで価格がP_3からP_2へと上昇し，したがって支出金額がP_3x_2からP_2x_2へと増える，という変化である。消費量が同じであるにもかかわらず支出金額が増えるということは，消費者は増えた支出金額だけ損をしたことに他ならない。その消費者の損失額は$(P_2-P_3)x_2$円で，それに対応する図形は4角形BCJLである。

以上から，点Aから点Bへの価格と消費量の変化による消費者の損失額は，

最小$P_1(x_1-x_2)+(P_2-P_3)x_2$円であり，最大$P_2(x_1-x_2)+(P_2-P_3)x_2$円となる。そして，この消費者の損失を両者の平均値で考えれば，〔$\{P_1(x_1-x_2)+(P_2-P_3)x_2\}+\{P_2(x_1-x_2)+(P_2-P_3)x_2\}$〕$\div 2=(P_1x_1-P_1x_2-2P_3x_2+P_2x_1+P_2x_2)\div 2$，となる。

この平均値で表された消費者の損失額に対応する図形を示すために，次のような図形上の操作を行う。

反比例の関数のグラフの性質より，4角形AFOI＝4角形CGOJ。この2つの4角形から共通する4角形HGOIを除けば，4角形AFGH＝4角形CHIJ。それゆえ，点A→C→Bの経路における消費者の損失の最小値は，4角形BHIL（＝4角形CHIJ＋4角形BCJL）で示される。

次に，4角形AFGH＝4角形CHIJより，4角形QFGB＝6角形QAIJCB。それゆえ，点A→C→Bの経路における消費者の損失の最大値は，4角形QAIL（＝6角形QAIJCB＋4角形BCJL）で示される。ここでは消費者の損失の大きさを，損失額の最小値と最大値の平均で考えることにしよう。

点A→C→Bの経路における消費者の損失の最小値は4角形BHIL，最大値は4角形QAILだから，その両4角形の面積の平均値は台形BAILで示される。そしてこの台形の面積が，点Aから点B（点A→C→B）へ価格と消費量が変化したときの，消費者の平均的な損失額を示している。

以上で示された平均損失額の大きさと，それに対応する図形は，他の経路においても同じ結果が得られる。いま，点Bを通る$Px=b$（ただし，bはb＝P_2x_2となる定数）の曲線が，点Aを通る垂線と点Dで交わるとする。このとき，点Aから点Bへの価格と消費量の変化は，A→Dの経路と（$Px=b$上の）D→Bの経路に分解される。A→Dの経路の損失を示す4角形DAIKの面積が，4角形BCJLの面積に等しいことに着目すれば，結局，A→D→Bの経路を辿る場合も，その消費者の損失は（平均で考えれば）台形BAILで示される。

以上の考え方においては，(x_1-x_2)だけ消費量が減ったときの損失は，P_1とP_2の価格によって評価している。しかし，もしA→Cの経路においてはP_1，P_3で評価し，D→Bの経路においてはP_4，P_2で評価すればどうなるだろうか。

まず，A→C→Bの経路の中のA→Cにおいて，その損失の評価をP_1，P_3でする場合である。このとき(x_1-x_2)だけの消費量の減少を価格P_1で評価するなら，その損失額は4角形AFGHで示され，また価格P_3で評価するなら4角形EFGCで示される。4角形AFGH＝4角形CHIJであり，かつ4角形EFGC＝4角形EAIJであるから，A→C→Bの経路における損失は，P_1のときの損失とP_3のときの損失を平均すると，5角形BCAILで示される。

次に，A→D→Bの経路の中のD→Bにおいて，その損失の評価をP_4，P_2でする場合である。このとき(x_1-x_2)だけの消費量の減少を価格P_4で評価するなら，その損失額は4角形DFGNで示され，また価格P_2で評価するなら4角形QFGBで示される。4角形DFGN＝4角形BNKLであり，4角形QFGB＝4角形QDKLであるから，A→D→Bの経路における損失は，P_4のときの損失とP_2のときの損失を平均すると，5角形BDAILで示される。

このように考えたときには，A→C→Bの経路における損失とA→D→Bにおける損失は異なったものとなり，その差は台形DACBに相当する。ところが，DAとBCの長さは大体等しく，台形DACBは平行4辺形に近いので，線分ABが台形DACBの面積を大体2等分する。それゆえ，A→C→Bの経路における損失とA→D→Bにおける損失のさらに平均をとると，やはりほぼ台形BAILに等しくなる。

そもそもA→Bへの価格と消費量の変化は，AからBへの直線的・直接的な変化なのである。ところが，A→Bへの変化を，A→C→BなりA→D→Bのように分解すると，その経路は直線ABから乖離してしまい，その経路中の価格をP_3やP_4で評価すると，真の消費者の損失から離れた値になってしまうのである（そもそもA→Bへの価格の変化は，P_1→P_2への変化なのであるから）。

それゆえ，結局，A→Bへの価格と消費量の変化による消費者の損失は，価格をP_1とP_2で評価すべきなのであり，そしてその損失は台形BAILで示されるのである。

以上，考察してきたのは，価格が上がったとき消費量が減る通常のケースであった。さらにここでは，価格が上がったとき消費量だけでなく支出金額も減

るケースや，価格が上がったとき消費量が増えるギッフェン財のような特殊な
ケースについても確認しておこう。

　価格が上がったとき消費量だけでなく支出金額も減るケースとは，(x_2, P_2)
の座標を持つBが線分CH上にあるということに他ならない。ここでは，線分
CH上のBをB′としておこう。するとA→Cの経路では，最大の損失は4角形
TFGB′，最小の損失は4角形AFGHとなる。またC→B′の経路では4角形CB′
NJだけ消費者は利益を得ることになる。ところで，4角形TFGB′＝6角形
CB′TAIJだから，この6角形から4角形CB′NJを減ずると，A→C→B′の経路
における最大の損失が4角形TAINで示されることが分かる。また，4角形
AFGH＝4角形CHIJだから，この後者の4角形から4角形CB′NJを減ずると，
A→C→B′の経路における最小の損失は4角形B′HINであることが分かる。そ
れゆえ，最大の損失4角形TAINと最小の損失4角形B′HINの平均をとって，
台形B′AINがA→B′への変化による消費者の損失となる。

　(ここで，もしB′がHと重なれば，つまり価格が不変のままで消費量だけが
減るのであれば，台形B′AIN＝0になるので，消費者には損失が発生しないこ
とになる。また同様に，価格が不変のままで消費量だけが増えるときは，消費
者に利益が発生しないことも確かめることができる。)

　次に，ギッフェン財のケースの場合はどうなるだろうか。このとき，点Aよ
りも右下にある，Px＝a上の点をC′とし，点C′から垂直上方向の任意の点を
B″とする(ただし，点B″は点Aよりも高い位置にある)。そして，A→B″への
変化を，A→C′の消費者が利益を得る経路と，C′→B″の消費者が損失を蒙る
経路に分けると，最終的に消費者の損失の大きさは，線分AIと，AIに平行で
点B″を通る線分と，線分AB″によって囲まれる台形で示されることが確かめ
られる。

　以上考察してきたことをまとめるとこうなる。ある任意の価格と消費量の水
準にある状態(点Aで示される)から価格が上昇すると，通常は消費量が減る
(価格が上昇した後の点はB)。そのときたとえ支出金額が減るとしても，また
消費量が増えるとしても(その場合はB′やB″)，どのような場合においても

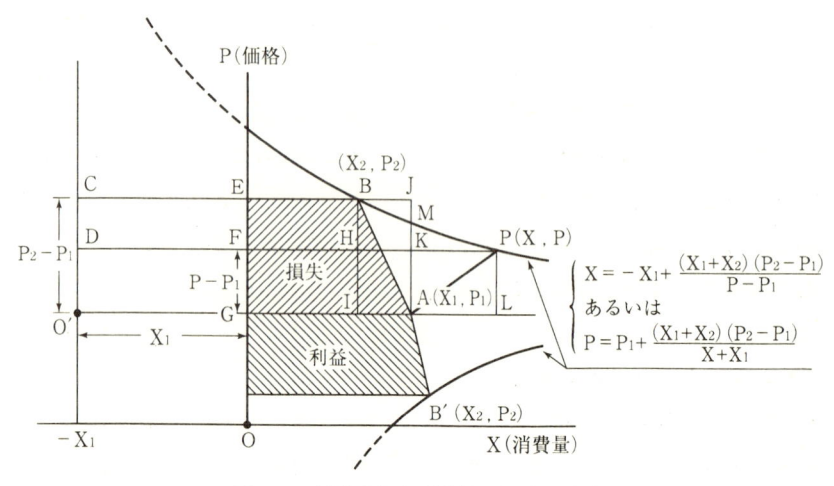

図12-7　消費者損失（利益）の無差別曲線

（通常のケースはもちろん）消費者には損失が発生することになり、その大きさはAとB(B′, B″)の2点で形成される台形(BAILやB′AINなど)で示される。

もちろん、逆に価格が下落した場合には、同じ台形の大きさだけ消費者は利益を得るはずである。

また、価格が不変の場合は、消費量の増減に関係なく消費者には利益も損失も発生しない。

上の結果からさらにいくつかのことが分かる。

図12-7において、点A(x_1, P_1)を始点とし、ここから価格がP_2まで上昇し、その結果消費量がx_2まで減ったその終点を点B(x_2, P_2)としよう。このときの消費者の損失は、台形BAGEで表されている。このとき、台形BAGEと同じ大きさの損失を蒙る、A, B以外の任意の点をP(x, P)としよう（ただし$P > P_1$）。つまり、台形BAGE＝台形PAGFとなるような点をPとする。

このとき、2つの台形の面積が等しいことから、

$$(x_1 + x_2) \times (P_2 - P_1) \times \frac{1}{2} = (x_1 + x) \times (P - P_1) \times \frac{1}{2}.$$

これより、$x = -x_1 + \dfrac{(x_1 + x_2)(P_2 - P_1)}{P - P_1}$, あるいは、$P = P_1 + \dfrac{(x_1 + x_2)(P_2 - P_1)}{x + x_1}$。

これは，点Pの描く曲線が，$(-x_1, P_1)$を新たなる座標軸の原点とし，$x=-x_1$と$P=P_1$を漸近線とする反比例〔定数は$(x_1+x_2)(P_2-P_1)$〕の関数のグラフになることを示している。つまり，消費者の損失が点Bと，いわば無差別になる曲線が，この反比例の太線で示された曲線なのである。

次に，これを図形的に考えてみよう。台形BAGE＝台形PAGFより，$(x_1+x_2)\times(P_2-P_1)\times\frac{1}{2}=(x_1+x)\times(P-P_1)\times\frac{1}{2}$。両辺を2倍して展開すると，$x_1(P_2-P_1)+x_2(P_2-P_1)=x_1(P-P_1)+x(P-P_1)$。この式を図形による表示に書き換えると，4角形JAGE＋4角形BIGE＝4角形KAGF＋4角形PLGF。いま，P軸に関して点Aの対称点をO′とし，図のように各点の記号をつけると，4角形JAGE＝4角形EGO′C，4角形KAGF＝4角形FGO′D。よって，4角形JAGE＋4角形BIGE＝4角形BIO′Cであり，4角形KAGF＋4角形PLGF＝4角形PLO′Dとなるから，4角形BIO′C＝4角形PLO′Dが成り立つ。それゆえ，Pは，O′を座標軸の原点とし，かつBを通る反比例の関数の曲線上にある。

代数的な方法であれ，図形的な方法であれ，価格が上がったときの消費者の損失に関する無差別曲線の存在を見出すことができた。この無差別曲線よりも右上にある領域は，Bにおけるよりも消費者の損失が大きくなるし，左下にある領域（ただし$P=P_1$よりも上）は損失が小さくなる。また，点Bが$x=x_2$の垂線上を上下したとき，その移動後のさまざまなBを通る無差別曲線を無数に描くことができる。この無差別曲線は，点O′に対して凸であり，O′から右上に引かれた45°線に関して左右対称になる。

それゆえ，Aを始点とする，価格および消費量の変化のベクトルが，右方向に向いていれば，消費者の損失は早く大きな水準に達することになるし，また左方向に向いていれば損失は緩慢にしか大きくならないことになる。すなわち，価格が上がるとき，消費量の減り方が小さければ小さいほど（増えるときはなおさら），価格が少し上がっただけで損失が大きく増え，消費量の減り方が大きければ大きいほど，価格が大きく上がっても損失はそんなに増えない[5]。

なお，座標平面上の点A，点Bの位置が異なれば，消費者損失の無差別曲線の形状や傾きが異なってくることは，図でも式でも確認することができる。

また，消費者の損失に関して上で述べたことは，利益についても同様なこと

が言える。このときは，始点をやはりA，終点をB′とすると，価格が下がったことによる消費者利益の無差別曲線は，O′を座標軸の原点としB′を通る反比例の曲線となる。ただし，この場合は，反比例の曲線が，O′を原点とする新しい座標平面の第4象限に，O′に向かって凸状の形で存在する。

5．結 論

　本章は，価格が変化し，それに伴って消費量が変化するときの消費者の利益，あるいは損失をどう評価するかについて考察し，筆者独自の考え方と計測方法，図示の仕方を提示した。

　筆者の方法によれば，価格と消費量の変化による消費者の利益・損失は，変化前の始点と変化後の終点の2点から構成される台形の大きさで計測することができる（図12-8）。奇しくも，価格の変化による消費者余剰の増加（減少）を示す図形の形やその大きさとほぼ同じになった。ただ異なるのは，消費者余剰の方法では，始点と終点の間が需要曲線に沿って曲線状に結びつけられているのに対し，筆者の方法では，始点と終点が直線で結ばれていることである。

　結果がほぼ同じだから，従来通りの消費者余剰を使った方法で分析すればよいのだ，ということにはならない。2つの方法の意味する内容は全く異なるし，

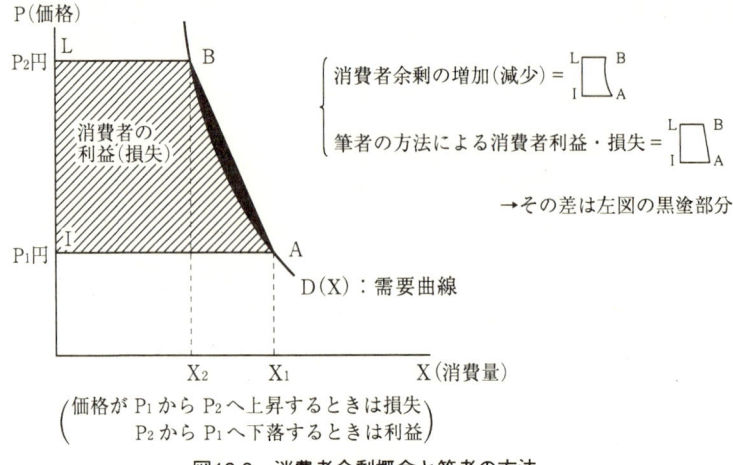

図12-8　消費者余剰概念と筆者の方法

使い方にも大きな違いがあるからである。

　消費者余剰概念は，3つの仮定を前提としている。すなわち，(イ)合理的行動，(ロ)商品を購入することから得られる満足(効用)は，限界評価曲線たる需要曲線によってその大きさを金額で表示することができる，(ハ)商品を購入することから得られる満足の程度を表す金額は，それを獲得するために犠牲にした貨幣額より大きい，という仮定である。いかにも強い仮定である。(イ)が完全な形で成り立っているのか疑問であるし，また，(ロ)，(ハ)において，満足(効用)を金額で表しうるかも疑わしい。そもそも，そのように考えなくても消費行動は存在しうるのである。筆者は，消費行動は，貨幣という潜在的一般価値を商品という特殊発現価値に転換する行為であると考える。

　筆者の消費者利益・損失の評価方法は，消費者余剰概念の強い仮定を排し，満足(効用)に依拠する必要のない方法である。この方法は，始点と終点の2点における価格と消費量の数値さえ押さえればよい。それゆえ，消費者余剰を求めるときのように，需要曲線を統計的に推定し特定して積分計算をする，という煩雑さもこの方法にはない。さらに，消費者余剰の方法では，始点を通る需要曲線と終点を通る需要曲線が一致していないと，少なくとも図形による考察は困難になるが，筆者の方法は両曲線が一致していなくとも使用できる。

　筆者の方法の意義とメリットは上で述べた通りである。しかし，この方法にも限界と改善すべき点がなくはない。すなわち，始点と終点の間の経路を2つに分解し，支出一定の経路における利益(損失)と，消費量一定の経路における利益(損失)を求めて，その両者をそのまま加えてよいのか，という問題である。加えるに値する同一次元の利益(損失)であるかは，さらなる検討を要する課題であろう。

　なお，消費者余剰概念によれば，価格が変化しなくても消費者の利益(消費者余剰)は存在するが，その場合筆者の方法では利益も損失も存在しない。ここから分かることは，2つの方法が対象にしている消費者の利益や損失の意味が全く異なっているということである。筆者は価格の変化による影響を重視しているのに対し，消費者余剰概念は，異なった価格水準や消費量のもとでは消費者の満足(効用)が異なっていることを重視する。

筆者は，どちらの方法にも一長一短があると考える。筆者は，もとより筆者の方法が完全なものであるとは考えていない。しかし，そうであるにもかかわらず，筆者のささやかな試みをあえてここに提出したのは，消費者の利益や損失についての議論がこれを契機に盛んになり，新しい評価法が簇生し始めることを期待するからである。

【注】
1）限界評価曲線の導出および解釈については，文献〔3〕（pp.259～264）が詳しい。
2）例えば，米価政策の評価に絞っても，文献〔1〕や〔4〕などがある。
3）卑近な例で消費者余剰の考え方を述べればこうなるのではないか。いま，1個P_3円の価格のりんごを3個買ったとする。最初に食べたりんごはP_3円の価格を上回る満足（P_1円）を消費者に与えた。次に，2個目のりんごを1個食べたら，先ほどの満足（P_1円）は得られなかったが，P_3円の価格を上回る満足（P_2円）が得られた。しかし，最後のりんごをさらに1個食べたら，支払った価格ほどには満足が得られなかった（つまり，支払うに値する金額と実際に支払った金額が，この1個についてはともにP_3円で同じ）ので，この1個に関しては得をした気にならなかった。

　もとより，筆者も限界評価ないし限界効用が消費量の増大に伴って逓減する事実まで否定するつもりはない。しかし，それはあくまで1個1個，購入と消費を同時に行うときに，それも感覚的に感じるものであって，限界評価曲線を明示し，購入（3個）と消費（1個ずつ）を分けて考える上の例のような方法で，消費から得られる利益を把握できるものではないのである。上の例で示された考え方は，いかにも不自然である。
4）これに関しては，文献〔2〕（pp.110～114）に詳しい。
5）本章は，通常の消費に関する議論で暗黙に前提されているのと同じように，ここで問題にしている消費財は他の消費財と十分代替が可能であり，当該消費財の供給不足の問題はないとしている。ところが，例えば主食の穀物のような必需財であれば，価格が上がってその消費量が必要量を満たさなくなればなるほど，消費者にとって別の問題が惹起してくることには十分注意しなければならない。

〔参考文献〕
〔1〕速水祐次郎「農業保護の構造」『農業経済論』，岩波書店，1986年，pp.163～166。
〔2〕今井賢一，宇沢弘文，小宮隆太郎，根岸隆，村上泰亮「経済厚生」『価格理論Ⅱ』，岩波書店，1971年，pp.110～114。
〔3〕倉澤資成「市場機構と効率性」『入門価格理論』（第2版），日本評論社，1983年，pp.259～264。
〔4〕大塚啓次郎「米価政策と生産調整政策」『米の経済分析』，農林統計協会，昭和59年。

■著者略歴

山下　景秋（やました・かげあき）

昭和25年	大阪生まれ
昭和52年	東京大学農学部農業経済学科卒業
昭和52年	東京大学大学院農学系研究科（農業経済学専攻課程）入学
昭和54年	同　　　博士課程進学
昭和57年	同　　　博士課程単位取得（満期退学）
昭和62年	産能大学総合研究所講師（平成4年まで）
昭和63年	産能短期大学講師（平成8年まで）
平成3年	国士舘大学政経学部（一部）経済学科講師（平成8年まで）
平成8年	倉敷芸術科学大学国際教養学部教養学科助教授（「開発経済論」、「アジア経済論」、「地域研究」などを担当）
平成11年	倉敷芸術科学大学大学院人間文化研究科助教授（「途上国経済研究」担当）
平成14年4月	同大学・大学院教授

専攻は，途上国経済発展論。アジア経済論。
研究テーマは，「途上国の経済発展と農工間関係」、「途上国の農産物価格政策」、「途上国の経済計画」、「途上国の開発プロジェクトの経済・社会評価」、「途上国に対する経済援助」等に関する研究。

経済発展と農工間関係

2002年5月31日　初版第1刷発行

■著　者────山下　景秋
■発行者────佐藤　正男
■発行所────株式会社 大学教育出版
　　　　　　　〒700-0951　岡山市田中124-101
　　　　　　　電話（086）244-1268　FAX（086）246-0294
■印刷所────互恵印刷（株）
■製本所────日宝綜合製本（株）
■装　丁────ティー・ボーンデザイン事務所

Ⓒ Kageaki Yamashita 2002 Printed in Japan
検印省略　　落丁・乱丁本はお取り替えいたします。
無断で本書の一部または全部を複写・複製することは禁じられています。

ISBN4-88730-472-2